武汉市财政学校课程训练体系

基础会计课程训练

韩 林　彭 莉◎主编

中国财经出版传媒集团
中国财政经济出版社

图书在版编目（CIP）数据

基础会计课程训练/韩林，彭莉主编．—北京：中国财政经济出版社，2019.1（2023.6重印）
（武汉市财政学校课程训练体系丛书）
ISBN 978-7-5095-8776-8

Ⅰ.①基… Ⅱ.①韩… ②彭… Ⅲ.①会计学-中等专业学校-习题集-升学参考资料 Ⅳ.①F230-44

中国版本图书馆CIP数据核字（2019）第014066号

责任编辑：樊　闽　　　　责任校对：徐艳丽
封面设计：育林华夏

内容提要

本书是根据中华人民共和国教育部《中等职业学校专业教学标准（试行）》和《中等职业学校财经类专业课程教学大纲》，结合湖北省2018年最新公布的《2019年湖北省普通高等学校招收中职毕业生技能高考财经类技能考试大纲》的要求，以中央广播电视大学出版社出版的中等职业教育课程改革国家规划新教材《会计基础》为蓝本，以项目教学目标为依据进行编写的。习题的选编，严格执行大纲的要求，体现“以服务为宗旨，以就业为导向”的职业教育办学方针，遵循培养高素质劳动者的目标，突出重点知识，注重双基训练。

本书内容包括：会计概述，账户和复式记账，主要经济业务事项，会计凭证，会计账簿，财产清查，财务报表，会计账务处理程序。按照教材的项目顺序，以知识点为单位进行编写，每个知识点练习题分为单选题、多选题、判断题等多种题型，标明了难度系数，重点章节后面还配备测试题。

本书可供中等职业学校的教师和学生使用。

中国财政经济出版社 出版

URL：http：//www.cfeph.cn
E-mail：cfeph@cfeph.cn

社址：北京市海淀区阜成路甲28号　邮政编码：100142
营销中心电话：010-88191537
北京富生印刷厂印刷　各地新华书店经销
787×1092毫米　16开　18.5印张　446 000字
2019年1月第1版　2023年6月北京第4次印刷
定价：45.00元
ISBN 978-7-5095-8776-8
（图书出现印装问题，本社负责调换）
本社质量投诉电话：010-88190744
打击盗版举报热线：010-88191661　QQ：2242791300

前言

本书以教育部颁布的《中等职业学校专业教学标准（试行）》《中等职业学校财经类专业课程教学大纲》和《2019 年湖北省普通高等学校招收中职毕业生技能高考财经类技能考试大纲》（简称考纲）的要求为依据，以中央广播电视大学出版社出版的中等职业教育课程改革国家规划新教材《会计基础》为蓝本，结合中职学生的实际水平编写而成。

本书紧扣大纲和考纲的要求，注重中职学生的认知规律，吸收中职会计教学经验；注重概念的理解、知识的运用、技能的提升；突出职业特色，提高用基础知识解决实际问题的能力。编写内容系统全面、要点明确，既符合大纲和考纲的要求，又能满足各个层次学生的需要。

基础会计是会计专业的入门课程，也是本专业最重要的专业基础课之一。要学好基础会计这门课程，必须进行扎实全面的强化练习。本书按项目顺序编写，与中央广播电视大学出版社出版的中等职业教育课程改革国家规划新教材《会计基础》同步，以知识点为单位编写，每一个知识点选取了适量习题，还标明了难度系数，以适应不同层次水平的学生练习。重点章节后面配备测试题，检验学习效果，进一步查漏补缺，提高技能。

本书是由武汉市财政学校的教学一线教师编写，韩林、彭莉担任主编，参加编写的还有黄亚琴、方毅、张丽华、付会伦、张璇、孙祖兵、熊斌、陈玲霞、陈辉、殷新华、邹银兵。用书学校任课老师若需要本书的答案，请以电子邮件的形式向中国财政经济出版社索取（请注明：学校、全书名、版次），E－mail：caijingjiaocai@163.com。

本书在编写过程中得到了武汉市财政学校领导的关怀与指导以及教务科、各专业教研室的大力支持，在此一并表示感谢。

由于编者水平有限，加之编写时间仓促，书中难免有不妥之处，恳请广大读者批评指正。

编　者

2018 年 12 月

目录

项目一　会计概述

1.1　企业概述

知识点 1.1.1　中小企业划分标准（校本教材可选）

多选题 1.（3 分，难度系数 0.9）

中小企业划分为（　　）三种类型。

A. 大型　B. 中型　C. 小型　D. 微型

多选题 2.（3 分，难度系数 0.75）

中小企业划分为中型、小型、微型三种类型，具体标准根据企业（　　）等指标，结合行业特点制定。

A. 从业人员　B. 营业收入　C. 资产总额　D. 营业支出

判断题 1.（2 分，难度系数 0.9）

中小企业是与所处行业的大企业相比，在人员规模、资产规模与经营规模方面都比较小的经济单位。（　　）

知识点 1.1.2　企业生产经营流程（校本教材可选）

单选题 1.（2 分，难度系数 0.75）

当企业用现金或银行存款购买了原材料并存放在仓库里时，货币资金转化到原材料等物资上，我们称原材料等物资所占用的资金为（　　）形态。

A. 货币资金　B. 储备资金　C. 生产资金　D. 成品资金

多选题 1.（3 分，难度系数 0.9）

企业的经济活动包括（　　）。

A. 筹资活动　B. 投资活动　C. 经营活动　D. 分配活动

多选题 2.（3 分，难度系数 0.75）

在制造业的日常经营中，其经营活动要求包括（　　）。

A. 供应活动　B. 生产活动　C. 销售活动　D. 分配活动

1.2 会计概念、对象和目标

知识点 1.2.1 会计的概念

多选题 1.（3 分，难度系数 0.75）

会计是国际通用的商业语言，具有以下特点（　　）。

A. 以货币作为主要的计量尺度　　B. 以凭证为依据

C. 具有连续性、系统性　　D. 具有全面性、综合性

多选题 2.（3 分，难度系数 0.9）

下列关于会计的表述中，正确的有（　　）。

A. 会计以货币为主要计量单位　　B. 会计是一种经济管理工作

C. 会计运用专门的方法进行核算　　D. 会计具有核算和监督的基本职能

多选题 3.（3 分，难度系数 0.9）

下列各项中，属于会计计量单位的有（　　）。

A. 劳动量计量单位　　B. 实物计量单位

C. 货币计量单位　　D. 商品计量单位

判断题 1.（2 分，难度系数 0.9）

会计是一个以提供财务信息为主的经济信息系统。（　　）

判断题 2.（2 分，难度系数 0.9）

会计是以货币为主要计量单位，运用专门的方法，核算和监督一个单位经济活动的一种经济管理工作。（　　）

知识点 1.2.2 会计对象和目标

单选题 1.（2 分，难度系数 0.9）

下列各项中，属于企业资金运动起点的是（　　）。

A. 资金的筹集　　B. 资金的使用　　C. 资金的退出　　D. 资金的分配

单选题 2.（2 分，难度系数 0.75）

下列各项中，不属于企业资金循环和周转过程的是（　　）。

A. 供应过程　　B. 生产过程　　C. 销售过程　　D. 分配过程

单选题 3.（2 分，难度系数 0.75）

下列各项中，不属于资金退出业务的是（　　）。

A. 归还借款　　B. 缴纳税款

C. 购买材料　　D. 向所有者分配利润

单选题 4.（2 分，难度系数 0.75）

下列各项中，属于生产产品完工入库的资金运动形式的是（　　）。

A. 货币资金转化为储备资金　　B. 储备资金转化为成品资金

C. 生产资金转化为成品资金　　D. 成品资金转化为货币资金

单选题 5.（2 分，难度系数 0.5）

下列关于资金运动中，资金形态相应发生变化，经历了①生产资金，②货币资金，③储备资金，④成品资金等过程，正确反映资金形态变化顺序的是（　　）。

A. ①②③④②　　B. ②③①④　　C. ②③①④②　　D. ③②①④②

多选题 1.（2 分，难度系数 0.5）

下列各项中，属于会计对象的有（　　）。

A. 销售不用的原材料　　B. 制订采购计划

C. 预付采购材料款　　D. 和甲公司签订了销售合同

判断题 1.（2 分，难度系数 0.9）

会计对象是指会计核算和监督的内容，具体是指社会再生产过程中能以货币表现的经济活动，也就是资金运动。（　　）

判断题 2.（2 分，难度系数 0.75）

会计工作的最直接成果，是向企业所有者、债权人、经营者和其他利益相关者提供资产负债表、利润表和现金流量表。（　　）

☆第一、二节测试

一、单选题

单选题 1.（2 分，难度系数 0.9）

下列关于会计的表述中，不正确的是（　　）。

A. 会计的主要工作是核算和监督

B. 会计是一项经济管理活动

C. 会计对象是针对主体的特定经济活动

D. 货币是会计唯一的计量单位

单选题 2.（2 分，难度系数 0.9）

下列各项中，属于会计主要计量单位的是（　　）。

A. 劳动　　B. 实物　　C. 货币　　D. 商品

单选题 3.（2 分，难度系数 0.75）

下列各项中，属于购买生产所需原材料的资金运动形式的是（　　）。

A. 货币资金转化为储备资金　　B. 储备资金转化为产品资金

C. 生产资金转化为产品资金　　D. 产品资金转化为货币资金

单选题 4. （2 分，难度系数 0.5）

下列关于资金运动中，资金形态相应发生变化，经历了①成品资金，②储备资金，③货币资金，④生产资金等过程，正确反映资金形态变化顺序的是（　　）。

A. ①②③④②　　B. ③②④①③　　C. ②③①④　　D. ③②①④②

单选题 5. （2 分，难度系数 0.9）

下列各项中，不属于会计基本特征的是（　　）。

A. 会计具有核算和监督的基本职能　　B. 会计是一种经济管理工作

C. 会计以实物作为主要计量单位　　D. 会计是一个经济信息系统

二、多选题

多选题 1. （2 分，难度系数 0.75）

下列关于会计特征的表述中，正确的有（　　）。

A. 会计不采用专门的方法　　B. 会计是一种经济管理工作

C. 会计以货币作为主要计量单位　　D. 会计具有核算和监督的基本职能

多选题 2. （2 分，难度系数 0.75）

下列各项中，属于资金退出业务的是（　　）。

A. 偿还债务　　B. 缴纳税款

C. 生产产品　　D. 向所有者分配利润

多选题 3. （2 分，难度系数 0.9）

下列各项中，属于企业资金循环和周转过程的是（　　）。

A. 生产过程　　B. 销售过程　　C. 供应过程　　D. 分配过程

多选题 4. （2 分，难度系数 0.75）

在工业企业经营过程中，其经营资金的主要变化方式有（　　）。

A. 货币资金转化为储备资金　　B. 储备资金转化为生产资金

C. 生产资金转化为成品资金　　D. 成品资金转化为货币资金

多选题 5. （2 分，难度系数 0.75）

下列各项中，关于会计方面的表述中，正确的是（　　）。

A. 经济越发展，会计越重要

B. 会计按其报告对象不同，分为财务会计与管理会计

C. 会计就是记账、算账和报账

D. 会计是以货币为主要计量单位，核算和监督单位经济活动的一种经济管理活动

三、判断题

判断题 1. （2 分，难度系数 0.75）

会计是以货币为主要计量单位，运用专门的方法，核算和监督一个单位经济活动的一种行政管理工作。（　　）

判断题 2.（2 分，难度系数 0.75）

所有的经济活动，都是会计对象。（　）

判断题 3.（2 分，难度系数 0.75）

会计目标是向财务会计报告使用者提供与企业财务状况、经营成果、现金流量等有关的会计信息，反映企业管理层受托责任履行情况，有助于财务会计报告使用者做出经济决策。（　）

判断题 4.（2 分，难度系数 0.75）

会计目标之一是为信息使用者提供决策有用的信息，所以会计可以看成一个信息系统。（　）

判断题 5.（2 分，难度系数 0.9）

会计以货币为主要的计量单位，但货币并不是唯一的计量单位。（　）

1.3　会计职能和方法

知识点 1.3.1　会计职能

单选题 1.（2 分，难度系数 0.5）

下列各项中，会计的基本职能包括（　）。

A. 核算和分析　B. 计算和监督　C. 核算和监督　D. 记录和考核

单选题 2.（2 分，难度系数 0.5）

会计核算和监督的对象是会计主体的（　）。

A. 经济资源　B. 经济活动　C. 资金运动　D. 经营业绩

多选题 1.（3 分，难度系数 0.75）

以下属于会计监督职能的特点有（　）。

A. 具有完整性、连续性和系统性

B. 通过价值指标进行

C. 分为事前监督、事中监督和事后监督

D. 监督依据包括真实性、合法性和合理性

多选题 2.（3 分，难度系数 0.75）

下列各项属于会计职能的有（　）。

A. 预测经济前景　B. 参与经济决策　C. 评价经营业绩　D. 实施会计监督

多选题 3.（3 分，难度系数 0.75）

会计除了具有核算和监督的职能外，还具有的职能有（　）。

A. 预测经济前景　B. 参与经济决策

C. 评价经营业绩　D. 设置科目和账户

多选题 4. （3 分，难度系数 0.75）

下列各项中，关于会计职能关系表述正确的有（　　）。

A. 会计核算职能是首要职能

B. 会计监督是会计核算职能的基础

C. 会计拓展职能只包括预测经济前景

D. 会计监督是会计核算的保证

判断题 1. （2 分，难度系数 0.75）

会计职能核算和监督特定主体所有的经济活动。（　　）

判断题 2. （2 分，难度系数 0.9）

会计监督主要是指会计人员在进行会计核算的同时，对特定对象经济业务的合法性、合理性、真实性进行审查。（　　）

判断题 3. （2 分，难度系数 0.9）

凡是能够以数量表现的经济活动，都是会计核算和监督的内容，也就是会计对象。（　　）

判断题 4. （2 分，难度系数 0.9）

会计核算和监督两项基本会计职能是相辅相成、辩证统一的关系，会计核算是会计监督的基础和保障，没有核算所提供的各种信息，监督就失去了依据。（　　）

判断题 5. （2 分，难度系数 0.9）

会计是以货币为主要计量单位，运用一系列专门方法，核算和监督任意单位经济活动的一种管理工作。（　　）

知识点 1.3.2　会计方法

单选题 1. （2 分，难度系数 0.9）

会计核算方法体系的核心是（　　）。

A. 登记会计账簿　　B. 复式记账

C. 填制和审核会计凭证　　D. 编制会计报表

单选题 2. （2 分，难度系数 0.9）

下列项目中（　　）是会计工作的基础。

A. 会计记录　　B. 会计分析

C. 会计核算　　D. 会计检查

单选题 3. （2 分，难度系数 0.75）

下列各项中，会计日常核算工作的起点是（　　）。

A. 设置会计科目和账户　　B. 复式记账

C. 成本计算　　D. 填制和审核会计凭证

多选题 1. （3 分，难度系数 0.9）

下列项目中属于会计核算方法的有（　　）。

A. 设置账户　　B. 复式记账

C. 成本计算　　D. 财产清查

多选题 2. （3 分，难度系数 0.75）

下列属于会计岗位日常工作的有（　　）。

A. 编制记账凭证

B. 登记总分类账

C. 登记明细账

D. 编制财务报告

多选题 3. （3 分，难度系数 0.75）

从会计核算的具体内容来看，会计循环由设置会计科目和账户、复式记账、填制和审核会计凭证、（　　）等组成。

A. 登记会计账簿

B. 成本计算

C. 财产清查

D. 编制财务会计报表

判断题 1. （2 分，难度系数 0.9）

会计方法一般包括会计核算方法、会计分析方法和会计检查方法。（　　）

判断题 2. （2 分，难度系数 0.9）

企业定期编制资产负债表、利润表、现金流量表等会计报表是会计核算方法之一。（　　）

判断题 3. （2 分，难度系数 0.9）

会计岗位的日常工作仅仅包括原始凭证、记账凭证、分类账与总账、编制财务报告等一系列账务处理工作。（　　）

判断题 4. （2 分，难度系数 0.9）

会计岗位的日常工作也包括资产、负债分析、企业稳定与风险分析、企业成本与费用分析、投资管理分析、生产与经营资金管理等工作。（　　）

判断题 5. （2 分，难度系数 0.9）

登记账簿是会计人员运用复式记账的原理，将数量繁多的会计凭证分门别类地在账簿上进行连续、完整地记录和反映各项经济业务的一种专门方法。账簿记录所提供的各种核算资料，是编制财务报表的直接依据。（　　）

判断题 6. （2 分，难度系数 0.9）

会计方法一般是指会计核算方法。（　　）

1.4　会计基本假设、会计基础和会计信息质量要求

知识点 1.4.1　会计基本假设

1.4.1.1　会计主体

单选题 1.（2 分，难度系数 0.9）
界定从事会计工作和提供会计信息的空间范围的会计基本前提是（　　）。
A. 会计职能　　B. 会计主体　　C. 会计内容　　D. 会计对象

单选题 2.（2 分，难度系数 0.75）
关于会计主体的概念，下列各项说法中不正确的是（　　）。
A. 可以是独立法人，也可以是非法人
B. 可以是一个企业，也可以是企业内部的某一个单位
C. 可以是一个单一的企业，也可以是由几个企业组成的企业集团
D. 会计主体所核算的生产经营活动也包括其他企业或投资者个人的其他生产经营活动

多选题 1.（3 分，难度系数 0.75）
下列属于会计主体假设的意义的有（　　）。
A. 明确了会计确认、计量和报告的空间范围
B. 使会计人员可以选择适用的会计原则和会计方法
C. 明确了会计确认、计量为会计核算确定了时间范围
D. 能够正确地反映一个经济实体所拥有的经济资源及所承担的义务

多选题 2.（3 分，难度系数 0.9）
下列说法正确的有（　　）。
A. 一般来说，凡拥有独立的资金、自主经营、独立核算收支、盈亏并编制报表的企业或单位就构成了一个会计主体
B. 会计主体可以是企业中的一个特定部分，也可以是几个企业组成的企业集团
C. 会计主体一定是法律主体
D. 会计主体假设界定了从事会计工作和提供会计信息的空间范围

多选题 3.（3 分，难度系数 0.9）
下列各项中可能作为会计主体的有（　　）。
A. 合伙企业　　B. 独立核算的分支机构
C. 非独立核算的分支机构　　D. 独资公司

判断题 1.（2 分，难度系数 0.75）
会计主体是指会计确认、计量、记录和报告的空间范围，即界定了从事会计工作和

提供会计信息的空间范围。（　　）

判断题 2.（2 分，难度系数 0.75）

会计主体与法律主体是两个对等的概念。（　　）

1.4.1.2　持续经营

单选题 1.（2 分，难度系数 0.9）

企业在生产经营过程中将按照既定的用途使用资产和既定的合约条件清偿债务，会计人员在此基础之上选择会计原则和方法，是基于（　　）假设。

A. 会计主体　B. 货币计量　C. 持续经营　D. 会计分期

单选题 2.（2 分，难度系数 0.9）

会计核算上所使用的一系列的会计处理方法和原则都是建立在（　　）前提的基础上。

A. 会计主体　B. 持续经营　C. 会计分期　D. 货币计量

判断题 1.（2 分，难度系数 0.9）

持续经营是指假设会计主体将会按当前的规模和状态一直持续经营下去，不会停业、破产清算。（　　）

判断题 2.（2 分，难度系数 0.9）

持续经营是对会计核算在空间范围的界定。（　　）

1.4.1.3　会计分期

单选题 1.（2 分，难度系数 0.9）

我国实行公历制会计年度是基于（　　）的会计基本假设。

A. 会计主体　B. 货币计量　C. 会计分期　D. 持续经营

单选题 2.（2 分，难度系数 0.75）

企业固定资产可以按照其价值和使用情况，确定采用某一方法计提折旧，它所依据的会计核算前提是（　　）。

A. 会计主体　B. 货币计量　C. 会计分期　D. 持续经营

多选题 1.（3 分，难度系数 0.75）

会计中期包括（　　）。

A. 月度　B. 季度　C. 半年度　D. 年度

多选题 2.（3 分，难度系数 0.75）

根据我国《企业会计准则》的规定，会计期间分为（　　）。

A. 月度　B. 季度　C. 半年度　D. 年度

判断题 1. （2 分，难度系数 0.75）

会计中期，是指短于一个完整的会计年度的报告期间，一般指半年度。 （　　）

判断题 2. （2 分，难度系数 0.9）

会计年度自公历 1 月 1 日起至 12 月 31 日止。 （　　）

判断题 3. （2 分，难度系数 0.75）

会计期间分为年度、半年度、季度。 （　　）

判断题 4. （2 分，难度系数 0.75）

会计分期产生了权责发生制和收付实现制。 （　　）

判断题 5. （2 分，难度系数 0.75）

会计分期是对持续经营假设的有效延续。 （　　）

1.4.1.4　货币计量

单选题 1. （2 分，难度系数 0.9）

关于会计核算中记账本位币的说法正确的是（　　）。

A. 不论什么企业，都必须以人民币为记账本位币

B. 企业可以随意选用会计核算中的记账本位币

C. 业务收支以人民币以外的货币为主的企业，可以该货币作为记账本位币

D. 记账本位币可以随意变动

单选题 2. （2 分，难度系数 0.9）

在会计核算中，企业选用作为记账的币种称为（　　）。

A. 人民币　　B. 记账货币　　C. 记账本位币　　D. 会计货币

单选题 3. （2 分，难度系数 0.9）

货币计量是在会计核算中以货币作为计量单位，以计算反映经济活动情况。其假定（　　）。

A. 币值变动会计账务随之调整　　B. 币值不变

C. 币种不变　　D. 按现值记账

多选题 1. （3 分，难度系数 0.75）

下列关于货币计量的表述中，正确的有（　　）。

A. 货币计量是指会计主体在会计核算过程中采用货币作为统一的计量单位

B. 我国企业的会计核算一般以人民币为记账本位币

C. 在特定情况下，企业也可以选择人民币以外的某一货币作为记账本位币

D. 在境外设立的中国企业向国内报送的财务会计报告，应当折算为人民币

多选题 2. （3 分，难度系数 0.75）

下列关于会计核算的基本前提的描述正确的有（　　）。

A. 会计核算的四项基本前提具有相互依存、相互补充的关系

B. 没有会计主体，就不会有持续经营

C. 没有持续经营，就不会有会计分期

D. 没有货币计量，就不会有现代会计

判断题 1. （2 分，难度系数 0.75）

会计核算只能以货币计量。 （ ）

判断题 2. （2 分，难度系数 0.75）

会计记录的文字应当使用中文。在中华人民共和国境内的外商投资企业、外国企业和其他外国组织的会计记录，可以同时使用一种外国文字。 （ ）

知识点 1.4.2 会计基础

1.4.2.1 权责发生制

单选题 1. （2 分，难度系数 0.9）

企业会计的确认、计量和报告应当以（ ）为基础。

A. 历史成本 B. 权责发生制 C. 复式记账 D. 收付实现制

单选题 2. （2 分，难度系数 0.9）

我国《企业会计准则》规定，企业的会计核算应当以（ ）为基础。

A. 权责发生制 B. 实地盘存制 C. 永续盘存制 D. 收付实现制

多选题 1. （3 分，难度系数 0.6）

按照权责发生制的要求，不应作为本期收入的项目是（ ）。

A. 收到企业投资款，存入银行

B. 收取外单位预付账款

C. 收到外单位还来的上月欠款 550 元，存入银行

D. 销售商品一批计 100 000 元，货款尚未收到

多选题 2. （3 分，难度系数 0.6）

下列单位的会计核算必须采用权责发生制的有（ ）。

A. 某国有服务企业 B. 某民营服务企业

C. 某商业企业 D. 某事业单位

多选题 3. （3 分，难度系数 0.6）

按照权责发生制原则，下列不属于 2017 年 12 月的收入和费用的有（ ）。

A. 支付 2016 年的房屋租金

B. 12 月 27 日已经收款，但至月末产品尚未交付

C. 12 月 28 日销售商品，已发货，但至月末货款尚未收到

D. 2013 年购买设备一台，2017 年 12 月计提当月折旧费 300 元

判断题1. （2分，难度系数0.9）

由于会计分期，才产生了本期与非本期的差别，从而形成了权责发生制和收付实现制的区别。（　　）

判断题2. （2分，难度系数0.9）

在权责发生制下，凡是本期已经实现的收入，无论其款项是否收到，都应作为本期的收入；凡是本期应承担的费用，不管其款项是否付出，均作为本期的费用入账。

（　　）

判断题3. （2分，难度系数0.75）

企业会计的确认、计量和报告应当以权责发生制为基础。（　　）

判断题4. （2分，难度系数0.75）

2015年1月10日，甲公司销售商品一批，货款10 000元，收到货款8 000元，按照权责发生制，应当确认收入8 000元。（　　）

判断题5. （2分，难度系数0.75）

根据权责发生制，凡是不属于当期的收入和费用，即使款项在当期已经收付，也不作为当期的收入和费用。（　　）

1.4.2.2　收付实现制

单选题1. （2分，难度系数0.9）

按照相关规定，行政事业单位的会计核算以（　　）为基础。

A. 权责发生制　　B. 实地盘存制　　C. 永续盘存制　　D. 收付实现制

多选题1. （3分，难度系数0.6）

本月收到上月销售产品的货款存入银行，下列表述中，正确的有（　　）。

A. 收付实现制下，应当作为本月收入

B. 权责发生制下，不能作为本月收入

C. 收付实现制下，不能作为本月收入

D. 权责发生制下，应当作为本月收入

判断题1. （2分，难度系数0.9）

权责发生制以现金收到或付出为标准，来记录收入的实现和费用的发生。（　　）

判断题2. （2分，难度系数0.75）

现金流量表是以收付实现制为编制基础，反映企业在一定时期内现金流入和现金流出情况的报表。（　　）

判断题3. （2分，难度系数0.75）

行政事业单位会计的确认、计量和报告应当以收付实现制为基础。（　　）

知识点 1.4.3　会计信息质量要求

单选题 1. （3 分，难度系数 0.9）

企业本期购入一台设备，因暂时未投入使用，因此一直登记入账，这违背了会计质量中的（　　）要求。

A. 及时性　　　　B. 可靠性

C. 实质重于形式原则　　　　D. 稳健性

单选题 2. （2 分，难度系数 0.9）

要求企业会计处理方法前后各期应当一致，不得随意变更的会计信息的质量要求是（　　）。

A. 可比性　　　　B. 重要性

C. 实质重于形式　　　　D. 相关性

单选题 3. （3 分，难度系数 0.9）

下列关于谨慎性原则运用正确的是（　　）。

A. 计提秘密准备金

B. 高估资产或收益

C. 对可能发生的各项资产损失，按规定计提资产减值准备

D. 少计负债或费用

单选题 4. （3 分，难度系数 0.9）

下列各项中，不属于反映会计信息质量要求的是（　　）。

A. 会计核算方法一经确定不得随意变更

B. 会计核算应当注重交易和事项的实质

C. 会计核算应当以权责发生制为基础

D. 会计核算应当以实际发生的交易或事项为依据

单选题 5. （3 分，难度系数 0.7）

会计核算应该按照规定的会计处理方法进行，会计信息应当口径一致，这是会计质量中的（　　）要求。

A. 客观性　　　　B. 可靠性

C. 可比性　　　　D. 稳健性

单选题 6. （3 分，难度系数 0.9）

企业对融资租入固定资产视同自有固定资产进行管理并计提折旧，体现了会计质量中的（　　）要求。

A. 重要性　　　　B. 可理解性

C. 实质重于形式原则　　　　D. 稳健性

多选题 1. （3 分，难度系数 0.6）

我国新《企业会计准则》规定的会计信息质量要求包括（　　）。

A. 可靠性　　B. 相关性　　C. 重要性　　D. 完整性

多选题 2. （3 分，难度系数 0.6）

下列属于会计信息使用者的有（　　）。

A. 社会公众　　B. 企业管理者

C. 政府　　D. 债务人

多选题 3. （3 分，难度系数 0.6）

以下体现会计信息质量的谨慎性要求的有（　　）。

A. 将融资租入资产视为承租企业自有资产核算

B. 对应收账款计提坏账准备

C. 对固定资产采用加速折旧法计提折旧

D. 对于金额小、采用收付实现制对企业盈亏没有实质影响的支出，可以不进行摊销，当期一次性计入损益

多选题 4. （3 分，难度系数 0.9）

下列各项中，符合会计信息质量基本要求的有（　　）。

A. 企业提供的会计信息应当清晰明了，便于理解

B. 对于相似的交易或事项，不同企业应当采用规定的会计政策

C. 会计信息根据交易或事项的经济实质和法律形式进行确认、计量和报告

D. 企业可以设置秘密准备金

判断题 1. （2 分，难度系数 0.9）

会计信息的相关性和可靠性是相对立的。（　　）

判断题 2. （2 分，难度系数 0.9）

将融资租入资产视为承租企业自有资产核算符合会计信息质量基本要求中的重要性原则。（　　）

判断题 3. （2 分，难度系数 0.9）

对于金额小、采用收付实现制对企业盈亏没有实质影响的支出，可以不进行摊销，当期一次性计入损益，符合会计信息质量基本要求中的重要性原则。（　　）

☆第三、四节测试

一、单选题

单选题 1. （2 分，难度系数 0.75）

会计核算使用的主要计量单位是（　　）。

A. 实物量度　　B. 货币量度

C. 时间量度　　D. 劳动量度

单选题 2. （2 分，难度系数 0.6）

会计是（　　）的组成部分。

A. 经营活动　B. 经济管理　C. 核算和监督　D. 社会再生产

单选题 3. （2 分，难度系数 0.6）

会计是对经济业务进行核算和监督的一种（　　）活动。

A. 管理　B. 计量　C. 分析　D. 复式记账

单选题 4. （2 分，难度系数 0.6）

不需要进行会计核算的经济业务事项是（　　）。

A. 从银行提取现金　B. 签订销售合同　C. 收取销售订金　D. 结算销售货款

单选题 5. （2 分，难度系数 0.75）

（　　）是指生产经营过程中发生的产品生产费用，按各种不同的成本计算对象进行归集和分配，进而计算产品的总成本和单位成本的一种专门方法。

A. 成本计算　B. 财产清查

C. 编制财务会计报告　D. 利润计算

单选题 6. （2 分，难度系数 0.75）

界定从事会计工作和提供会计信息的时间范围的会计基本前提是（　　）。

A. 持续经营　B. 会计主体　C. 会计内容　D. 货币计量

单选题 7. （2 分，难度系数 0.75）

关于会计主体的概念，下列各项说法中不正确的是（　　）。

A. 可以是独立法人，也可以是非法人

B. 可以是一个企业，也可以是企业内部的某一个单位

C. 可以是一个单一的企业，也可以是由几个企业组成的企业集团

D. 会计主体所核算的生产经营活动也包括其他企业或投资者个人的其他生产经营活动

单选题 8. （2 分，难度系数 0.75）

企业固定资产可以按照其价值和使用情况，确定采用某一方法计提折旧，它所依据的会计核算前提是（　　）。

A. 会计主体　B. 货币计量　C. 会计分期　D. 持续经营

单选题 9. （2 分，难度系数 0.75）

某外商投资企业，业务收支以美元为主，也有少量的人民币，根据《会计法》规定，为方便会计核算，该单位可以采用（　　）作为记账本位币。

A. 美元　B. 人民币　C. 人民币或美元　D. 欧元

单选题 10. （2 分，难度系数 0.9）

我国《行政单位会计准则》规定，企业的会计核算应当以（　　）为基础。

A. 权责发生制　B. 实地盘存制

C. 永续盘存制　D. 收付实现制

二、多选题

多选题 1.（3 分，难度系数 0.75）

会计核算能够提供的信息有（　　）。

A. 事后信息　B. 天文信息　C. 预测信息　D. 分析信息

多选题 2.（3 分，难度系数 0.75）

会计监督包括（　　）。

A. 事前监督　B. 事中监督　C. 事后监督　D. 决策监督

多选题 3.（3 分，难度系数 0.75）

会计核算中采用的计量单位有（　　）。

A. 货币计量单位　B. 空间计量单位　C. 劳动计量单位　D. 实物计量单位

多选题 4.（3 分，难度系数 0.75）

会计核算工作组织形式包括（　　）。

A. 全面核算　B. 专业核算　C. 集中核算　D. 非集中核算

多选题 5.（3 分，难度系数 0.75）

属于企业会计核算内容的有（　　）。

A. 投资者投入货币资金　B. 企业购入原材料

C. 以银行存款偿还货款　D. 支付职工工资

多选题 6.（3 分，难度系数 0.75）

属于会计核算的基本工作的有（　　）。

A. 记账　B. 算账　C. 报账　D. 控制

多选题 7.（3 分，难度系数 0.75）

会计方法包括（　　）。

A. 会计核算方法　B. 会计分析方法

C. 会计控制方法　D. 会计检查方法

多选题 8.（3 分，难度系数 0.75）

属于中期财务报表的有（　　）。

A. 月度财务报表　B. 季度财务报表

C. 半年度财务报表　D. 年度财务报表

多选题 9.（3 分，难度系数 0.75）

会计假设中，（　　）确立了会计核算的时间范围。

A. 会计主体　B. 持续经营　C. 会计分期　D. 货币计量

多选题 10.（3 分，难度系数 0.75）

下列关于会计基本特征的说法中，正确的有（　　）。

A. 会计是一种经济管理活动

B. 会计以货币为主要计量单位

C. 会计具有核算和监督的基本职能

D. 会计是经济管理活动

多选题 11. （3 分，难度系数 0.75）

下列各项属于会计职能的有（　　）。

A. 预测经济前景　B. 参与经济决策　C. 实施会计核算　D. 实施会计监督

多选题 12. （3 分，难度系数 0.75）

会计除了具有核算和监督的职能外，还具有的职能有（　　）。

A. 预测经济前景　B. 参与经济决策　C. 评价经营业绩　D. 成本计算

多选题 13. （3 分，难度系数 0.75）

下列各项中，关于会计职能关系表述正确的有（　　）。

A. 会计核算职能是首要职能

B. 会计监督是指事后监督

C. 会计拓展职能只包括预测经济前景

D. 会计监督是会计核算的保证

多选题 14. （3 分，难度系数 0.9）

下列项目中属于会计核算方法的有（　　）。

A. 登记会计账簿　B. 复式记账　C. 成本计算　D. 财产清查

多选题 15. （3 分，难度系数 0.9）

下列各项中可能作为会计主体的有（　　）。

A. 企业集团　B. 独立核算的分支机构

C. 非独立核算的分支机构　D. 独资公司

多选题 16. （3 分，难度系数 0.75）

会计假设中，（　　）确立了会计核算的时间长度。

A. 会计主体　B. 持续经营　C. 会计分期　D. 货币计量

多选题 17. （3 分，难度系数 0.5）

会计核算所运用的计量单位有（　　）。

A. 货币计量单位　B. 实物计量单位

C. 质量计量单位　D. 劳动量计量单位

多选题 18. （3 分，难度系数 0.9）

下列关于谨慎性原则运用正确的是（　　）。

A. 对应收账款计提坏账准备

B. 高估资产或收益

C. 对可能发生的各项资产损失，按规定计提资产减值准备

D. 少计负债或费用

多选题 19. （3 分，难度系数 0.9）

我国新《企业会计准则》规定的会计信息质量要求包括（　　）。

A. 可靠性　B. 相关性　C. 重要性　D. 可理解性

多选题 20.（3 分，难度系数 0.6）

下列属于会计信息外部使用者的有（　　）。

A. 社会公众　　B. 企业管理者

C. 政府　　D. 债务人

多选题 21.（3 分，难度系数 0.9）

下列各项中，符合会计信息质量基本要求的有（　　）。

A. 企业提供的会计信息应当清晰明了，便于理解

B. 对于相似的交易或事项，不同企业应当采用规定的会计政策

C. 会计信息根据交易或事项的经济实质进行确认、计量和报告

D. 会计信息根据交易或事项不以法律形式进行确认、计量和报告

多选题 22.（3 分，难度系数 0.6）

按照权责发生制原则，下列不属于 2017 年 12 月的收入和费用的有（　　）。

A. 支付 2016 年的房屋租金

B. 12 月 27 日已经收款，但至月末产品尚未交付

C. 12 月 28 日销售商品，已发货，但至月末货款尚未收到

D. 2013 年购买设备一台，2017 年 12 月计提当月折旧费 300 元

三、判断题

判断题 1.（2 分，难度系数 0.6）

会计岗位的日常工作也包括资产、负债分析、企业成本与费用分析、投资管理分析、生产与经营资金管理等工作。（　　）

判断题 2.（2 分，难度系数 0.6）

以货币为基本计量标准是会计核算的主要特点。（　　）

判断题 3.（2 分，难度系数 0.6）

会计核算必须而且只能采取价值形式。（　　）

判断题 4.（2 分，难度系数 0.6）

会计只能对经济活动进行事后监督。（　　）

判断题 5.（2 分，难度系数 0.6）

会计核算不仅能反映已发生和已完成的经济业务，而且还可以通过计算分析来预测未来经济发展的趋势和前景。（　　）

判断题 6.（2 分，难度系数 0.6）

所谓会计监督，就是判断企业的经济业务是否违反国家的财经法规。（　　）

判断题 7.（2 分，难度系数 0.6）

会计是适应生产的发展和经济管理的需要而产生和发展的。（　　）

判断题 8.（2 分，难度系数 0.6）

会计主体与法律主体是一致的。（　　）

判断题 9. (2 分，难度系数 0.6)

企业发生的所有经济业务事项都需要进行会计记录和会计核算。 ( )

判断题 10. (2 分，难度系数 0.75)

以实际发生的经济业务事项为依据进行会计核算，是会计核算的重要前提，也是保证会计资料质量的关键。 ( )

判断题 11. (2 分，难度系数 0.6)

企业会计核算的内容是指特定主体（某一企业）的资金运动。 ( )

判断题 12. (2 分，难度系数 0.9)

会计岗位的日常工作不仅仅包括原始凭证、记账凭证、分类账与总账、编制财务报告等一系列账务处理工作。 ( )

判断题 13. (2 分，难度系数 0.9)

对账工作主要有账账相对、账证相对、账实相对和账表相对。 ( )

判断题 14. (2 分，难度系数 0.9)

会计方法一般指会计核算方法。 ( )

判断题 15. (2 分，难度系数 0.75)

会计主体是指会计确认、计量、记录和报告的空间范围，即它界定了从事会计工作和提供会计信息的空间范围。 ( )

判断题 16. (2 分，难度系数 0.75)

法人一定是会计主体，但会计主体不一定是法人。 ( )

判断题 17. (2 分，难度系数 0.75)

持续经营是对会计核算在时间范围的界定。 ( )

判断题 18. (2 分，难度系数 0.9)

会计主体前提为会计核算确定了空间范围，会计分期前提为会计核算确定了时间范围。 ( )

判断题 19. (2 分，难度系数 0.6)

不论什么企业，都必须以人民币为记账本位币。 ( )

判断题 20. (2 分，难度系数 0.9)

在收付实现制下，凡是本期已经实现的收入，无论其款项是否收到，都应作为本期的收入；凡是本期应承担的费用，不管其款项是否付出，均作为本期的费用入账。

( )

判断题 21. (2 分，难度系数 0.75)

收付实现制以现金收到或付出为标准，来记录收入的实现和费用的发生。 ( )

判断题 22. (2 分，难度系数 0.9)

在会计核算中，以货币计量为主，以实物或劳务为辅，对特定单位的经济活动进行计量。 ( )

判断题 23. （2 分，难度系数 0.9）

会计决策是指会计按照提供的预测信息和既定目标，在多个备选方案中，帮助主管人员选择最佳方案的过程。这属于会计参与经济决策的职能。（　　）

判断题 24. （2 分，难度系数 0.5）

一般来说，凡拥有独立的资金、自主经营、独立核算收支、盈亏并编制报表的企业或单位就构成了一个会计主体。（　　）

判断题 25. （2 分，难度系数 0.5）

企业在生产经营过程中将按照既定的用途使用资产和既定的合约条件清偿债务，会计人员在此基础之上选择会计原则和方法，是基于持续经营假设。（　　）

1.5　会计要素

知识点 1.5.1　反映会计财务状况的会计要素

1.5.1.1　资产

单选题 1. （2 分，难度系数 0.9）

（　　）是指企业过去的交易或事项形成的、由企业拥有或控制的、预期会给企业带来经济利益的资源。

A. 资产　　B. 负债　　C. 所有者权益　　D. 费用

单选题 2. （2 分，难度系数 0.6）

企业月初资产总额为 200 万元，假定本月仅发生一笔以银行存款 20 万元偿还短期借款的业务，则该企业月末资产总额为（　　）万元。

A. 180　　B. 200　　C. 190　　D. 240

单选题 3. （2 分，难度系数 0.6）

企业资产总额为 80 000 元，负债总额为 40 000 元，所有者权益为 40 000 元，以银行存款 25 000 元购买设备（不考虑税费），则上述业务入账后该公司的资产总额为（　　）元。

A. 80 000　　B. 40 000　　C. 25 000　　D. 55 000

单选题 4. （2 分，难度系数 0.9）

下列项目不属于会计要素的是（　　）。

A. 资产　　B. 所有者权益　　C. 收入　　D. 成本

单选题 5. （2 分，难度系数 0.75）

下列属于企业流动资产的是（　　）。

A. 预收账款　　B. 固定资产　　C. 预付账款　　D. 无形资产

单选题 6. （2 分，难度系数 0.75）

下列关于会计要素的表述中，不正确的是（　　）。

A. 会计要素是对会计对象的基本分类
B. 会计要素是对会计核算对象的具体化
C. 资产、负债和所有者权益称为静态会计要素
D. 收入、成本和利润构成利润表的基本框架

多选题 1. （3 分，难度系数 0.75）
下列资产中，属于非流动资产的是（　　）。
A. 固定资产　　B. 无形资产　　C. 应收账款　　D. 预付账款

多选题 2. （3 分，难度系数 0.75）
下列属于资产要素特点的有（　　）。
A. 预期能给企业带来经济利益的资源
B. 过去的交易或事项形成的
C. 必须拥有所有权
D. 必须是有形的

判断题 1. （2 分，难度系数 0.6）
某企业月初资产总额为 50 万元，本月发生下列业务：（1）向银行借款 30 万元存入银行；（2）用银行存款购买材料 2 万元；（3）收回应收账款 8 万元存入银行；（4）以银行存款偿还借款 6 万元。则月末资产总额为 80 万元。（　　）

判断题 2. （2 分，难度系数 0.9）
资产按其流动性不同，分为流动资产和非流动资产。（　　）

1.5.1.2　负债

单选题 1. （2 分，难度系数 0.9）
（　　）是指企业过去的交易或事项形成的、预期会导致经济利益流出企业的现时义务。
A. 资产　　B. 负债　　C. 所有者权益　　D. 收入

多选题 1. （3 分，难度系数 0.75）
下列属于流动负债的有（　　）。
A. 预收款项　　B. 预付款项　　C. 应交税费　　D. 应付职工薪酬

多选题 2. （3 分，难度系数 0.75）
下列项目中，属于非流动负债的有（　　）。
A. 固定资产　　B. 无形资产　　C. 长期借款　　D. 应付债券

多选题 3. （3 分，难度系数 0.75）
下列属于负债特征的有（　　）。
A. 由于过去的交易或事项形成的　　B. 由企业拥有或控制的

C. 是企业承担的现实义务　D. 预期会导致经济利益流出企业

多选题 4. （2 分，难度系数 0.9）

下列不属于动态会计要素的有（　　）。

A. 收入　B. 资产　C. 负债　D. 利润

判断题 1. （2 分，难度系数 0.75）

“应付账款”账户和“预付账款”账户均属于负债类账户。（　　）

1.5.1.3　所有者权益

单选题 1. （2 分，难度系数 0.9）

（　　）是指企业资产扣除负债后，由所有者享有的剩余权益。

A. 资产　B. 负债　C. 所有者权益　D. 费用

单选题 2. （2 分，难度系数 0.6）

某公司 2018 年初资产总额 5 000 000 元，负债总额 2 000 000 元，当年接受投资者投资 500 000 元，从银行借款 1 000 000 元。该公司 2018 年末所有者权益应为（　　）元。

A. 2 500 000　B. 1 500 000　C. 3 500 000　D. 5 000 000

单选题 3. （2 分，难度系数 0.6）

企业期初资产总额为 468 000 元，负债总额为 260 000 元，以银行存款归还长期借款 100 000 元后，企业的所有者权益是（　　）元。

A. 358 000　B. 208 000　C. 158 000　D. 410 000

单选题 4. （2 分，难度系数 0.75）

下列关于所有者权益说法不正确的是（　　）。

A. 所有者权益是一种剩余权益

B. 所有者权益在数量上等于资产减去负债后的余额

C. 所有者权益就是实收资本（或股本）

D. 收入的增加会导致所有者权益的增加

多选题 1. （3 分，难度系数 0.75）

所有者权益包括（　　）。

A. 实收资本(或股本)　B. 资本公积　C. 盈余公积　D. 未分配利润

多选题 2. （3 分，难度系数 0.75）

（　　）三要素是企业资金运动的静态表现，反映企业的财务状况。

A. 资产　B. 负债　C. 所有者权益　D. 利润

多选题 3. （3 分，难度系数 0.75）

下列各项，不属于所有者权益的有（　　）。

A. 资本公积　B. 土地使用权　C. 留存收益　D. 应付股利

知识点 1.5.2 反映经营成果的会计要素

1.5.2.1 收入

单选题 1. （2 分，难度系数 0.75）

生产制造企业将生产用原材料直接对外销售，该业务应确认为（ ）。

A. 主营业务收入 B. 其他业务收入 C. 投资收益 D. 营业外收入

单选题 2. （2 分，难度系数 0.75）

生产制造企业将生产完工的产品对外销售，该业务应确认为（ ）。

A. 主营业务收入 B. 其他业务收入

C. 投资收益 D. 营业外收入

单选题 3. （2 分，难度系数 0.9）

（ ）是企业在日常活动中形成的，会导致所有者权益增加的，与所有者投入资本无关的经济利益的总流入。

A. 资产 B. 收入 C. 所有者权益 D. 营业外收入

单选题 4. （2 分，难度系数 0.75）

下列关于收入特征的表述中，不正确的是（ ）。

A. 收入是企业在日常活动中形成的

B. 收入会导致所有者权益增加

C. 收入是与所有者投入资本无关的经济利益的总流入

D. 收入会导致企业资产的减少

单选题 5. （2 分，难度系数 0.75）

下列各项中，不属于企业主营业务收入的是（ ）。

A. 工业企业销售房屋收入 B. 商业企业销售商品收入

C. 运输企业提供运输业务收入 D. 旅游行业提供的旅游服务收入

多选题 1. （3 分，难度系数 0.75）

下列各项收到的款项中，属于“收入”的有（ ）。

A. 销售商品收到的价款 B. 出租固定资产收到的租金

C. 出售无形资产收到的价款 D. 出售原材料收到的价款

判断题 1. （2 分，难度系数 0.75）

按照企业日常活动对企业的重要性，可以将收入分为主营业务收入和其他业务收入。主营业务收入和其他业务收入又统称为营业收入。 （ ）

判断题 2. （2 分，难度系数 0.75）

收入会导致所有者权益增加。 （ ）

判断题 3. (2 分，难度系数 0.75)

处置固定资产属于非日常活动，所形成的净收益不应确认为收入，应确认为利得。 (　　)

1.5.2.2　**费用**

单选题 1. (2 分，难度系数 0.75)

为宣传新产品发生广告费用 90 000 元，对于这笔费用，应记入的会计科目为(　　)。

A. 管理费用　B. 销售费用　C. 其他业务成本　D. 营业外支出

单选题 2. (2 分，难度系数 0.9)

(　　) 是指为筹集资金而发生的费用。

A. 从事经营业务发生的成本　B. 管理费用

C. 销售费用　D. 财务费用

单选题 3. (2 分，难度系数 0.9)

企业行政管理部门发生的办公费应计入 (　　)。

A. 管理费用　B. 销售费用　C. 其他业务成本　D. 营业外支出

多选题 1. (3 分，难度系数 0.75)

期间费用包括 (　　)。

A. 制造费用　B. 管理费用　C. 销售费用　D. 财务费用

多选题 2. (3 分，难度系数 0.75)

下列项目中，属于费用要素特点的有 (　　)。

A. 企业在日常活动中发生的经济利益的总流入

B. 与向所有者分配利润无关

C. 会导致所有者权益减少

D. 会导致所有者权益增加

判断题 1. (2 分，难度系数 0.75)

费用的发生会导致所有者权益减少。 (　　)

判断题 2. (2 分，难度系数 0.9)

销售费用是指企业销售商品和材料、提供劳务的过程中发生的各种费用。 (　　)

判断题 3. (2 分，难度系数 0.9)

费用必须是企业在其日常活动中所形成的经济利益的总流出。 (　　)

判断题 4. (2 分，难度系数 0.9)

企业非日常活动所形成的经济利益的流出不能确认为费用，而应当计入损失。 (　　)

1.5.2.3 利润

单选题 1. (2 分，难度系数 0.6)

企业某期的营业利润为 200 000 元，营业外收入为 10 000 元，营业外支出为 8 000 元，则利润总额为（　　）元。

A. 200 000　　B. 202 000　　C. 210 000　　D. 218 000

单选题 2. (2 分，难度系数 0.9)

下列各项中，属于反映企业在一定时期经营成果的会计等式是（　　）。

A. 资产 = 负债 + 所有者权益

B. 资产 = 负债 + 所有者权益 + 收入

C. 资产 = 负债 + 所有者权益 + 收入 - 费用

D. 利润 = 收入 - 费用

多选题 1. (3 分，难度系数 0.75)

下列反映企业经营成果的会计要素的是（　　）。

A. 收入　　B. 费用　　C. 资产　　D. 利润

多选题 2. (3 分，难度系数 0.75)

下列项目，属于利润表要素的有（　　）。

A. 资产　　B. 利润　　C. 收入　　D. 所有者权益

多选题 3. (3 分，难度系数 0.75)

下列各项中，影响利润的因素有（　　）。

A. 收入　　B. 费用　　C. 资产　　D. 负债

判断题 1. (2 分，难度系数 0.75)

企业的利润总额一般由营业利润和营业外收支构成。（　　）

判断题 2. (2 分，难度系数 0.75)

利润金额的确定主要取决于收入、费用、利得和损失金额的计量。（　　）

☆第五节测试

一、单选题

单选题 1. (2 分，难度系数 0.75)

下列不属于企业流动资产的是（　　）。

A. 预收账款　　B. 预付账款　　C. 应收账款　　D. 银行存款

单选题 2. (2 分，难度系数 0.75)

某公司资产总额为 5 万元，负债总额 1 万元，以银行存款 2 万元偿还短期借款，并以银行存款 0.5 万元购买原材料，则上述业务入账后该公司的资产总额为（　　）

万元。

A. 3　B. 4　C. 2.5　D. 1.5

单选题3.（2分，难度系数0.6）

企业期初资产总额为768 000元，负债总额为268 000元，以银行存款归还长期借款70 000元后，企业的所有者权益是（　　）元。

A. 558 000　B. 298 000　C. 500 000　D. 410 000

单选题4.（2分，难度系数0.75）

企业行政管理部门发生水电费应计入（　　）。

A. "制造费用"　B. "管理费用"　C. "财务费用"　D. "销售费用"

单选题5.（2分，难度系数0.6）

下列各项中，属于收入的是（　　）。

A. 汽车制造厂销售汽车生产线　B. 租赁公司出租汽车

C. 服装厂销售闲置的房屋　D. 电视机厂销售电视机的商标权

单选题6.（2分，难度系数0.6）

下列各项中，不构成企业收入的是（　　）。

A. 销售商品一批，价款80万元　B. 出租包装物，租金收入1 000元

C. 取得罚款收入400元　D. 销售原材料收入500元

单选题7.（2分，难度系数0.75）

反映企业经营成果的会计要素是（　　）。

A. 收入、费用和利润　B. 资产、负债和所有者权益

C. 收入、资产和负债　D. 资产、负债和利润

单选题8.（2分，难度系数0.6）

企业某期的营业利润为400 000元，营业外收入为10 000元，营业外支出为8 000元，则利润总额为（　　）元。

A. 400 000　B. 402 000　C. 410 000　D. 418 000

单选题9.（2分，难度系数0.9）

下列属于反映企业财务状况的会计要素是（　　）。

A. 收入　B. 费用　C. 利润　D. 所有者权益

二、多选题

多选题1.（3分，难度系数0.75）

下列属于资产要素特点的有（　　）。

A. 预期能给企业带来经济利益的资源　B. 过去的交易或事项形成的

C. 是企业拥有或控制的资源　D. 必须是有形的

多选题2.（2分，难度系数0.9）

下列不属于动态会计要素的有（　　）。

A. 收入　　B. 费用　　C. 负债　　D. 所有者权益

多选题 3.（2 分，难度系数 0.9）

以下属于会计要素的是（　　）。

A. 资产　　B. 固定资产　　C. 负债　　D. 费用

多选题 4.（3 分，难度系数 0.75）

三大期间费用包括（　　）。

A. 财务费用　　B. 管理费用　　C. 销售费用　　D. 生产成本

多选题 5.（3 分，难度系数 0.75）

企业所有者权益包括（　　）。

A. 资本公积　　B. 实收资本　　C. 盈余公积　　D. 库存现金

多选题 6.（3 分，难度系数 0.75）

下列项目中，属于费用要素特点的有（　　）。

A. 企业在日常活动中发生的

B. 会导致所有者权益减少

C. 是与向所有者分配利润无关的经济利益的总流出

D. 会导致所有者权益增加

三、判断题

判断题 1.（2 分，难度系数 0.6）

某企业月初资产总额为 100 万元，本月发生下列业务：（1）向银行借入期限为 3 年的借款 60 万元存入银行；（2）用银行存款购买固定资产 12 万元；（3）收回应收账款 8 万元存入银行；（4）以银行存款偿还借款 12 万元。则月末资产总额为 148 万元。

（　　）

判断题 2.（2 分，难度系数 0.9）

资产是指企业过去的交易或事项形成的、由企业拥有或控制的、预期会给企业带来经济利益的资源。（　　）

判断题 3.（2 分，难度系数 0.9）

负债和所有者权益可以统称为权益。（　　）

判断题 4.（3 分，难度系数 0.75）

收入会导致所有者权益减少。（　　）

判断题 5.（3 分，难度系数 0.75）

资产包括固定资产和流动资产两部分。（　　）

判断题 6.（3 分，难度系数 0.75）

对于某一项资产，要成为企业的资产，其所有权必须属于企业。（　　）

四、综合题

综合题 1.（10 分，难度系数 0.6）

【资料】腾龙公司2018年6月30日资产、负债及所有者权益状况见表1－1。

表1－1　　腾龙环保家具有限公司资产、负债及所有者权益状况表

2018年6月30日

项　　目	资产	负债	所有者权益
财会部门库存现金600元			
尚未缴纳的税费12 600元			
生产车间使用的机器设备100 000元			
某企业投入的资本110 000元			
向银行借的短期借款17 000元			
库存生产用高密板39 000元			
合　　计			

【要求】根据表1－1中项目内容，区分资产、负债及所有者权益，将各项目金额分别填入表内各栏。

综合题2.（10分，难度系数0.6）

判断下列项目是否属于收入、费用或利润要素，若属于，将该项经济业务的金额填入表1－2相应要素栏下。

表1－2　　腾龙环保家具有限公司收入、费用、利润要素分析表

项　　目	收入	费用	利润
公司出租资产实现的收入12 600元			
公司生产并销售家具10 000元			
公司发生广告费1 000元			
公司发生的办公费600元			
公司一定时期内全部收入减全部费用后的盈余为21 000元			

1.6　会计等式

知识点1.6.1　财务状况等式

单选题1.（2分，难度系数0.9）

（　　）公式也被称为会计恒等式。

A. 资产＝负债＋所有者权益＋(收入－费用)

B. 资产＝负债＋所有者权益＋利润

C. 资产＝负债＋所有者权益

D. 收入－费用＝利润

单选题 2.（2 分，难度系数 0.6）

复式记账、账户试算平衡和编制资产负债表的理论依据是（　　）。

A. 资产 = 负债 + 所有者权益 +（收入 - 费用）

B. 资产 = 负债 + 所有者权益 + 利润

C. 资产 = 负债 + 所有者权益

D. 收入 - 费用 = 利润

多选题 1.（2 分，难度系数 0.9）

下列属于反映企业财务状况的会计要素是（　　）。

A. 资产　　B. 负债　　C. 所有者权益　　D. 利润

判断题 1.（2 分，难度系数 0.75）

等式"资产 = 权益"中的"权益"是指负债和所有者权益。（　　）

综合题 1.（6 分，难度系数 0.75）

会计等式表（见表 1 - 3）。

表 1 - 3

序号	资产	负债	所有者权益
1	160 000	54 000	（　　）
2	530 000	（　　）	242 000
3	（　　）	170 000	388 000

【要求】请在表 1 - 3 括号中填写正确金额。

知识点 1.6.2　经营成果等式

多选题 1.（3 分，难度系数 0.6）

下列属于会计等式的有（　　）。

A. 资产 = 权益　　B. 资产 = 负债 + 所有者权益

C. 收入 - 费用 = 利润　　D. 资产 + 所有者权益 = 负债

多选题 2.（2 分，难度系数 0.9）

下列属于反映企业经营成果的会计要素是（　　）。

A. 收入　　B. 费用　　C. 利润　　D. 所有者权益

多选题 3.（2 分，难度系数 0.3）

下列关于会计等式的说法中，正确的是（　　）。

A."资产 = 负债 + 所有者权益"是最基本的会计等式，表明了会计主体在某一特定

时期所拥有的各种资产与债权人、所有者之间的动态关系

B. “收入 = 费用 − 利润”这一等式动态地反映经营成果与相应期间的收入和费用之间的关系，是企业编制利润表的基础

C. “资产 = 负债 + 所有者权益”这一会计等式说明了企业经营成果对资产和所有者权益所产生的影响，体现了会计六要素之间的内在联系

D. 企业各项经济业务的发生并不会破坏会计基本等式的平衡关系

判断题 1.（2 分，难度系数 0.75）

“收入 − 费用 = 利润”这一会计等式，体现了企业一定时期内的经营成果，是编制利润表的基础。（ ）

判断题 2.（2 分，难度系数 0.75）

收入减去费用后的金额如果为正数，则代表盈利，如果为负数，则代表亏损。（ ）

知识点 1.6.3 经济业务对会计等式的影响

1.6.3.1 经济业务所引起的资产与权益的变化类型

单选题 1.（2 分，难度系数 0.6）

银行将短期借款转为对本公司的投资，这项经济业务将引起本公司（ ）。

A. 资产减少、所有者权益增加　　B. 负债增加、所有者权益减少

C. 负债减少，所有者权益增加　　D. 负债减少，资产增加

单选题 2.（2 分，难度系数 0.6）

下列项目中，引起资产和负债同时增加的经济业务是（ ）。

A. 以无形资产向外单位投资

B. 以银行存款购买材料

C. 以银行存款偿还应付账款

D. 向银行取得借款，存入银行存款账户

单选题 3.（2 分，难度系数 0.6）

企业将应付甲公司的货款 60 万元转为甲公司对本公司的投资，这项经济业务将引起该 A 企业（ ）。

A. 资产的减少，所有者权益的增加　　B. 负债的增加，所有者权益的减少

C. 负债的减少，所有者权益的增加　　D. 负债的减少，资产的增加

单选题 4.（2 分，难度系数 0.75）

甲公司 2018 年 6 月份资产增加 500 万元，负债增加 300 万元，其他因素忽略不计，该企业所有者权益将（ ）。

A. 增加 200 万元　　B. 增加 800 万元　　C. 减少 200 万元　　D. 减少 800 万元

多选题 1.（2 分，难度系数 0.75）

企业通过银行偿还应付账款，会计要素发生变动的有（　　）。

A. 资产　　B. 负债　　C. 所有者权益　　D. 收入

多选题 2.（2 分，难度系数 0.75）

下列经济业务中导致资产增加的有（　　）。

A. 收回应收账款存入银行　　B. 以资本公积转增资本

C. 向银行借入短期借款　　D. 向银行借入长期借款

判断题 1.（2 分，难度系数 0.6）

企业赊购一批原材料，表现为一项资产增加，一项负债减少。（　　）

判断题 2.（2 分，难度系数 0.6）

收到外商投入设备一台能引起资产和所有者权益同时增加。（　　）

综合题 1.（7 分，难度系数 0.6）

【资料】

（1）购买原材料一批，货款尚未支付。

（2）以银行存款偿还到期长期借款。

（3）以银行存款购入生产设备一台。

（4）收到投资者追加的投资，存入银行。

（5）从银行提取现金，备用。

（6）从银行借入短期借款，直接偿还应付账款。

（7）将无力偿还的应付票据转为短期借款。

【要求】

判断上述业务分别属于什么经济业务类型，将业务序号填入表 1－4 相应类型栏内。

表 1－4　　经济业务类型表

经济业务类型	经济业务序号
1. 资产与权益同时增加	
2. 资产与权益同时减少	
3. 资产之间有增有减	
4. 权益之间有增有减	

1.6.3.2　经济业务的发生对会计基本等式的影响

单选题 1.（3 分，难度系数 0.75）

下列关于企业的资产总额与权益总额的表述中，正确的是（　　）。

A. 必然相等　　B. 有时相等

C. 不会相等　　D. 只有在期末时相等

单选题 2.（3 分，难度系数 0.75）

下列关于企业的资产总额与所有者权益总额的表述中，正确的是（　　）。

A. 必然相等　　B. 有时相等

C. 不会相等　　D. 只有在期末时相等

单选题 3.（3 分，难度系数 0.75）

下列业务中，能同时引起资产和负债增加的是（　　）。

A. 所有者投入设备　　B. 收到前欠货款存入银行

C. 用银行存款归还前欠货款　　D. 赊购原材料

多选题 1.（3 分，难度系数 0.75）

下列选项中，正确的有（　　）。

A. 资产与权益同时增加，总额增加　　B. 资产与负债一增一减，总额不变

C. 资产内部同时减少，总额减少　　D. 权益内部的一增一减，总额不变

多选题 2.（3 分，难度系数 0.75）

企业向银行借款 30 万元，下列选项中说法正确的有（　　）。

A. 资产增加 30 万元　　B. 负债增加 30 万元

C. 资产和负债同时增加　　D. 等式双方总额同时增加

多选题 3.（3 分，难度系数 0.6）

根据会计等式可知，下列哪类经济业务不会发生（　　）。

A. 资产增加，负债减少，所有者权益不变

B. 资产不变，负债增加，所有者权益增加

C. 资产有增有减，权益不变

D. 负债增加，所有者权益减少，资产不变

多选题 4.（3 分，难度系数 0.6）

下列经济业务中，会引起会计等式左右两边同时发生增减变动的有（　　）。

A. 收到应收销货款存入银行　　B. 购进材料尚未付款

C. 用存款偿还长期借款　　D. 接受投资人追加投资

判断题 1.（2 分，难度系数 0.75）

根据资产 = 权益公式可知，资产内部一增一减，等式两边总额不变。（　　）

判断题 2.（2 分，难度系数 0.75）

当资产增加，权益也增加时，等式两边总额不变。（　　）

☆第六节测试

一、单选题

单选题 1. （2 分，难度系数 0.6）

资产负债表是根据（　　）这一会计等式编制的。

A. 资产 = 负债 + 所有者权益 +（收入 − 费用）

B. 资产 = 负债 + 所有者权益 + 利润

C. 资产 = 负债 + 所有者权益

D. 收入 − 费用 = 利润

单选题 2. （2 分，难度系数 0.6）

银行将 B 公司向银行借入的短期借款 10 万元转为对 B 公司的投资，则 B 公司的（　　）。

A. 负债减少，资产增加　　B. 资产减少，所有者权益增加

C. 负债减少，所有者权益增加　　D. 所有者权益内部一增一减

单选题 3. （2 分，难度系数 0.6）

下列经济业务中，不会引起会计等式左右两边同时发生增减变动的有（　　）。

A. 收到应收账款存入银行　　B. 购进材料尚未付款

C. 用存款偿还短期借款　　D. 接受投资人追加货币资金投资

单选题 4. （2 分，难度系数 0.6）

下列各项经济业务中，不会使得企业资产总额和权益总额同时发生增减变化的是（　　）。

A. 向银行借入半年期的借款，已存入本企业银行存款账户

B. 赊购设备一台，设备已经交付使用

C. 收到某投资者投入的一批材料，材料已验收入库

D. 用资本公积转增资本

单选题 5. （2 分，难度系数 0.75）

甲公司 2018 年 6 月份资产增加 700 万元，负债减少 200 万元，其他因素忽略不计，该企业所有者权益将（　　）。

A. 增加 500 万元　　B. 增加 900 万元　　C. 减少 500 万元　　D. 减少 900 万元

单选题 6. （2 分，难度系数 0.75）

下列关于企业向银行借入 9 个月的借款直接偿还应付购货款，该业务类型的表述中，正确的是（　　）。

A. 一项资产增加，另一项资产等额减少的经济业务

B. 一项负债增加，另一项负债等额减少的经济业务

C. 一项资产增加，一项负债等额增加的经济业务

D. 一项资产减少，一项负债等额减少的经济业务

单选题 7.（2 分，难度系数 0.75）

下列各项中，属于一项资产增加，另一项资产等额减少的经济业务是（　　）。

A. 收回前欠货款，存入银行　　B. 购入机器设备一台，货款未付

C. 向银行取得短期借款转存银行　　D. 销售商品货款尚未收到

单选题 8.（2 分，难度系数 0.75）

下列关于经济业务类型表述中，不正确的是（　　）。

A. 一项资产增加，另一项资产减少　　B. 一项资产增加，一项负债增加

C. 一项资产增加，一项所有者权益增加　　D. 一项资产增加，一项负债减少

单选题 9.（2 分，难度系数 0.9）

（　　）公式也被称为会计恒等式。

A. 资产 = 负债 + 所有者权益 +（收入 − 费用）

B. 资产 = 负债 + 所有者权益 + 利润

C. 资产 = 负债 + 所有者权益

D. 收入 − 费用 = 利润

二、多选题

多选题 1.（3 分，难度系数 0.75）

企业偿还银行借款 20 万元，下列选项中说法正确的有（　　）。

A. 资产减少 20 万元　　B. 负债减少 20 万元

C. 资产和负债同时减少　　D. 等式双方总额同时减少

多选题 2.（3 分，难度系数 0.75）

下列会计等式正确的有（　　）。

A. 资产 = 权益　　B. 资产 = 负债 + 所有者权益

C. 资产 = 负债 + 权益　　D. 收入 − 负债 = 利润

多选题 3.（3 分，难度系数 0.75）

企业向银行借款 10 万元存入银行，这一业务对会计等式的影响是（　　）。

A. 资产增加　　B. 资产减少

C. 负债增加　　D. 所有者权益不变

多选题 4.（2 分，难度系数 0.75）

企业购买原材料一批，价款尚未支付，会计要素发生变动的有（　　）

A. 资产　　B. 负债　　C. 所有者权益　　D. 收入

多选题 5.（2 分，难度系数 0.6）

A 公司 2018 年 6 月 1 日资产总计 500 万元，负债总额 200 万元。6 月份资产增加 50 万元，减少 40 万元。所有者权益增加 60 万元，减少了 30 万元。月末时，以下表述正确的有（　　）。

A. 资产总额 510 万元　　B. 权益总额 510 万元

C. 负债总额 180 万元　　D. 所有者权益总额 330 万元

多选题 6.（2 分，难度系数 0.6）

下列会计业务中，会使企业月末资产总额发生变化的是（　　）。

A. 资产所有者权益同时减少　　B. 资产内部一增一减

C. 资产负债同时增加　　D. 资产负债同时减少

三、判断题

判断题 1.（2 分，难度系数 0.9）

资产和权益在金额上一定是相等的。（　　）

判断题 2.（2 分，难度系数 0.9）

资产和所有者权益在金额上一定是相等的。（　　）

判断题 3.（2 分，难度系数 0.75）

企业赊购一批材料，表现为一项资产增加，一项负债增加。（　　）

判断题 4.（2 分，难度系数 0.75）

以银行借款归还上月所欠的货款会引起资产总额变动。（　　）

判断题 5.（2 分，难度系数 0.75）

企业收回前欠货款存入银行，该业务会引起资产与负债同时增加。（　　）

判断题 6.（2 分，难度系数 0.75）

当资产减少，权益也减少时，等式两边总额不变。（　　）

判断题 7.（2 分，难度系数 0.75）

收入减去费用后的金额无论是正数还是负数，均代表盈利。（　　）

1.7　会计法规对会计工作的约束

知识点 1.7.1　会计人员违法行为

单选题 1.（2 分，难度系数 0.9）

会计法律制度中层次最高的是（　　）。

A.《中华人民共和国会计法》　　B.《总会计师条例》

C.《企业会计准则》　　D.《企业会计制度》

单选题 2.（2 分，难度系数 0.9）

下列各项中，未违反《会计法》规定的有（　　）。

A. 某商场为了促销，向其客户提供了与事实不符的发票

B. 某上市公司在财务会计报告中未披露为其他单位提供债务担保的事实

C. 某乡财政所对一会计人员做出吊销会计从业资格证书的决定

D. 某省级财政部门对本省一单位依法设账情况进行检查

单选题 3. (2 分，难度系数 0.9)

单位对外提供虚假财务会计报告的责任主体是（　　）。

A. 会计人员　　B. 会计机构负责人

C. 主管会计　　D. 单位负责人

单选题 4. (2 分，难度系数 0.6)

下列关于单位内部会计监督制度说法正确的是（　　）。

A. 会计事项的经办人员和审批人员可以由一人兼任

B. 记账人员和经济业务的审批人员可以由一人兼任

C. 记账人员和财物保管人员的职责权限应明确，并相互分离

D. 记账人员和经济业务的经办人员可以由一人兼任

单选题 5. (2 分，难度系数 0.6)

根据会计法律制度的规定，下列有关取得或者填制原始凭证的表述中，不符合规定的有（　　）。

A. 从外单位取得的原始凭证，必须盖有填制单位的公章

B. 从个人处取得的原始凭证，必须有填制人员的签名或者签章

C. 购买实物的原始凭证，可以附有验收证明

D. 支付款项的原始凭证，必须有收款单位和收款人的收款证明

单选题 6. (2 分，难度系数 0.6)

2018 年 3 月 2 日，甲企业收到一张应由甲企业和乙企业共同负担费用支出的原始凭证，下列有关该原始凭证，正确的处理方式是（　　）。

A. 甲企业会计人员 A 以该原始凭证及承担的费用进行账务处理，并保存该原始凭证，同时将该原始凭证的复印件提供给乙企业用于账务处理

B. 甲企业会计人员 A 以该原始凭证复印件进行账务处理，将该原始凭证提供给乙企业用于账务处理

C. 甲企业会计人员 A 向乙企业开具原始凭证分割单

D. 甲企业会计人员 A 以该原始凭证及承担的费用进行账务处理，并保存该原始凭证，乙企业不做账务处理

多选题 1. (3 分，难度系数 0.75)

会计工作岗位可以一人一岗、一人多岗或者多人一岗；但是出纳人员不得监管（　　）的工作。

A. 稽核　　B. 会计档案保管

C. 债权债务项目的登记工作　　D. 收入、支出的登记工作

多选题 2. (3 分，难度系数 0.9)

会计人员职业道德主要包括（　　）。

A. 敬业爱岗　　B. 熟悉法规　　C. 依法办事　　D. 客观公正

知识点 1.7.2 总会计师、会计师和注册会计师的职能定位（校市教材可选）

1.7.2.1 总会计师的职能定位

单选题 1. （2 分，难度系数 0.75）

根据《总会计师条例》的规定，下列各项中不属于总会计师职责的有（　　）。

A. 编制执行预算计划　　B. 建立健全经济核算制度

C. 拟订资金筹措和使用方案　　D. 审批本单位的工资奖金方案

单选题 2. （2 分，难度系数 0.75）

我国的会计管理体制是（　　）。

A. 统一领导　　B. 分级管理

C. 统一领导、分级管理　　D. 统一领导、集中管理

多选题 1. （3 分，难度系数 0.75）

根据《总会计师条例》的规定，下列各项中属于总会计师职责的有（　　）。

A. 组织编制财务收支计划　　B. 拟订资金筹措方案

C. 进行成本费用预测　　D. 审批本单位的工资奖金方案

多选题 2. （3 分，难度系数 0.75）

总会计师负责组织的工作主要包括（　　）。

A. 协助单位负责人对本单位的生产经营和业务管理等问题做出决策

B. 负责本单位财务会计机构的设置和会计人员的配备

C. 参与技术改造、商品价格的制定

D. 组织编制和执行预算、财务收支计划

判断题 1. （2 分，难度系数 0.75）

某企业是属于国有资产占控股地位的大型生产企业，2014 年末净资产总额为 5 亿元，该企业可以设立总会计师。（　　）

1.7.2.2 会计师的职能定位

多选题 1. （3 分，难度系数 0.9）

根据《会计专业职务试行条例》的规定，下列各项中，属于会计专业职务的有（　　）。

A. 助理会计师　　B. 会计师　　C. 高级会计师　　D. 注册会计师

判断题 1. （2 分，难度系数 0.75）

担任单位会计机构负责人（会计主管人员）的，除取得会计从业资格证书外，还应

当具备高级会计师专业技术职务资格或者从事会计工作三年以上经历。　(　)

☆第七节测试

一、单选题

单选题 1. (2 分，难度系数 0.6)

在我国会计法规制度体系中，属于最高层次地位的是（　　）。

A. 会计法　B. 企业会计准则　C. 企业财务通则　D. 企业会计制度

单选题 2. (2 分，难度系数 0.6)

会计人员违反职业道德，情节严重者，应由（　　）。

A. 所在单位吊销会计证　B. 会计学会吊销会计证

C. 工商局吊销会计证　D. 发证机关吊销会计证

单选题 3. (2 分，难度系数 0.6)

（　　）的任免，应当经过上级主管单位同意。

A. 会计主管人员　B. 会计师　C. 助理会计师　D. 高级会计师

单选题 4. (2 分，难度系数 0.6)

在会计机构内部，不得兼任稽核、会计档案保管和收入、支出、费用、债权债务账目登记工作的是（　　）。

A. 会计主管人员　B. 记账人员　C. 出纳人员　D. 成本核算人员

单选题 5. (2 分，难度系数 0.6)

会计机构是企业、行政事业单位组织处理会计工作的（　　）部门。

A. 职能　B. 法律　C. 经济　D. 财政

单选题 6. (2 分，难度系数 0.6)

《会计法》将我国会计工作的具体工作事宜运用（　　）形式进行了规定。

A. 经济　B. 法律　C. 核算　D. 监督

单选题 7. (2 分，难度系数 0.6)

根据会计法规定，有权制定国家统一的会计制度的部门是（　　）。

A. 国家发改委　B. 国资委　C. 财政部　D. 审计署

单选题 8. (2 分，难度系数 0.75)

下列条件中，影响一个单位是否设置会计机构的因素是（　　）。

A. 财务收支的金额大小

B. 是否有合格的会计人员担任会计机构负责人

C. 会计人员的数量

D. 会计业务的需要

二、多选题

多选题 1. (3 分，难度系数 0.75)

会计工作的组织包括（　　）。

A. 会计机构的设置　　B. 会计人员的配备

C. 会计法规制度的制定　　D. 会计法规制度的执行

多选题 2.（3 分，难度系数 0.75）

我国会计法规体系，主要包括（　　）。

A. 内部会计管理制度　　B. 中华人民共和国会计法

C. 企业会计准则　　D. 会计工作的组织方式

多选题 3.（3 分，难度系数 0.75）

属于会计人员主要职责的有（　　）。

A. 进行会计核算　　B. 拟定本单位办理会计事务的具体办法

C. 决定企业生产经营规模　　D. 实行会计监督

多选题 4.（3 分，难度系数 0.75）

《中华人民共和国会计法》对公司、企业会计核算进行了特别的规定，即企业进行会计核算不得有（　　）的行为。

A. 虚列、多列、不列或少列资产、负债、所有者权益

B. 虚列或隐瞒收入、推迟或提前确认收入

C. 虚列、多列、不列或少列费用成本

D. 随意调整利润的计算、分配方法

多选题 5.（3 分，难度系数 0.75）

按照制定或批准的机关不同，会计法规可分为（　　）。

A. 会计行政法规　　B. 综合性会计法规

C. 地方性会计法规　　D. 自治会计法规

多选题 6.（3 分，难度系数 0.75）

根据《会计法》规定，属于国家统一的会计制度的有（　　）。

A. 会计核算制度　　B. 会计监督制度

C. 会计机构和会计人员管理制度　　D. 会计工作制度

三、判断题

判断题 1.（2 分，难度系数 0.6）

会计核算必须而且只能采用价值的形式。（　　）

判断题 2.（2 分，难度系数 0.6）

以货币为基本计量标准是会计核算的主要特点。（　　）

判断题 3.（2 分，难度系数 0.6）

会计核算必须而且只能采取价值形式。（　　）

判断题 4.（2 分，难度系数 0.6）

会计只能对经济活动进行事后监督。（　　）

判断题 5. (2 分，难度系数 0.6)

会计核算不仅能反映已发生和已完成的经济业务，而且还可以通过计算分析来预测未来经济发展的趋势和前景。 ( )

判断题 6. (2 分，难度系数 0.6)

所谓会计监督，就是判断企业的经济业务是否违反国家的财经法规。 ( )

判断题 7. (2 分，难度系数 0.6)

会计是适应生产的发展和经济管理的需要而产生和发展的。 ( )

判断题 8. (2 分，难度系数 0.75)

我国的会计工作管理体制贯彻“集中核算，分级管理”的原则。 ( )

判断题 9. (2 分，难度系数 0.6)

财政部会计事务管理司的主要任务是在国务院直接领导下管理全国会计工作，制定全国性的会计法令、制度、规划和组织会计人员的业务培训。 ( )

判断题 10. (2 分，难度系数 0.6)

会计人员有权参与单位编制计划，制定定额，签订经济合同，参加有关的生产经营管理会议。 ( )

判断题 11. (2 分，难度系数 0.6)

《会计法》是我国会计法律规范体系的最高层次，是制定其他会计法规的依据，也是指导会计工作的最高准则。 ( )

判断题 12. (2 分，难度系数 0.6)

企业的出纳人员除了登记现金、银行存款日记账外，还可以兼任“银行存款余额调节表”的核对工作。 ( )

判断题 13. (2 分，难度系数 0.9)

会计岗位的日常工作不仅仅包括原始凭证、记账凭证、分类账与总账、编制财务报告等一系列账务处理工作。 ( )

项目二　账户和复式记账

2.1　会计科目

知识点 2.1.1　会计科目的含义

单选题 1. （2 分，难度系数 0.9）
会计科目是对（　　）的具体内容进行分类核算的项目。
A. 会计对象　　B. 会计要素　　C. 资金运动　　D. 会计账户

单选题 2. （2 分，难度系数 0.75）
会计科目必须根据（　　）和国家统一会计制度的规定设置和使用。
A. 会计准则　　B. 领导要求　　C. 行业规定　　D. 企业制度

多选题 1. （3 分，难度系数 0.75）
下列项目中不属于会计科目的有（　　）。
A. 机器　　B. 在产品　　C. 固定资产　　D. 原材料

知识点 2.1.2　会计科目设置原则

单选题 1. （2 分，难度系数 0.75）
会计科目必须根据（　　）和国家统一会计制度的规定设置和使用。
A. 会计准则　　B. 领导要求
C. 行业规定　　D. 企业制度

多选题 1. （2 分，难度系数 0.6）
关于会计科目的设置，下列说法中正确的是（　　）。
A. 会计科目的设置应当和《企业会计准则》的要求相一致
B. 会计科目的设置需要满足企业内部管理和外部信息的需要
C. 鉴于不同企业、不同业务特点，对会计科目的设置可能有所区别
D. 会计科目的设置不需要考虑外部信息的需要

判断题 1. (2 分，难度系数 0.75)

企业可以根据实际需要自行增加、减少或合并某些会计科目。 (　　)

判断题 2. (2 分，难度系数 0.9)

企业可以根据实际随时调整、改变会计科目。 (　　)

判断题 3. (2 分，难度系数 0.9)

国家在规定统一会计科目的同时，允许企业有一定的灵活性。 (　　)

判断题 4. (2 分，难度系数 0.9)

设置会计科目的相关性原则是指所设置的会计科目应当符合国家统一的会计制度的规定。 (　　)

知识点 2.1.3　会计科目的分类

知识点 2.1.3.1　会计科目按经济内容分类

单选题 1. (2 分，难度系数 0.9)

下列会计科目中，属于负债类科目的有 (　　)。

A. 预收账款　B. 预付账款　C. 累计折旧　D. 累计摊销

单选题 2. (2 分，难度系数 0.9)

下列会计科目中，属于资产类科目的有 (　　)。

A. 预收账款　B. 应付账款　C. 应交税费　D. 预付账款

单选题 3. (2 分，难度系数 0.9)

下列会计科目中，属于所有者权益类科目的有 (　　)。

A. 主营业务收入　B. 本年利润　C. 固定资产　D. 管理费用

单选题 4. (2 分，难度系数 0.9)

下列会计科目中，属于成本类科目的有 (　　)。

A. 管理费用　B. 财务费用　C. 销售费用　D. 制造费用

单选题 5. (2 分，难度系数 0.9)

下列会计科目中，属于损益类科目的有 (　　)。

A. 生产成本　B. 其他业务收入　C. 利益分配　D. 制造费用

多选题 1. (3 分，难度系数 0.9)

下列会计科目中，属于负债类科目的有 (　　)。

A. 长期借款　B. 应交税费　C. 累计折旧　D. 应付利息

多选题 2. (3 分，难度系数 0.75)

下列属于损益类科目的是 (　　)。

A. 主营业务收入　B. 本年利润　C. 营业外收入　D. 管理费用

多选题 3. (3 分，难度系数 0.9)

下列各项中，属于成本类科目的有（　　）。

A. 制造费用　B. 税金及附加　C. 生产成本　D. 主营业务成本

多选题 4.（3 分，难度系数 0.9）

属于资产类科目的有（　　）。

A. 预付账款　B. 应收账款　C. 预收账款　D. 其他应收款

多选题 5.（3 分，难度系数 0.9）

属于负债类科目的有（　　）。

A. 短期借款　B. 预付账款　C. 应付账款　D. 应交税费

多选题 6.（3 分，难度系数 0.9）

下列选项中，属于损益类科目的有（　　）。

A. 盈余公积　B. 投资收益　C. 本年利润　D. 管理费用

判断题 1.（2 分，难度系数 0.9）

预收账款属于资产类账户。（　　）

判断题 2.（2 分，难度系数 0.9）

预付账款与应收账款都属于资产类账户。（　　）

判断题 3.（2 分，难度系数 0.9）

固定资产与累计折旧都属于资产类账户。（　　）

判断题 4.（2 分，难度系数 0.9）

坏账准备属于成本类科目。

知识点 2.1.3.2　会计科目按提供信息的详细程度分类

单选题 1.（2 分，难度系数 0.75）

下列不属于总账科目的是（　　）。

A. 原材料　B. 甲材料　C. 应付账款　D. 应收账款

多选题 1.（3 分，难度系数 0.9）

按提供信息的详细程度和统驭关系，会计科目分为（　　）。

A. 总账科目　B. 资产类科目　C. 负债类科目　D. 明细账科目

判断题 1.（2 分，难度系数 0.75）

所有的总账科目都应该设置明细科目，进行明细核算。（　　）

判断题 2.（2 分，难度系数 0.9）

会计科目的分类按其归属的会计要素不同可分为总分类科目和明细分类科目。

（　　）

☆第一节测试

单选题 1. （2 分，难度系数 0.9）

在下列项目中，与管理费用属于同一类会计科目的是（　　）。

A. 本年利润　　B. 应交税费

C. 投资收益　　D. 长期待摊费用

单选题 2. （2 分，难度系数 0.9）

下列项目中，与“管理费用”属于同一类会计科目的是（　　）。

A. 本年利润　　B. 无形资产　　C. 制造费用　　D. 所得税费用

单选题 3. （2 分，难度系数 0.9）

下列属于损益类科目的是（　　）。

A. 短期借款　　B. 本年利润　　C. 生产成本　　D. 所得税费用

单选题 4. （2 分，难度系数 0.9）

所设置的会计科目应符合单位自身特点，满足单位实际需要，这一点符合（　　）原则。

A. 合法性　　B. 谨慎性　　C. 实用性　　D. 相关性

单选题 5. （2 分，难度系数 0.9）

核算应收款项预计坏账的科目是（　　）。

A. 坏账准备　　B. 待处理财产损溢

C. 应收账款　　D. 跌价准备

单选题 6. （2 分，难度系数 0.9）

（　　）是对会计要素的具体内容进行分类核算的项目。

A. 会计对象　　B. 会计科目　　C. 会计账户　　D. 明细分类账

单选题 7. （2 分，难度系数 0.9）

会计科目是（　　）。

A. 会计要素的名称　　B. 会计账户的名称

C. 会计报表的名称　　D. 会计账簿的名称

单选题 8. （2 分，难度系数 0.9）

在下面选项中属于国家统一规定的一级会计科目的是（　　）。

A. 所得税费用　　B. 利息费用　　C. 应交增值税　　D. 专利权

单选题 9. （2 分，难度系数 0.9）

下列不属于会计科目的是（　　）。

A. 银行存款　　B. 无形资产　　C. 资本公积　　D. 所有者权益

单选题 10. （2 分，难度系数 0.9）

下列属于负债类会计科目的是（　　）。

A. 预收账款 B. 预付账款 C. 应收账款 D. 银行存款

单选题 11. (2 分，难度系数 0.9)

会计科目是（ ）的名称。

A. 原始凭证 B. 账户 C. 会计对象 D. 记账凭证

单选题 12. (2 分，难度系数 0.9)

下列反映流动资产科目的是（ ）。

A. 长期股权投资 B. 投资性房地产 C. 持有至到期投资 D. 材料采购

单选题 13. (2 分，难度系数 0.9)

下列属于损益类会计科目的是（ ）。

A. 制造费用 B. 管理费用

C. 劳务成本 D. 未确认融资费用

单选题 14. (2 分，难度系数 0.9)

会计科目按其所提供信息的详细程度及其统驭的关系不同，可以分为（ ）。

A. 总分类科目和明细分类科目 B. 负债类科目和所有者权益类科目

C. 资产类科目和权益类科目 D. 成本类科目和损益类科目

多选题 1. (3 分，难度系数 0.9)

下列项目中，属于会计科目的有（ ）。

A. 厂房、机器 B. 周转材料 C. 运输设备 D. 固定资产

多选题 2. (3 分，难度系数 0.9)

下列属于流动资产科目的有（ ）。

A. 存货跌价损失 B. 交易性金融资产 C. 原材料 D. 在途物资

多选题 3. (3 分，难度系数 0.9)

下列各项中，属于各单位在设置会计科目时应遵循原则的有（ ）。

A. 合法性 B. 相关性 C. 实用性 D. 一致性

多选题 4. (3 分，难度系数 0.9)

会计科目设置应遵循的原则有（ ）。

A. 合法性原则 B. 相关性原则 C. 全面性原则 D. 实用性原则

多选题 5. (3 分，难度系数 0.9)

下列关于会计科目设置的说法中，正确的有（ ）。

A. 合法性原则就是所设置的会计科目应当符合国家法律法规的规定

B. 企业在设置会计科目是应遵循合法性原则、相关性原则和实用性原则

C. 单位在不违背国家统一规定的前提下，可以根据自身业务特点和实际情况，增加、减少或合并某些会计科目

D. 设置会计科目是为了分类反映单位的经济信息，便于会计信息的使用者利用会计信息进行有关决策

多选题 6. (3 分，难度系数 0.9)

下列关于会计科目设置的说法，正确的有（　　）。

A. 合法性原则就是所设置的会计科目应当符合国家法律法规的规定

B. 相关性原则是指会计科目的设置，应为提供有关各方所需要的会计信息服务，满足对外报告与对内管理的要求

C. 实用性原则是指，在合法性的基础上，企业应当根据组织形式，所处行业、经营内容、业务种类等自身特点，设置符合企业需要的会计科目

D. 各单位在具体设置会计科目时，应考虑自身特点和具体情况

多选题 7. (3 分，难度系数 0.9)

关于会计科目的设置，下列说法中正确的有（　　）。

A. 会计科目的设置应当和国家统一的会计准则的要求相一致

B. 会计科目的设置需要满足企业内部管理和外部信息使用者的需要

C. 鉴于不同企业、不同业务特点，对会计科目的设置可能有所区别

D. 会计科目的设置不需要考虑外部信息使用者的需要

多选题 8. (3 分，难度系数 0.9)

下列项目中属于会计科目的有（　　）。

A. 流动资产　B. 固定资产　C. 交易性金融资产　D. 长期负债

多选题 9. (3 分，难度系数 0.9)

以下有关明细分类科目的表述中，正确的有（　　）。

A. 明细分类科目也称一级会计科目

B. 明细分类科目是能提供更加详细、更加具体会计信息的科目

C. 明细分类科目是对会计要素具体内容进行总括分类的科目

D. 明细分类科目是对总分类科目作进一步分类的科目

多选题 10. (3 分，难度系数 0.9)

设置会计科目应遵循的原则有（　　）。

A. 设置会计科目的名称要简单明确，字义相符，通俗易懂

B. 设置会计科目必须符合经济管理的要求

C. 设置会计科目要将统一性与灵活性结合起来

D. 设置会计科目需要结合会计对象的特点

多选题 11. (3 分，难度系数 0.9)

（　　）属于成本类会计科目。

A. 生产成本　B. 主营业务成本　C. 其他业务成本　D. 制造费用

多选题 12. (3 分，难度系数 0.9)

下列属于会计科目设置原则的有（　　）。

A. 实用性　B. 稳定性　C. 相关性　D. 合法性

多选题 13. (3 分，难度系数 0.9)

下列会计科目中，属于流动资产的有（　　）。

A. 无形资产　　B. 原材料　　C. 固定资产　　D. 预付账款

多选题 14.（3 分，难度系数 0.9）

下列会计科目中，反映资本的有（　　）。

A. 盈余公积　　B. 实收资本　　C. 本年利润　　D. 资本公积

多选题 15.（3 分，难度系数 0.9）

下列会计科目中，属于损益类的有（　　）。

A. 税金及附加　　B. 固定资产清理　　C. 主营业务收入　　D. 主营业务成本

多选题 16.（3 分，难度系数 0.9）

下列属于负债类科目的有（　　）。

A. 应交税费　　B. 其他应付款　　C. 应付票据　　D. 材料成本差异

多选题 17.（3 分，难度系数 0.9）

下列属于资产类科目的有（　　）。

A. 应收账款　　B. 预收账款　　C. 预付账款　　D. 应付账款

多选题 18.（3 分，难度系数 0.9）

下列属于资产（备抵）类科目的是（　　）。

A. 预付账款　　B. 坏账准备　　C. 累计折旧　　D. 累计摊销

多选题 19.（3 分，难度系数 0.9）

下列属于明细分类科目的有（　　）。

A. 原料及辅助材料　　B. 资本公积

C. 长期股权投资　　D. 应交增值税

多选题 20.（3 分，难度系数 0.9）

下列各项中，属于总分类科目的有（　　）。

A. 在建工程　　B. 持有至到期投资

C. 交易性金融资产　　D. 累计摊销

多选题 21.（3 分，难度系数 0.9）

下列会计科目中，属于成本类科目的有（　　）。

A. 主营业务成本　　B. 制造费用　　C. 生产成本　　D. 销售费用

判断题 1.（2 分，难度系数 0.9）

费用类科目的结构与资产类科目的结构相同。（　　）

判断题 2.（2 分，难度系数 0.9）

会计科目是对会计对象的具体内容进行分类的，它既有分类的名称，又有一定的格式。（　　）

判断题 3.（2 分，难度系数 0.9）

“坏账准备”属于损益类会计科目。（　　）

判断题 4. （2 分，难度系数 0.9）

企业只能使用国家统一的会计制度规定的会计科目，不得自行增减或合并。（　　）

判断题 5. （2 分，难度系数 0.9）

会计科目设置应当遵循的相关性原则，是指所设置的会计科目应符合自身特点，满足单位实际需要。（　　）

判断题 6. （2 分，难度系数 0.9）

会计科目的设置必须完全符合国家统一的会计制度。企业不得自行增加、减少或合并。（　　）

判断题 7. （2 分，难度系数 0.9）

会计科目是对会计要素的具体内容进行分类核算的项目和标志，它能反映交易或事项的发生所引起的会计要素各项目的增减变动情况和结果。（　　）

2.2　账　户

知识点 2.2.1　账户的含义

单选题 1. （2 分，难度系数 0.9）

（　　）具体一定的格式和结构，用于分类反映会计要素增减变动情况及其结果的载体。

A. 账户　　B. 会计科目
C. 账簿　　D. 财务报表

单选题 2. （2 分，难度系数 0.75）

下列关于账户和会计科目的表述中，错的是（　　）。

A. 账户是会计科目的名称，会计科目是账户是具体应用
B. 两者之间的区别在于账户具有一定的格式和结构
C. 实际工作中，对账户和会计科目不加严格区别，而是互相通用
D. 账户能反映会计要素增减变化的情况及其结果，而会计科目不能

多选题 1. （3 分，难度系数 0.6）

账户通常包括的内容有（　　）。

A. 账户名称　　B. 日期　　C. 凭证字号　　D. 金额

多选题 2. （3 分，难度系数 0.6）

会计账户一般应包括的内容有（　　）。

A. 账户名称　　B. 日期、摘要
C. 凭证编号　　D. 增加、减少金额及余额

判断题 1. (2 分，难度系数 0.9)
会计科目所反映的经济内容就是账户所要登记的内容。 (　　)

知识点 2.2.2　账户的分类

2.2.2.1　账户按经济内容分类

多选题 1. (3 分，难度系数 0.75)
属于负债类账户的有 (　　)。

A. 应收账款　　B. 预收账款
C. 预付账款　　D. 应付账款

多选题 2. (3 分，难度系数 0.9)
根据核算的经济内容，账户分为 (　　) 等。

A. 资产类账户　　B. 负债类账户
C. 成本类账户　　D. 所有者权益类账户

判断题 1. (2 分，难度系数 0.9)
“财务费用” 核算企业产生的利息费用，因此，“财务费用” 属于负债类科目。 (　　)

2.2.2.2　账户按提供信息的详细程度分类

单选题 1. (2 分，难度系数 0.9)
下列总分类账与明细分类账关系的表述中，不对的是 (　　)。

A. 总分类账与明细分类账所反映的经济业务是相同的
B. 总分类账与明细分类账所反映的经济业务的详细程度是相同的
C. 登记总分类账与登记明细分类账的原始依据是相同的
D. 总分类账对所属明细分类账起着统驭控制作用，明细分类账对有关总分类账起着补充说明作用

判断题 1. (2 分，难度系数 0.9)
总分类账与明细分类账的作用是相同的。 (　　)

判断题 2. (2 分，难度系数 0.9)
总分类账与明细分类账反映的经济内容不同。 (　　)

判断题 3. (2 分，难度系数 0.9)
总分类账是对明细分类账的综合，明细分类账是对总分类账的详细说明。 (　　)

知识点 2.2.3　会计科目与账户的联系和区别

单选题 1.（2 分，难度系数 0.9）

会计科目与账户间的关系，下列表述不对的是（　　）。

A. 两者口径一致，但性质不同

B. 账户是会计科目的具体运用

C. 没有会计科目，账户就失去了设置依据

D. 实际工作中，对会计科目和账户往往不加以严格区分，而是相互通用

单选题 2.（2 分，难度系数 0.9）

会计科目与会计账户的根本区别是（　　）。

A. 名称不同　　B. 反映经济内容不同

C. 有无结构　　D. 有无格式

判断题 1.（2 分，难度系数 0.9）

会计科目是会计账户的名称。（　　）

判断题 2.（2 分，难度系数 0.75）

会计科目的作用主要是为了开设账户、填制凭证所运用；而账户的作用主要是提供某一具体会计对象的会计资料，为编制财务报表所运用。（　　）

知识点 2.2.4　账户的格式和结构

单选题 1.（2 分，难度系数 0.9）

下列关于某账户的期初余额为 500 元，本期减少发生额为 2 000 元，本期增加发生额为 4 000 元，属于期末余额为（　　）元。

A. 2 000　　B. 2 500　　C. 4 500　　D. 6 500

单选题 2.（2 分，难度系数 0.9）

下列关于某账户的期初余额为 500 元，期末余额为 4 000 元，本期减少发生额为 800 元，属于本期增加发生额为（　　）元。

A. 4 500　　B. 2 700　　C. 4 300　　D. 5 300

多选题 1.（3 分，难度系数 0.75）

下列各项中，属于账户金额要素的有（　　）。

A. 期初余额　　B. 期末余额

C. 本期借方发生额　　D. 本期贷方发生额

多选题 2. (3 分，难度系数 0.75)

下列关于会计账户的各项金额的关系的表述中，正确的有（　　）。

A. 本期期初余额 + 本期增加发生额 − 本期减少发生额 = 本期期末余额

B. 本期期末余额 − 本期增加发生额 = 本期期初余额 − 本期减少发生额

C. 本期期末余额 − 本期期初余额 − 本期增加发生额 = 本期减少发生额

D. 本期期末余额 − 本期减少发生额 = 本期期初余额 + 本期增加发生额

多选题 3. (3 分，难度系数 0.75)

下列各项中，属于账户的格式包括（　　）。

A. 账户名称　　B. 凭证字号　　C. 摘要　　D. 金额

判断题 1. (2 分，难度系数 0.75)

“T” 型账户不仅克服实用账户复杂、烦琐，很难搬上讲台的缺点，并且 “T” 型账户还具有全面、直观、系统地反映经济业务连续性的特点。（　　）

判断题 2. (2 分，难度系数 0.9)

账户的基本结构在实务中被形象地称为 “T” 型账户。（　　）

判断题 3. (2 分，难度系数 0.75)

“T” 型账户的哪一方记录增加，哪一方记录减少，是由企业所采取的记账方法和所记录的经济内容所决定的。（　　）

判断题 4. (2 分，难度系数 0.9)

“应收账款” 账户的期末余额 = 期初余额 + 本期增加发生额 − 本期减少发生额。

（　　）

判断题 5. (2 分，难度系数 0.9)

“应付账款” 账户的本期增加发生额 = 期初余额 + 本期减少发生额 − 期末余额。

（　　）

☆第二节测试

单选题 1. (2 分，难度系数 0.9)

（　　）是复式记账的理论基础，也是设置账户、试算平衡和编制资产负债表的理论依据。

A. 会计科目　　B. 账户

C. 资产 = 负债 + 所有者权益　　D. 收入 − 费用 = 利润

单选题 2. (2 分，难度系数 0.9)

总账账户称为一级账户，总账以下的账户称为（　　）。

A. 二级账户　　B. 三级账户

C. 明细账户　　D. 资产类账户

单选题 3.（2 分，难度系数 0.9）
“预付账款”账户属于（　　）账户。
A. 费用类　B. 负债类　C. 债务类　D. 资产类
单选题 4.（2 分，难度系数 0.9）
以下不属于期间费用的是（　　）。
A. 管理费用　B. 财务费用　C. 制造费用　D. 销售费用
单选题 5.（2 分，难度系数 0.9）
下列账户中，不属于明细账户的是（　　）。
A. 管理费用——办公费　B. 管理费用
C. 管理费用——电费　D. 管理费用——绿化费
单选题 6.（2 分，难度系数 0.9）
设置账户的依据是（　　）。
A. 会计对象　B. 会计要素　C. 会计科目　D. 财务报表
单选题 7.（2 分，难度系数 0.9）
（　　）是账户的名称，也是设置账户的依据。
A. 会计科目　B. 会计要素　C. 会计对象　D. 会计主体
单选题 8.（2 分，难度系数 0.9）
下列各项中，属于明细分类账户采用的主要计量单位是（　　）。
A. 货币计量　B. 实物计量　C. 劳动计量　D. 长度计量
单选题 9.（2 分，难度系数 0.9）
下列关于总分类账户与明细分类账户表述中，正确的是（　　）。
A. 明细分类账户是企业基本的会计账户
B. 明细分类账户设立具有更多的“共性”
C. 总分类账户的设立却更多地取决于企业内部经营管理的特殊要求
D. 总分类账户余额一定等于其所属明细账户余额之和
单选题 10.（2 分，难度系数 0.9）
会计科目与账户的区别在于（　　）。
A. 性质不同　B. 反映的经济内容不同
C. 科目没结构，账户有结构　D. 采用的依据不同
单选题 11.（2 分，难度系数 0.9）
下列各项中，属于应收账款账户的备抵调整账户的是（　　）。
A. 应付账款　B. 坏账准备　C. 固定资产　D. 无形资产
单选题 12.（2 分，难度系数 0.9）
下列各项中，属于资产类会计账户的是（　　）。
A. 应收账款　B. 应交税费　C. 其他应付账款　D. 应付账款

单选题 13.（2 分，难度系数 0.9）

会计科目是（　　）。

A. 账簿的名称　　B. 账户的名称

C. 会计要素的名称　　D. 会计报表的项目名称

单选题 14.（2 分，难度系数 0.9）

下列各项中，属于损益类账户的是（　　）。

A. 资本公积　　B. 未分配利润　　C. 资产减值损失　　D. 应交所得税

单选题 15.（2 分，难度系数 0.9）

下列各项中，不属于按经济内容分类的账户是（　　）。

A. 资产类账户　　B. 负债类账户　　C. 成本类账户　　D. 总分类账户

单选题 16.（2 分，难度系数 0.9）

下列账户中，属于根据明细分类科目设置的账户是（　　）。

A. 总分类账户　　B. 明细分类账户　　C. 总账账户　　D. 一级账户

多选题 1.（3 分，难度系数 0.9）

下列说法正确的选项有（　　）。

A. 本期的期末余额即为下期的期初余额

B. 如果账户的左方登记增加额，则右方登记减少额

C. 账户的余额的方向一般与登记增加额的方向是一致的

D. 会计科目是对会计要素进行具体分类的名称

多选题 2.（3 分，难度系数 0.9）

下列各项中，属于按经济内容分类的账户有（　　）。

A. 成本类账户　　B. 共同类账户　　C. 损益类账户　　D. 明细分类账户

多选题 3.（3 分，难度系数 0.9）

下列各项中，属于明细账户可以采用的计量单位有（　　）。

A. 吨　　B. 件　　C. 元　　D. 米

多选题 4.（3 分，难度系数 0.9）

下列各项中，属于明细账户的有（　　）。

A. 固定资产　　B. 固定资产——生产经营用固定资产

C. 固定资产——非生产经营用固定资产　　D. 固定资产——不需用固定资产

多选题 5.（3 分，难度系数 0.9）

下面对于科目和账户的关系描述正确的有（　　）。

A. 会计科目是账户的名称，也是设置账户的依据

B. 没有账户，就无法发挥会计科目的作用

C. 账户是对会计科目的具体运用，是实现会计科目核算目标的专门方法

D. 没有账户，科目就失去了设置的依据

多选题 6. （3 分，难度系数 0.9）

（　　）账户期末一般没有余额。

A. 累计折旧　　B. 投资收益　　C. 生产成本　　D. 主营业务成本

多选题 7. （3 分，难度系数 0.9）

下列关于总分类账户和所属明细分类账户关系表述中，正确的有（　　）。

A. 两者相互补充　　B. 两者相互制约　　C. 两者相互核对　　D. 两者没有关系

多选题 8. （3 分，难度系数 0.9）

下列账户中，属于明细账户的有（　　）。

A. 生产成本

B. 生产成本——基本生产成本——甲产品

C. 生产成本——基本生产成本——乙产品

D. 生产成本——辅助生产成本——供电供水

多选题 9. （3 分，难度系数 0.9）

下列各项中，不属于损益类账户的有（　　）。

A. 实收资本　　B. 利润分配　　C. 制造费用　　D. 主营业务收入

多选题 10. （3 分，难度系数 0.9）

下列各项中，属于损益类账户的有（　　）。

A. 实收资本　　B. 利润分配　　C. 管理费用　　D. 主营业务收入

多选题 11. （3 分，难度系数 0.9）

下列各项中，属于备抵账户的有（　　）。

A. 无形资产减值准备　　B. 累计摊销

C. 固定资产减值准备　　D. 坏账准备

多选题 12. （3 分，难度系数 0.9）

下列会计账户中，属于权益类账户的有（　　）。

A. 应交税费　　B. 实收资本　　C. 资本公积　　D. 应付职工薪酬

多选题 13. （3 分，难度系数 0.9）

下列各项中，属于资产类会计账户的有（　　）。

A. 预收账款　　B. 银行存款　　C. 应收账款　　D. 应收股利

多选题 14. （3 分，难度系数 0.9）

下列各项中，属于总分类账户不能采用的计量单位有（　　）。

A. 元　　B. 千克　　C. 小时　　D. 箱

多选题 15. （3 分，难度系数 0.9）

账户的基本结构一般应包括下列内容（　　）。

A. 账户名称　　B. 日期与摘要

C. 凭证种类和号数　　D. 增加、减少的金额和余额

多选题 16.（3 分，难度系数 0.9）

下列关于账户的表述中，正确的有（　　）。

A. 账户是根据会计科目设置的

B. 账户具有一定的格式和结构

C. 账户是用于反映会计要素增减变动情况的载体

D. 账户能够反映会计要素增减变动的结果

多选题 17.（3 分，难度系数 0.9）

根据账户与财务报表的关系，账户可以分为（　　）。

A. 资产负债表有关账户　　B. 利润表有关账户

C. 总账账户　　D. 明细账账户

多选题 18.（3 分，难度系数 0.9）

按反映的经济内容可以将账户分为（　　）。

A. 资产类　　B. 负债类　　C. 所有者权益类　　D. 损益类

多选题 19.（3 分，难度系数 0.9）

下列账户类别中，存在备抵账户的有（　　）。

A. 资产类账户　　B. 负债类账户

C. 所有者权益类账户　　D. 成本类账户

多选题 20.（3 分，难度系数 0.9）

根据提供信息的详细程度及其统驭关系，账户分为（　　）。

A. 总分类账　　B. 明细分类账　　C. 成本类账户　　D. 损益类账户

多选题 21.（3 分，难度系数 0.9）

下列账户中，属于根据总分类科目设置的账户有（　　）。

A. 总分类账户　　B. 总账账户　　C. 明细账　　D. 一级账户

多选题 22.（3 分，难度系数 0.9）

下列各项中，属于根据明细分类科目设置的账户有（　　）。

A. 总分类账户　　B. 明细分类账户　　C. 二级账户　　D. 三级账户

多选题 23.（3 分，难度系数 0.9）

下列关于总分类账户与明细分类账户的表述中，正确的有（　　）。

A. 总分类账户是企业基本的会计账户

B. 在不同企业，总分类账户的设立具有更多的“共性”

C. 明细分类账户的设立更多地取决于企业内部经营管理的特殊要求

D. 并不是所有的总分类账户都需要进行细分并设立明细账户

多选题 24.（3 分，难度系数 0.9）

账户从结构上看，分为（　　）两个方向。

A. 左方　　B. 右方　　C. 上方　　D. 下方

判断题 1. (2 分，难度系数 0.9)

“主营业务成本”“生产成本”“制造费用”都是成本类账户。 ( )

判断题 2. (2 分，难度系数 0.9)

由于账户的设置以会计科目为依据，因而某一账户的核算内容具有独立性和排他性。 ( )

判断题 3. (2 分，难度系数 0.9)

损益类账户月末一般没有余额。 ( )

判断题 4. (2 分，难度系数 0.9)

会计科目仅是名称而已，若是要想体现会计要素的增减变化及变化后的结果则要借助于账户。 ( )

判断题 5. (2 分，难度系数 0.9)

在设置会计科目后，必须根据规定的会计科目开设相应账户，以便对各种交易或事项进行系统、连续的记录，向有关各方提供有用的会计信息。 ( )

判断题 6. (2 分，难度系数 0.9)

备抵账户，又称抵减账户，是指用来抵减被调整账户余额，以确定被调整账户实有数额而设置的独立账户。 ( )

判断题 7. (2 分，难度系数 0.9)

在实际中，所有的总分类账户都需要进行细分并设立明细账户。 ( )

判断题 8. (2 分，难度系数 0.9)

会计账户是对会计要素的具体内容进行分类核算的项目和标志，它能反映交易或事项的发生所引起的会计要素各项目的增减变动情况和结果。 ( )

判断题 9. (2 分，难度系数 0.9)

在设置账户后，必须根据规定的账户开设相应会计科目，以便对各种交易或事项进行系统、连续的记录，向有关各方提供有用的会计信息。 ( )

判断题 10. (2 分，难度系数 0.9)

账户与会计科目都是对会计对象具体内容的科学分类，两者口径不一致，性质不同。 ( )

判断题 11. (2 分，难度系数 0.9)

如果某一总分类科目所属的明细分类科目较多，可以总分类科目下设置二级科目，在二级科目下设置三级明细科目。 ( )

判断题 12. (2 分，难度系数 0.9)

总分类账户和所属明细分类账户核算的内容相同，只是反映内容的详细程度有所不同，两者相互补充、相互制约、相互核对。 ( )

判断题 13. (2 分，难度系数 0.9)

总分类账户是提供明细核算资料的指标，它是对明细账的具体化和补充说明。

( )

判断题 14. (2 分，难度系数 0.9)

账户与会计科目都是会计对象具体内容的科学分类，两者口径一致，但性质不同。

( )

判断题 15. (2 分，难度系数 0.9)

会计账户是会计科目的名称，会计账户是会计科目的设置依据。 ( )

判断题 16. (2 分，难度系数 0.9)

会计科目是账户的具体运用，具有一定的结构和格式，并通过其结构反映某项经济内容的增减变动及其余额。 ( )

判断题 17. (2 分，难度系数 0.9)

从理论上讲，会计科目与会计账户是同一概念。 ( )

判断题 18. (2 分，难度系数 0.9)

账户是会计科目的具体运用，具有一定的结构和格式，并通过其结构反映某项经济内容的增减变动及其余额。 ( )

2.3 借贷记账法

知识点 2.3.1 借贷记账法的定义

单选题 1. (2 分，难度系数 0.9)

在借贷记账法下，账户的借方用来登记 ( )。

A. 资产类科目的减少
B. 收入类科目的增加
C. 负债类科目减少
D. 所有者权益类科目的增加

单选题 2. (2 分，难度系数 0.9)

一般来说，一个账户的增加方发生额与该账户的期末余额都应该记在账户的 ( )。

A. 借方
B. 贷方
C. 相同方向
D. 相反方向

多选题 1. (3 分，难度系数 0.6)

借贷记账法的特点有 ( )。

A. “借”表示增加，“贷”表示减少
B. 以“借”“贷”为记账符号
C. 可根据借贷平衡原理进行试算平衡
D. 以“有借必有贷，借贷必相等”作为记账规则

判断题 1. (2 分，难度系数 0.75)

在借贷记账法下，损益类账户的借方登记减少数，贷方登记增加数，期末无余额。

( )

判断题 2. （2 分，难度系数 0.9）

借贷记账法是以“借”“贷”作为记账符号，借方表示资产和费用的增加，贷方表示负债、所有者权益的减少。（　　）

判断题 3. （2 分，难度系数 0.9）

记账符号是复式记账法中的必要组成部分，确立了记账符号之后才能定义账户结构。（　　）

判断题 4. （2 分，难度系数 0.75）

借贷记账法下，借方表示增加，贷方表示减少。（　　）

判断题 5. （2 分，难度系数 0.75）

在借贷记账法下，损益类账户的借方登记减少数，贷方登记增加数，期末无余额。（　　）

判断题 6. （2 分，难度系数 0.9）

在借贷记账法下，负债类账户与成本类账户的结构截然相反。（　　）

判断题 7. （2 分，难度系数 0.9）

记账符号是复式记账法中的必要组成部分，确立了记账符号之后才能定义账户结构。（　　）

判断题 8. （2 分，难度系数 0.9）

负债和所有者权益类账户余额一般在贷方。（　　）

知识点 2.3.2　借贷记账法的账户结构

单选题 1. （2 分，难度系数 0.75）

资产类账户的借方一般登记（　　）。

A. 本期增加发生额　　B. 本期减少发生额

C. 本期增加或减少发生额　　D. 以上都对

单选题 2. （2 分，难度系数 0.90）

在借贷记账法下，“累计折旧”账户的期末余额等于（　　）。

A. 期初借方余额 + 本期借方发生额 − 本期贷方发生额

B. 期初借方余额 + 本期贷方发生额 − 本期借方发生额

C. 期初贷方余额 + 本期贷方发生额 − 本期借方发生额

D. 期初贷方余额 + 本期借方发生额 − 本期贷方发生额

多选题 1. （3 分，难度系数 0.6）

在借贷记账法下，收入类账户的借方登记（　　）。

A. 增加数　　B. 减少数

C. 结转数　　D. 增加数或结转数

判断题 1.（2 分，难度系数 0.9）

借贷记账法下，借方表示增加，贷方表示减少。（ ）

判断题 2.（2 分，难度系数 0.9）

借贷记账法下“T”型账户的基本结构是：每一个账户的左边均为借方，右边均为贷方。（ ）

判断题 3.（2 分，难度系数 0.9）

借贷记账法账户的基本结构是：账户分为左、右两方，左方为借方，右方为贷方。（ ）

知识点 2.3.3 借贷记账法的记账规则

单选题 1.（2 分，难度系数 0.9）

以下不符合借贷记账法记账规则的是（ ）。

A. 资产与权益同时减少，总额减少　B. 资产与负债一增一减，总额增加
C. 资产与权益同时增加，总额增加　D. 权益内部一增一减，总额不变

多选题 1.（3 分，难度系数 0.75）

在借贷记账法下，可以在账户借方登记的有（ ）。

A. 负债增加　B. 资产减少　C. 所有者权益减少　D. 收入减少

多选题 2.（3 分，难度系数 0.9）

在借贷记账法下，可以在账户贷方登记的有（ ）。

A. 资产减少　B. 负债增加　C. 收入增加　D. 费用增加

判断题 1.（2 分，难度系数 0.9）

借贷记账法的记账规则是“有借必有贷，借贷必相等”。（ ）

知识点 2.3.4 会计分录

2.3.4.1 会计分录的含义

单选题 1.（2 分，难度系数 0.6）

会计分录的基本要素不包括（ ）。

A. 记账的时间　B. 记账符号　C. 记账金额　D. 账户名称

多选题 1.（2 分，难度系数 0.75）

会计分录由（ ）构成。

A. 经济业务的摘要　B. 账户名称　C. 经济业务发生额　D. 应借应贷方向

判断题 1. （2 分，难度系数 0.9）

会计分录是指某项经济业务事项标明其应借应贷账户及其金额的记录，简称分录。（　　）

判断题 2. （2 分，难度系数 0.9）

构成会计分录要素的有借贷方向、科目名称、经济业务内容和金额。（　　）

判断题 3. （2 分，难度系数 0.9）

复合分录可以由几个简单分录复合而成。（　　）

2.3.4.2　会计分录的书写格式

多选题 1. （3 分，难度系数 0.75）

会计分录的格式对的有（　　）。

A. 先借后贷

B. 借方在上，贷方在下

C. 在一借多贷和多借多贷的情况下，借方或贷方的文字要对齐

D. 在一借多贷和多借多贷的情况下，借方或贷方的数字要对齐

判断题 1. （2 分，难度系数 0.9）

会计分录的书写格式为：上借下贷，借贷错开。（　　）

判断题 2. （2 分，难度系数 0.9）

会计分录的书写没有规范的格式。（　　）

2.3.4.3　会计分录的种类

多选题 1. （3 分，难度系数 0.6）

运用借贷记账法编制会计分录时，可以编制（　　）。

A. 一借一贷的分录　　B. 多借多贷的分录

C. 多借一贷的分录　　D. 一借多贷的分录

多选题 2. （3 分，难度系数 0.6）

在一借一贷的会计分录中，某项经济业务发生后，一个资产账户记借方，则有可能（　　）。

A. 另一个资产账户记贷方

B. 一个负债账户记贷方

C. 一个所有者权益账户记贷方

D. 另一个资产账户记借方

多选题 3. （3 分，难度系数 0.75）

复合会计分录就是（　　）的会计分录。

A. 多借多贷　　B. 一借一贷　　C. 一借多贷　　D. 多借一贷

判断题 1. （2 分，难度系数 0.9）

会计分录按照所涉及的账户多少，可分为一借一贷、一借多贷、一贷多借的会计分录，不允许多借多贷的会计分录。（　　）

判断题 2. （2 分，难度系数 0.9）

复合会计分录指的是多借多贷形式的会计分录。（　　）

2.3.4.4　账户的对应关系及对应账户

单选题 1. （2 分，难度系数 0.9）

存在对应关系的账户被称为（　　）。

A. 一级账户　B. 对应账户　C. 总分类账户　D. 明细分类账户

多选题 1. （3 分，难度系数 0.75）

“应收账款”账户的对应账户可能有（　　）。

A. 银行存款　B. 生产成本　C. 主营业务收入　D. 应付账款

多选题 2. （3 分，难度系数 0.6）

下列账户之间存在对应关系的有（　　）。

A. “银行存款”与“应付账款”

B. “银行存款”与“库存现金”

C. “银行存款”与“库存商品”

D. “库存现金”与“原材料”

知识点 2.3.5　试算平衡

2.3.5.1　发生额试算平衡

单选题 1. （2 分，难度系数 0.9）

借贷记账法下的发生额平衡是由（　　）决定的。

A. 有借必有贷，借贷必相等的规则

B. 资产 = 负债 + 所有者权益的等式

C. 平行登记

D. 账户的结构

多选题 1. （3 分，难度系数 0.75）

发生额试算平衡可以通过编制（　　）来进行。

A. “试算平衡表”　B. “余额试算平衡表”

C. “发生额试算平衡表”　D. 以上都是

判断题 1. （2 分，难度系数 0.9）

通过编制“试算平衡表”可以检查发生额试算平衡。 （ ）

判断题 2. （2 分，难度系数 0.9）

发生额试算平衡是通过编制“余额试算平衡表”来进行的。 （ ）

判断题 3. （2 分，难度系数 0.9）

在借贷记账法下，发生额试算平衡的依据是记账规则。 （ ）

2.3.5.2 余额试算平衡

单选题 1. （2 分，难度系数 0.9）

借贷记账法的余额试算平衡公式是（ ）。

A. 每个账户的借方发生额 = 每个账户贷方发生额

B. 全部账户本期借方发生额合计 = 全部账户本期贷方发生额合计

C. 全部账户期末借方余额合计 = 全部账户期末贷方余额合计

D. 全部明细分类账户期末余额合计 = 总分类账户期末余额合计

单选题 2. （2 分，难度系数 0.9）

借贷记账法余额试算平衡的依据是（ ）。

A. 账户的对应关系

B. 账户的结构

C. 借贷记账法的记账规则

D. 资产与权益的恒等关系

多选题 1. （3 分，难度系数 0.6）

余额试算平衡中的平衡关系有（ ）。

A. 全部账户的本期借方发生额合计 = 全部账户的本期贷方发生额合计

B. 全部账户的期初借方余额合计 = 全部账户的期末贷方余额合计

C. 全部账户的期初借方余额合计 = 全部账户的期初贷方余额合计

D. 全部账户的期末借方余额合计 = 全部账户的期末贷方余额合计

多选题 2. （3 分，难度系数 0.75）

在借贷记账法下，“期末余额 = 期初余额 + 本期借方发生额 − 本期贷方发生额”属于（ ）类会计科目计算期末余额的公式。

A. 资产类 B. 负债类 C. 所有者权益类 D. 成本类

判断题 1. （2 分，难度系数 0.9）

总分类账户的期初余额 = 所属明细分类账户期初余额合计。 （ ）

☆第三节测试

单选题 1. （2 分，难度系数 0.9）

下列表述中，正确的是（　　）。

A. 不能编制多借多贷的分录

B. 从某个企业看，其全部科目的借方余额合计与全部科目的贷方合计不一定相等

C. 从某个会计分录看，其借方科目与贷方科目之间互为对应科目

D. 试算平衡的目的是验证企业的全部科目的借方发生额合计与借方余额合计是否相等

单选题 2. （2 分，难度系数 0.9）

在复式记账法下，对每项经济业务都可以用相等的金额，在（　　）中进行登记。

A. 不同的账户　　B. 两个账户

C. 两个或两个以上　　D. 一个或一个以上

单选题 3. （2 分，难度系数 0.9）

下列各项中，属于对发生的每一项经济业务，只在一个账户中加以登记的记账方法的是（　　）。

A. 单式记账法　　B. 复式记账法　　C. 借贷记账法　　D. 增减记账法

单选题 4. （2 分，难度系数 0.9）

下列各项中，属于对于每一笔经济业务，都必须用相等的金额在两个或两个以上相互联系的账户中进行登记，全面系统地反映会计要素增减变化的一种记账方法的是（　　）。

A. 单式记账法　　B. 收付记账法

C. 复式记账法　　D. 借贷记账法

单选题 5. （2 分，难度系数 0.9）

我国《企业会计准则》规定企业一律采用（　　）。

A. 单式记账法　　B. 收付记账法　　C. 增减记账法　　D. 借贷记账法

单选题 6. （2 分，难度系数 0.9）

下列关于单式记账法的表述中，不正确的是（　　）。

A. 单式记账法是一种比较简单，完整的记账方法

B. 在单式记账法下，账户之间没有直接联系和相互平衡关系

C. 单式记账法不能全面、系统地反映各项会计要素的增减变动和经济业务的来龙去脉

D. 这种方法适用于业务简单或很单一的经济个体和家庭

单选题 7. （2 分，难度系数 0.9）

下列属于简单会计分录的选项是（　　）。

A. 多借多贷　　B. 一借多贷　　C. 一贷多借　　D. 一借一贷

单选题 8.（2 分，难度系数 0.9）

下列各项中，属于借贷记账法下的“借”表示的内容是（　　）。

A. 费用增加　　B. 负债增加

C. 所有者权益增加　　D. 收入增加

单选题 9.（2 分，难度系数 0.9）

下列各项中，属于借贷记账法下的“贷”表示的内容是（　　）。

A. 费用增加　　B. 负债减少　　C. 所有者权益增加　　D. 收入减少

单选题 10.（2 分，难度系数 0.9）

资产类账户的借方登记（　　）。

A. 负债的增加　　B. 资产的增加　　C. 资产的减少　　D. 负债的减少

单选题 11.（2 分，难度系数 0.9）

下列关于复式记账法的表述中，不正确的是（　　）。

A. 复式记账法可能通过账户记录，完整、系统地反映经济活动的过程和结果

B. 复式记账法能够清楚地反映资金运动的来龙去脉

C. 复式记账法对于每一项经济业务，都在两个账户中进行对应记录

D. 复式记账法便于核对和检查账户记录结果，防止和纠正错误记录

单选题 12.（2 分，难度系数 0.9）

下列各项中，作为在实际工作中确定会计分录依据的是（　　）。

A. 记账凭证　　B. 原始凭证　　C. 账簿　　D. 会计科目

单选题 13.（2 分，难度系数 0.9）

在下列账户中，以借方表示增加的是（　　）。

A. 交易性金融资产　　B. 交易性金融负债

C. 实收资本　　D. 主营业务收入

单选题 14.（2 分，难度系数 0.9）

下列会计分录中，属于复合会计分录的是（　　）。

A. 借：银行存款	500 000	
贷：实收资本——A 公司		200 000
——B 公司		300 000
B. 借：生产成本	2 000	
贷：制造费用		2 000
C. 借：管理费用	7 000	
制造费用	3 000	
贷：累计折旧		10 000
D. 借：原材料——甲材料	100 000	
——乙材料	300 000	
贷：银行存款		400 000

单选题 15. （2 分，难度系数 0.9）

下列各项中，属于以“借”和“贷”作为记账符号的一种复式记账法是（　　）。

A. 借贷记账法　　B. 增减记账法　　C. 收付记账法　　D. 单式记账法

单选题 16. （2 分，难度系数 0.9）

下列各项中，属于世界通用记账方法的是（　　）。

A. 借贷记账法　　B. 单式记账法　　C. 收付记账法　　D. 增减记账法

单选题 17. （2 分，难度系数 0.9）

下列各项中，属于我国法定记账方法的是（　　）。

A. 借贷记账法　　B. 增减记账法　　C. 单式记账法　　D. 收付记账法

单选题 18. （2 分，难度系数 0.9）

（　　）是以“借”和“贷”为记账符号的一种复式记账方法。

A. 借贷记账法　　B. 复式记账法　　C. 单式记账法　　D. 增减记账法

单选题 19. （2 分，难度系数 0.9）

负债类账户的期末余额一般在（　　）。

A. 借方　　B. 贷方

C. 借方或贷方　　D. 一般无期末余额

单选题 20. （2 分，难度系数 0.9）

一般来说，一个账户的增加发生额与该账户的期末余额都应该记在账户的（　　）。

A. 借方　　B. 贷方　　C. 相同方向　　D. 相反方向

单选题 21. （2 分，难度系数 0.9）

资产类账户的余额一般在（　　）。

A. 借方　　B. 贷方　　C. 借方和贷方　　D. 借方或贷方

单选题 22. （2 分，难度系数 0.9）

“预付账款”账户的期初余额为借方 20 000 元，本期借方发生额 8 000 元，本期贷方发生额 50 000 元，该账户的期末余额（　　）。

A. 借方 50 000 元　　B. 贷方 10 000 元

C. 借方 110 000 元　　D. 贷方 22 000 元

单选题 23. （2 分，难度系数 0.9）

“应付账款”账户的期初余额为 7 000 元，本期借方发生额为 8 000 元，贷方发生额为 12 000 元，其期末余额为（　　）元。

A. 借余 11 000　　B. 贷余 11 000

C. 借余 3 000　　D. 贷余 3 000

单选题 24. （2 分，难度系数 0.9）

复式记账法的问世，标志着（　　）。

A. 近代会计的形成　　B. 现代会计的开端

C. 会计学科的不断完善　　D. 会计成为一种独立的职能

单选题 25. （2 分，难度系数 0.9）

“固定资产”账户的余额减去“累计折旧”账户的余额表示固定资产的（　　）。

A. 可变现净值　　B. 重置价值　　C. 账面净值　　D. 原值

单选题 26. （2 分，难度系数 0.9）

单式记账法只要求登记（　　）。

A. “库存现金”“银行存款”“其他货币资金”等账户

B. 收入、费用等账户

C. 损益类账户

D. “原材料”“库存商品”等账户

单选题 27. （2 分，难度系数 0.9）

复式记账法，是对每一笔经济业务事项都要在（　　）相互联系的账户中进行登记。

A. 两个　　B. 三个

C. 一个　　D. 两个或两个以上

单选题 28. （2 分，难度系数 0.9）

以下（　　）不符合借贷记账规则。

A. 两项资产同时增加　　B. 资产、资本同时减少

C. 资产、负债同时增加　　D. 资产、负债同时减少

单选题 29. （2 分，难度系数 0.9）

我国的法定记账法是（　　）。

A. 流水记账法　　B. 收付记账法　　C. 借贷记账法　　D. 单式记账法

单选题 30. （2 分，难度系数 0.9）

下列各项中，属于复式记账法记账基础的是（　　）。

A. 试算平衡　　B. 资产和权益平衡关系

C. 会计科目　　D. 经济业务

单选题 31. （2 分，难度系数 0.9）

根据借贷记账法的账户结构，账户借方登记的内容是（　　）。

A. 收入的增加　　B. 所有者权益的增加

C. 费用的增加　　D. 负债的增加

单选题 32. （2 分，难度系数 0.9）

借贷记账法下的“借”表示（　　）。

A. 收入增加　　B. 费用增加

C. 所有者权益增加　　D. 负债增加

单选题 33. （2 分，难度系数 0.9）

复式记账法是对每一笔经济业务事项都要在（　　）相互联系的账户中进行登记。

A. 四个　　B. 三个　　C. 至少两个　　D. 一个

单选题 34.（2 分，难度系数 0.9）

在复式记账法下，发生的经济业务都要以相等的金额在相互联系的（ ）账户中登记。

A. 一个 B. 两个 C. 两个或两个以上 D. 以上都可以

单选题 35.（2 分，难度系数 0.9）

根据复式记账原理，每一会计事项都要以相等的金额同时在（ ）中进行登记。

A. 一个资产账户和一个负债账户 B. 一个总账账户和一个所属明细账户

C. 两个或两个以上账户 D. 一个账户的借方和一个账户的贷方

单选题 36.（2 分，难度系数 0.9）

简单会计分录是指（ ）的会计分录。

A. 一借多贷 B. 一借一贷 C. 一贷多借 D. 多借多贷

单选题 37.（2 分，难度系数 0.9）

借贷记账法的记账规则是（ ）。

A. 有借必有贷，借贷必相等 B. 有借必有贷，借贷不相等

C. 有增必有减，增减金额必相等 D. 有收必有付，收付金额必相等

单选题 38.（2 分，难度系数 0.9）

下列各项中，属于复式记账理论基础的是（ ）。

A. 余额试算平衡 B. 财务状况等式 C. 记账规则 D. 账户

单选题 39.（2 分，难度系数 0.9）

账户余额一般与（ ）在同一方向。

A. 增加额 B. 减少额 C. 借方发生额 D. 贷方发生额

单选题 40.（2 分，难度系数 0.9）

所有者权益类账户的借方记录（ ）。

A. 增加发生额 B. 减少发生额

C. 增加或减少发生额 D. 以上都不对

单选题 41.（2 分，难度系数 0.9）

借贷记账法下，丁字账户的左边记录的发生额为（ ）。

A. 增加发生额 B. 减少发生额

C. 增加或减少发生额 D. 以上都不对

单选题 42.（2 分，难度系数 0.9）

下列错误中能够通过试算平衡查找的是（ ）。

A. 重记经济业务 B. 漏记经济业务 C. 借贷方向相反 D. 借贷金额不等

单选题 43.（2 分，难度系数 0.9）

借贷记账法的记账规则是（ ）。

A. 资产 = 负债 + 所有者权益 B. 以“借”“贷”二字作为记账符号

C. 借方记增加，贷方记减少 D. 有借必有贷，借贷必相等

单选题 44. （2 分，难度系数 0.9）

下列各项中，属于符合复式记账法理论依据的等式是（　　）。

A. 资产 = 负债 + 所有者权益

B. 资产 = 负债 + 所有者权益 +（收入 - 费用）

C. 资产 = 负债 + 所有者权益 + 利润

D. 收入 - 费用 = 利润

单选题 45. （2 分，难度系数 0.9）

借贷记账法记账符号“贷”表示（　　）。

A. 资产减少，权益减少　　B. 资产增加，权益增加

C. 资产减少，权益增加　　D. 资产增加，权益减少

多选题 1. （3 分，难度系数 0.9）

下列关于单式记账法的表述中，正确的有（　　）。

A. 不便于检查账户记录的正确性和完整性

B. 单式记账法记账手续简单，但没有一个完整的账户体系

C. 单式记账法是指对发生的每一项经济业务，只在一个账户中加以登记的记账方法

D. 单式记账法不能全面、系统地反映各项会计要素的增减变动情况和经济业务的来龙去脉

多选题 2. （3 分，难度系数 0.9）

下列关于单式记账法的表述中，不正确的有（　　）。

A. 单式记账法是一种比较复杂的记账方法

B. 在单式记账法下，账户之间有直接联系和相互平衡关系

C. 单式记账法能够反应经济业务的来龙去脉

D. 这种方法适用于业务简单的经济单位

多选题 3. （3 分，难度系数 0.9）

下列关于单式记账法表述中，正确的有（　　）。

A. 单式记账法是一种比较简单的记账方法

B. 在单式记账法下，账户之间有直接联系和相互平衡关系

C. 单式记账法不能全面、系统地反映各项会计要素的增减变动和经济业务的来龙去脉

D. 这种方法适用于业务简单或很单一的经济个体

多选题 4. （3 分，难度系数 0.9）

下列关于复式记账法的表述中，正确的有（　　）。

A. 复式记账法可能通过账户记录，完整、系统地反映经济活动的过程和结果

B. 复式记账法能够清楚地反映资金运动的来龙去脉

C. 复式记账法对于每一项经济业务，都以相等金额进行对应记录

D. 复式记账法便于核对和检查账户记录结果，防止和纠正错误记录

多选题 5.（3 分，难度系数 0.9）

下列各项中，属于复式记账法分类的有（　　）。

A. 借贷记账法　　B. 增减记账法　　C. 收付记账法　　D. 单式记账法

多选题 6.（3 分，难度系数 0.9）

下列各项中，不属于我国法定记账方法的有（　　）。

A. 借贷记账法　　B. 增减记账法　　C. 单式记账法　　D. 收付记账法

多选题 7.（3 分，难度系数 0.9）

试算平衡表无法发现的错误有（　　）。

A. 漏记某项经济业务　　B. 重记某项经济业务

C. 颠倒记账方向　　D. 漏记一个借方金额

多选题 8.（3 分，难度系数 0.9）

试算平衡公式有（　　）。

A. 全部账户本期借方发生额合计 = 全部账户本期贷方发生额合计

B. 本期借方发生额合计 = 本期贷方发生额合计

C. 全部账户的借方期初余额合计 = 全部账户的贷方期初余额合计

D. 全部账户的借方期初余额合计 = 全部账户的贷方期末余额合计

多选题 9.（3 分，难度系数 0.9）

下列各项中，属于借贷记账法特点的有（　　）。

A. 以“借”“贷”作为记账符号

B. 以“有借必有贷，借贷必相等”作为记账规则

C. 记账方向由账户所反映的经济内容来决定

D. 可以进行发生额试算平衡和余额试算平衡

多选题 10.（3 分，难度系数 0.9）

下列各项中，属于与单式记账法相比，复式记账法优点的有（　　）。

A. 有一套完整的账户体系

B. 可以清楚地反映经济业务的来龙去脉

C. 可以对记录的结果进行试算平衡，以检查账户记录是否正确

D. 记账手续简单

多选题 11.（3 分，难度系数 0.9）

下列各项中，不属于复式记账法的优点的有（　　）。

A. 有一套完整的账户体系　　B. 不能反映经济业务的来龙去脉

C. 能够进行试算平衡，便于查账和对账　　D. 记账手续简单

多选题 12.（3 分，难度系数 0.9）

下列各项中，属于在借贷记账法下，“借”和“贷”作为记账符号含义的有（　　）。

A. 在账户结构上，可表示两个对立的部位

B. “借”和“贷”等于“增”和“减”

C. 在金额的增减变化上，可表示“增加”或“减少”

D. 表示“借主”和“贷主”

多选题 13.（3 分，难度系数 0.9）

下列不属于我国目前广泛使用的记账法的有（ ）。

A. 增减记账法　　B. 收付记账法

C. 借贷记账法　　D. 单式记账法

多选题 14.（3 分，难度系数 0.9）

复式记账法的优点有（ ）。

A. 账户对应关系清楚，能全面、清楚地反映经济业务的来龙去脉

B. 便于试算平衡，以检查账户记录是否正确

C. 能全面、系统地反映经济活动的过程和结果

D. 比单式记账法简单而完整

多选题 15.（3 分，难度系数 0.9）

在借贷记账法下，贷方登记的内容有（ ）。

A. 资产的减少　　B. 权益的减少

C. 收入的增加　　D. 成本、费用的减少

多选题 16.（3 分，难度系数 0.9）

在借贷记账法下，借方登记的内容有（ ）。

A. 资产的增加　　B. 权益的减少

C. 收入的减少　　D. 成本、费用的增加

多选题 17.（3 分，难度系数 0.9）

在借贷记账法中，贷方登记（ ）。

A. 资产账户增加　　B. 资产账户减少

C. 权益账户增加　　D. 收入账户增加，成本费用账户减少

判断题 1.（2 分，难度系数 0.9）

借贷记账法下借方登记资产和成本费用的增加，权益和收入的减少，贷方登记资产和成本费用的减少，权益和收入的增加。（ ）

判断题 2.（2 分，难度系数 0.9）

复式记账法是以资产与权益平衡关系作为记账基础，对于每一笔经济业务，都要在两个或两个以上的会计科目中进行登记，系统地反映资金运动变化结果的一种记账方法。（ ）

判断题 3.（2 分，难度系数 0.9）

复式记账法是指对发生的每一项经济业务，只在一个账户中加以登记的记账方法。

（ ）

判断题 4. (2 分，难度系数 0.9)

单式记账法是指对发生的每一项经济业务，只在一个账户中加以登记的记账方法。 ( )

判断题 5. (2 分，难度系数 0.9)

单式记账法的记账手续虽然简单，但仍然有一套完整的账户体系，能全面、系统地反映各项会计要素的增减变动情况和经济业务的来龙去脉。 ( )

判断题 6. (2 分，难度系数 0.9)

单式记账法没有一套完整的账户体系，不能全面、系统的反映各项会计要素的增减变动和经济业务的来龙去脉。 ( )

判断题 7. (2 分，难度系数 0.9)

复式记账法要以资产与权益的平衡关系作为记账基础，对于每笔交易或事项，都要在两个或两个以上的账户中进行登记。 ( )

判断题 8. (2 分，难度系数 0.9)

各种复式记账法的根本区别在于记账符号不同。 ( )

判断题 9. (2 分，难度系数 0.9)

复式记账法对于每一项经济业务，都以相等金额在两个或两个以上的账户中进行对应记录，复式记账法便于核对和检查账户记录结果，防止和纠正错误记录。

判断题 10. (2 分，难度系数 0.9)

复式记账法的基本理论依据是“收入 - 费用 = 利润”这一平衡原理。 ( )

判断题 11. (2 分，难度系数 0.9)

复式记账是对全部经济交易与事项均进行完整记录且相互联系的一种记账方法。 ( )

判断题 12. (2 分，难度系数 0.9)

“有借必有贷，借贷必相等”是复式记账的记账规则。 ( )

判断题 13. (2 分，难度系数 0.9)

复合会计分录是由若干不相关的简单会计分录复合而成的。 ( )

判断题 14. (2 分，难度系数 0.9)

一个复合会计分录可以分解为几个简单会计分录。 ( )

判断题 15. (2 分，难度系数 0.9)

单式记账法可以反映每一项经济业务的来龙去脉。 ( )

判断题 16. (2 分，难度系数 0.9)

复式记账法是对全部经济交易与事项均进行完整记录且相互联系的一种记账方法。 ( )

判断题 17. (2 分，难度系数 0.9)

复式记账法的基本理论依据是“收入 - 费用 = 利润”这一平衡原理。 ( )

判断题 18.（2 分，难度系数 0.9）

单式记账法不能全面、完整、系统地反映交易或事项的来龙去脉，也不便于检查、核对账户记录的正确性。（　　）

判断题 19.（2 分，难度系数 0.9）

在借贷记账法中，“贷”方表示收入的增加、费用的减少和负债的增加。（　　）

判断题 20.（2 分，难度系数 0.9）

我国《企业会计准则》规定，企业采用借贷记账法记账。（　　）

判断题 21.（2 分，难度系数 0.9）

在我国，商业企业采用增减记账法记账。（　　）

判断题 22.（2 分，难度系数 0.9）

世界通用的记账方法是收付记账法。（　　）

项目三　主要经济业务事项

3.1　库存现金和有价证券的收付

知识点 3.1.1　库存现金和银行存款的收付

3.1.1.1　货币资金的内容

单选题 1.（2 分，难度系数 0.9）

下列各项中，属于货币资金归属的类型是（　　）。

A. 资产类　B. 负债类　C. 所有者权益类　D. 损益类

单选题 2.（2 分，难度系数 0.75）

下列项目中，不属于货币资金的是（　　）。

A. “库存现金”　B. “银行存款”　C. “其他货币资金”　D. “应收账款”

单选题 3.（2 分，难度系数 0.75）

信用卡存款应在（　　）科目核算。

A. “其他应收款”　B. “银行存款”　C. “其他货币资金”　D. “短期投资”

3.1.1.2　库存现金收取的核算

单选题 1.（2 分，难度系数 0.9）

“库存现金”账户期初借方余额为 18 000 元，本期借方发生额为 16 000 元，本期贷方发生额为 24 000 元，该账户期末余额为（　　）。

A. 借方 10 000 元　B. 借方 26 000 元　C. 贷方 10 000 元　D. 贷方 26 000 元

单选题 2.（2 分，难度系数 0.75）

职员李四出差归来，报销差旅费 1 500 元，退回剩余现金 500 元。应编制的分录是（　　）。

A. 借：现金　2 000
　　贷：其他应收款　2 000

B. 借：管理费用　2 000
　　贷：其他应收款　2 000

C. 借：其他应收款　2 000
　　贷：现金　　　　500
　　　　管理费用　1 500

D. 借：管理费用　　1 500
　　　库存现金　　500
　　贷：其他应收款　2 000

判断题 1.（2 分，难度系数 0.9）

我国会计上所说的现金仅指企业库存的人民币现金，不包括外币现金。（　　）

3.1.1.3　库存现金支付的核算

单选题 1.（3 分，难度系数 0.8）

下列业务中，可以通过“库存现金”账户核算的是（　　）。

A. 偿还前欠某单位货款 5 000 元　B. 偿还前欠 M 公司购货款 10 000 元
C. 支付个人劳务报酬 1 000 元　D. 购买计算机一台，支付货款 7 500 元

多选题 1.（3 分，难度系数 0.75）

企业发生的下列各项支出中，按规定可以用现金支付的有（　　）。

A. 支付银行结算手续费 800 元　B. 购买甲材料，支付货款 300 元
C. 支付购买设备的款项 20 000 元　D. 支付张某出差的差旅费 3 000 元

3.1.1.4　银行存款取得的核算

单选题 1.（2 分，难度系数 0.9）

“银行存款“账户期初借方余额为 16 000 元，本期借方发生额为 20 000 元，本期贷方发生额为 15 000 元，该账户期末余额为（　　）。

A. 借方 51 000 元　B. 借方 21 000 元　C. 贷方 10 000 元　D. 贷方 36 000 元

单选题 2.（2 分，难度系数 0.75）

某企业收到面额为 20 000 元的转账支票一张，系东方公司归还的前欠货款。企业已将支票和填制的进账单送到银行办理收款手续，此时应编制的会计分录是（　　）。

A. 借：银行存款　20 000
　　贷：应付账款　20 000

B. 借：应付账款　20 000
　　贷：银行存款　20 000

C. 借：银行存款　20 000
　　贷：应收账款　20 000

D. 借：应收账款　20 000
　　贷：银行存款　20 000

单选题 3.（2 分，难度系数 0.9）

下列业务中属于银行存款增加的是（　　）。

A. 从银行提取库存现金　B. 从银行取得短期借款
C. 支付前欠货款　D. 支付水电费

3.1.1.5　银行存款支付的核算

多选题 1.（2 分，难度系数 0.85）

企业以银行存款 10 000 元，购买设备一台，会计分录由（　　）组成。

A. 借：固定资产　10 000　　B. 借：管理费用　10 000

C. 贷：其他货币资金　10 000　　D. 贷：银行存款　10 000

多选题 2.（2 分，难度系数 0.9）

下列业务中属于支出银行存款的有（　　）。

A. 通过银行转账支付水电费　　B. 采购原材支付款项

C. 缴纳增值税　　D. 以银行存款支付工资

分录题 1.（6 分，难度系数 0.9）

某企业 3 月份业务如下：

3 月 12 日，企业开出现金支票一张，从银行提取现金 3 600 元，企业用现金支付企业水电费 400 元。

分录题 2.（6 分，难度系数 0.9）

长江公司发生如下经济业务：

（1）开出现金支票一张，向银行提取现金 1 000 元。

（2）职工王静出差，借支差旅费 1 500 元，以现金支付。

（3）职工王静出差回来报销差旅费，原借支 1 500 元，实报销 1 650 元，差额 150 元用现金补付。

（4）将现金 1 800 元送存银行。

知识点 3.1.2　交易性金融资产的收付

3.1.2.1　交易性金融资产取得的核算

单选题 1.（2 分，难度系数 0.9）

"交易性金融资产"账户属于（　　）。

A. 资产类账户　　B. 负债类账户

C. 所有者权益类账户　　D. 损益类账户

单选题 2.（2 分，难度系数 0.9）

"交易性金融资产"账户期初借方余额为 80 000 元，本期贷方发生额为 16 000 元，本期借方发生额为 24 000 元，该账户期末余额为（　　）。

A. 借方 96 000 元　　B. 借方 88 000 元

C. 贷方 16 000 元　　D. 贷方 26 000 元

单选题 3.（2 分，难度系数 0.75）

企业持有交易性金融资产期间取得的现金股利和利息，应贷记（　　）。

A. “应收利息”　　B. “投资收益”

C. “应收股利”　　D. “交易性金融资产”

多选题 1.（2 分，难度系数 0.9）

下列各项，（　　）属于短期投资。

A. 准备三个月后出售的股票

B. 期限不超过一年的债券

C. 固定资产

D. 存货

3.1.2.2　出售交易性金融资产的核算

单选题 1.（2 分，难度系数 0.8）

某企业以 210 000 元将上月购入的短期股票予以出售，该批股票的账面余额为 200 000元。则该企业记入“投资收益”科目的金额应为（　　）元。

A. 10 000　　B. 20 000　　C. 30 000　　D. 40 000

多选题 1.（2 分，难度系数 0.9）

企业核算交易性金融资产出售时，可能涉及的会计科目有（　　）。

A. “投资收益”　　B. “短期投资”

C. “应付股利”　　D. “银行存款”

分录题 1.（3 分，难度系数 0.9）

大和公司以 310 000 元将上月购入的短期股票予以出售，该批股票的账面余额为 200 000元。

分录题 2.（12 分，难度系数 0.85）

长江公司 2018 年 1 月 20 日购买中州公司发行的股票 1 000 股作为交易性金融资产，实际支付价款和相关税费为 10 万元；7 月 20 日出售全部股票，实际收到款项为 110 000 元。

☆第一节测试

一、单选题

单选题 1.（3 分，难度系数 0.75）

下列各项中，属于企业以银行存款支付行政管理部门水电费账务处理，正确的会计分录是（　　）。

A. 借：管理费用
　　贷：银行存款

B. 借：制造费用
　　贷：银行存款

C. 借：生产成本
　　贷：银行存款

D. 借：销售费用
　　贷：银行存款

单选题 2.（3 分，难度系数 0.75）

下列各项中，属于企业开出转账支票支付行政管理部门水电费账务处理，正确的会计分录是（　　）。

A. 借：管理费用
　　贷：库存现金

B. 借：制造费用
　　贷：银行存款

C. 借：管理费用
　　贷：银行存款

D. 借：制造费用
　　贷：库存现金

单选题 3.（3 分，难度系数 0.75）

下列各项中，属于企业以库存现金支付行政管理部门办公费的账务处理，正确的会计分录是（　　）。

A. 借：制造费用
　　贷：库存现金

B. 借：销售费用
　　贷：库存现金

C. 借：生产成本
　　贷：库存现金

D. 借：管理费用
　　贷：库存现金

单选题 4.（3 分，难度系数 0.75）

下列关于以银行存款取得交易性金融资产业务类型表述中，正确的是（　　）。

A. 一项资产增加、另一项资产等额减少

B. 一项资产增加、一项负债等额增加

C. 一项资产增加、一项所有者权益等额增加

D. 一项资产减少、一项负债等额减少

单选题 5.（2 分，难度系数 0.9）

“交易性金融资产“账户期初借方余额为 100 000 元，本期贷方发生额为 26 000 元，本期借方发生额为 24 000 元，该账户期末余额为（　　）。

A. 借方 96 000 元

B. 借方 98 000 元

C. 贷方 16 000 元

D. 贷方 26 000 元

二、多选题

多选题 1. （3 分，难度系数 0.75）

下列关于“库存现金”科目的表述中，正确的有（　　）。

A. 期末借方余额反映企业实际持有的库存现金金额

B. 借方登记库存现金的减少

C. 主要用于核算企业库存现金的收入、支出情况

D. 贷方登记库存现金的增加

多选题 2. （3 分，难度系数 0.75）

下列关于“银行存款”科目的表述中，正确的有（　　）。

A. 主要用于核算企业存入银行或其他金融机构的各种款项

B. 贷方登记银行存款的减少

C. 核算内容包括银行汇票存款、银行本票存款、信用卡存款、外埠存款

D. 借方登记银行存款的增加

多选题 3. （3 分，难度系数 0.75）

下列关于企业筹建期间以银行存款支付开办费的账务处理，会计分录正确的有（　　）。

A. 借：制造费用　B. 借：管理费用　C. 贷：库存现金　D. 贷：银行存款

多选题 4. （3 分，难度系数 0.75）

下列关于企业以库存现金支付行政管理部门办公费的账务处理的表述中，正确的会计科目有（　　）。

A. 借：制造费用　B. 借：管理费用　C. 贷：库存现金　D. 贷：银行存款

多选题 5. （2 分，难度系数 0.75）

下列各项，（　　）不属于交易性金融资产。

A. 准备三个月后出售的股票　B. 三年期债券

C. 固定资产　D. 无形资产

三、分录题（9 分，难度系数 0.75）

【要求】根据经济业务在表 3－1 中写出会计分录。

表 3－1

经济业务	会计分录
1. 企业以银行存款支付行政管理部门办公费 5 000 元	
2. 开出现金支票一张，向银行提取现金 2 000 元	
3. 职工黎明出差，借支差旅费 1 500 元，以现金支付	
4. 瑞环公司 2018 年 5 月 20 日购买华创公司发行的股票 1 000 股作为交易性金融资产，实际支付价款和相关税费为 10 万元	
5. 华创公司以 210 000 元将上月购入的短期股票予以出售，该批股票的账面余额为 200 000 元	

四、综合题（9 分，难度系数 0.75）

1. 华创公司发生如下经济业务：

（1）开出转账支票一张，支付公司本月水电费 2 000 元。

（2）职工章强出差，借支差旅费 2 500 元，以现金支付。

（3）职工章强出差回来报销差旅费，原借支 2 500 元，实报销 1 650 元，差额 850 元现金退回。

【要求】根据上述经济业务编制会计分录。

2. 华创公司 2018 年 1 月 20 日购买大海公司发行的股票 2 000 股作为交易性金融资产，实际支付价款和相关税费为 20 万元；7 月 20 日出售全部股票，实际收到款项为 210 000元。

【要求】根据上述经济业务编制会计分录。

3.2 财产物资的收付、增减和使用

知识点 3.2.1 原材料的收发

3.2.1.1 原材料取得的核算（实际成本）

单选题 1.（2 分，难度系数 0.9）

“原材料”账户借方反映（ ）。

A. 原材料的增加　　B. 原材料的减少

C. 原材料的发出　　D. 原材料的领用

单选题 2.（2 分，难度系数 0.9）

下列项目中，不属于外购材料成本的是（ ）。

A. 运杂费　　B. 入库前的挑选整理费

C. 运输途中的合理损耗　　D. 入库后的保管费用

单选题 3.（2 分，难度系数 0.9）

“原材料“账户期初借方余额为 65 000 元，本期贷方发生额为 36 000 元，本期借方发生额为 24 000 元，该账户期末余额为（ ）。

A. 借方 53 000 元　　B. 借方 89 000 元

C. 贷方 36 000 元　　D. 贷方 26 000 元

单选题 4.（2 分，难度系数 0.9）

企业购入货物或接受应税劳务而支付的增值税额应记入“应交税费——应交增值税”下的（　　）专栏。

A. 进项税额转出　B. 销项税额　C. 进项税额　D. 已交税金

单选题 5.（2 分，难度系数 0.9）

购入的材料，验收入库之前，其实际发生的成本在（　　）账户核算。

A. “在途物资”　B. “原材料”　C. “库存商品”　D. “产成品”

单选题 6.（2 分，难度系数 0.85）

某一般纳税人企业外购一批原材料，实际支付的价款为 3 000 元，支付增值税 480 元，同时发生运杂费 50 元，则原材料的入账价值为（　　）元。

A. 3 000　B. 3 050　C. 3 500　D. 3 480

单选题 7.（2 分，难度系数 0.85）

企业购入一批材料，买价 50 000 元，增值税 8 000 元。另发生运杂费 400 元，材料已经入库，以银行存款支付。下列选项中，表明原材料成本的是（　　）元。

A. 58 000　B. 50 000　C. 58 400　D. 50 400

单选题 8.（2 分，难度系数 0.9）

用来核算企业货已经支付，但尚未验收入库材料的实际成本的是（　　）。

A. 在途物资　B. 库存商品　C. 生产成本　D. 原材料

判断题 1.（2 分，难度系数 0.9）

“在途物资”账户期末一定没有余额。（　　）

分录题 1.（9 分，难度系数 0.8）

（1）从黄石五环建材公司购买高密板一批，取得增值税专用发票上注明价款 400 000元，增值税 64 000 元，材料尚未到达，款项用银行存款支付；

（2）从黄石五环建材公司购买的高密板到达并验收入库；

（3）从郑州大宇贸易公司购入海绵一批，取得增值税专用发票上注明价款 40 000 元，增值税 6 400 元，材料验收入库，款项尚未支付。

3.2.1.2　原材料发出的核算

单选题 1.（2 分，难度系数 0.9）

发出材料贷方登记的账户有（ ）。

A. “生产成本” B. “管理费用” C. “制造费用” D. “原材料”

多选题 1. （3 分，难度系数 0.9）

下列各项，属于原材料发出的有（ ）。

A. 生产车间领用原材料 B. 在建工程领用原材料

C. 购入原材料 D. 原材料入库

多选题 2. （3 分，难度系数 0.9）

某增值税一般纳税人销售甲材料一批，开出增值税专用发票，税价合计 34 800 元，款项已收到银行，应编制的会计分录有（ ）。

A. 贷记“其他业务收入”账户 30 000 元

B. 借记“银行存款”账户 34 800 元

C. 贷记“其他业务收入”账户 34 800 元

D. 贷记“应交税费——应交增值税（销项税）”账户 4 800 元

判断题 1. （2 分，难度系数 0.9）

生产经营领用原材料应反映在“原材料”账户的借方。 （ ）

知识点 3.2.2 库存商品的收发

3.2.2.1 库存商品取得的核算

单选题 1. （2 分，难度系数 0.9）

“库存商品”账户贷方反映（ ）。

A. 库存商品的增加 B. 库存商品的减少

C. 购进库存商品 D. 库存商品完工入库

单选题 2. （2 分，难度系数 0.9）

“库存商品”账户期初借方余额为 250 000 元，本期贷方发生额为 15 000 元，本期借方发生额为 24 000 元，该账户期末余额为（ ）。

A. 借方 274 000 元 B. 借方 259 000 元

C. 贷方 15 000 元 D. 贷方 26 000 元

多选题 1. （3 分，难度系数 0.8）

下列资产中，应在资产负债表的“存货”项目中反映的有（ ）。

A. 工程物资 B. 原材料 C. 周转材料 D. 库存商品

3.2.2.2 库存商品发出的核算

单选题 1. （2 分，难度系数 0.75）

结转已销产品成本时，"库存商品"账户的对应账户为（　　）。

A. 生产成本　　B. 应收账款　　C. 主营业务成本　　D. 主营业务收入

单选题 2.（2 分，难度系数 0.9）

发出库存商品贷方登记的账户有（　　）。

A. 工程物资　　B. 委托代销商品　　C. 周转材料　　D. 库存商品

多选题 1.（3 分，难度系数 0.9）

某一般纳税人销售商品一批，开出增值税专用发票，发票注明售价 100 000 元，增值税 16 000 元，商品已发出，款项尚未收到，该批商品实际成本 70 000 元。以下会计分录正确的有（　　）。

A. 借：主营业务成本　　70 000
　　贷：主营业务收入　　70 000

B. 借：银行存款　　116 000
　　贷：主营业务收入　　100 000
　　　　应交税费——应交增值税（销项税）　　16 000

C. 借：应收账款　　116 000
　　贷：主营业务收入　　100 000
　　　　应交税费——应交增值税（销项税）　　16 000

D. 借：主营业务成本　　70 000
　　贷：库存商品　　70 000

多选题 2.（3 分，难度系数 0.85）

A 企业向甲公司销售产品一批，该产品售价 200 000 元，成本 100 000 元，此前已预收甲公司订金 100 000 元。假设不考虑增值税等相关税费，下列关于此业务的账务处理正确的有（　　）。

A. 借：预收账款　　200 000
　　贷：主营业务收入　　200 000

B. 借：库存商品　　100 000
　　贷：主营业务成本　　100 000

C. 借：应收账款　　100 000
　　　　预收账款　　100 000
　　贷：主营业务收入　　200 000

D. 借：主营业务成本　　100 000
　　贷：库存商品　　100 000

判断题 1.（2 分，难度系数 0.9）

"库存商品"账户借方登记企业已经生产完成并验收入库的产成品成本，贷方只登记生产领用结转的产品销售成本。（　　）

知识点 3. 2. 3 固定资产的增减和使用

3. 2. 3. 1 固定资产的概念

单选题 1. （2 分，难度系数 0. 9）

自有固定资产和租入固定资产是按照（ ）来划分的。

A. 经济用途 B. 使用情况 C. 所有权 D. 综合

单选题 2. （2 分，难度系数 0. 9）

“固定资产”账户反映企业固定资产的（ ）。

A. 原始价值 B. 净值 C. 残值 D. 折旧

单选题 3. （2 分，难度系数 0. 9）

“固定资产”账户属于（ ）。

A. 资产类账户 B. 负债类账户 C. 所有者权益类账户 D. 损益类账户

单选题 4. （2 分，难度系数 0. 9）

“固定资产”账户期初借方余额为 250 000 元，本期“累计折旧”账户贷方发生额 25 000元，“固定资产”账户期末账面余额为（ ）。

A. 250 000 元 B. 225 000 元 C. 275 000 元 D. 25 000 元

多选题 1. （2 分，难度系数 0. 9）

固定资产同时具有的特征包括（ ）。

A. 属于一种有形资产

B. 为生产商品，提供劳务、出租或者经营管理而持有

C. 使用寿命超过一个会计年度

D. 属于一种无形资产

判断题 1. （2 分，难度系数 0. 9）

固定资产是指使用寿命超过一个会计年度的有形资产。（ ）

3. 2. 3. 2 固定资产增加的核算

单选题 1. （2 分，难度系数 0. 9）

企业购入机器一台，取得的增值税专用发票注明价款 85 000 元，增值税税额 13 600 元，支付运杂费 2 500 元，则机器设备入账原值为（ ）元。

A. 87 500 B. 101 950 C. 101 100 D. 98 600

分录题 1. （3 分，难度系数 0. 9）

2018 年 1 月 15 日，以银行存款购入设备一台，价款 100 000 元，增值税税款 16 000

元，设备验收合格，交付使用。写出固定资产入账的分录。

分录题 2. （2 分，难度系数 0.9）

兴隆公司购入一台电脑，价款 4 000 元，税款 640 元，作为固定资产核算。写出固定资产入账的分录。

分录题 3. （2 分，难度系数 0.7）

2018 年 5 月 10 日，某增值税一般纳税人购进办公大楼一座，该大楼用于公司办公，计入固定资产并于次月开始计提折旧。6 月 20 日，该纳税人取得该大楼的增值税专用发票并认证相符，专用发票注明价款 10 000 万元，增值税税额为 1 000 万元。写出固定资产入账的分录。

3.2.3.3 固定资产的折旧

单选题 1. （2 分，难度系数 0.9）

固定资产因磨损而减少的价值登记在（　　）。

A. “固定资产”账户贷方　　B. “生产成本”账户贷方

C. “累计折旧”账户贷方　　D. “主营业务成本”账户的借方

单选题 2. （2 分，难度系数 0.75）

某固定资产使用期限为 5 年，在使用年限平均法计提折旧的情况下，折旧率为（　　）。

A. 20%　　B. 33.33%　　C. 40%　　D. 50%

单选题 3. （2 分，难度系数 0.85）

下列各项中，属于“固定资产”账户的调整账户的是（　　）。

A. “在建工程”　　B. “累计折旧”　　C. “固定资产清理”　　D. “无形资产”

判断题 1. （2 分，难度系数 0.8）

企业计提生产车间的机器设备折旧时，应借记“生产成本”账户，贷记“累计折

旧”账户。　　　　(　　)

判断题 2. (2 分，难度系数 0.9)

累计折旧属于资产类科目。　　　　(　　)

分录题 1. (3 分，难度系数 0.9)

甲公司 2018 年 4 月的固定资产折旧汇总计算表如表 3－2 所示。写出会计分录。

表 3－2　　固定资产折旧计算汇总表

2018 年 4 月　　单位：元

使用部门	本月应计提折旧额
A 车间	20 000
B 车间	25 000
C 车间	13 200
车间合计	58 200
行政管理部门	2 500
合计	60 700

分录题 2. (2 分，难度系数 0.75)

兴隆公司购入一台电脑，价款 4 000 元，税款 640 元，作为固定资产核算，该电脑为行政办公室使用，每月计提折旧 65 元，写出折旧分录。

3.2.3.4　固定资产减少的核算

单选题 1. (2 分，难度系数 0.9)

企业因出售、报废、毁损、对外投资等原因减少的固定资产，应通过 (　　) 账户核算。

A. “固定资产”　　B. “固定资产清理”

C. “管理费用”　　D. “累计折旧”

多选题 1.（2 分，难度系数 0.75）

下列各项中，应通过“固定资产清理”科目核算的有（　　）。

A. 盘亏的固定资产　　B. 毁损的固定资产

C. 报废的固定资产　　D. 出售的固定资产

判断题 1.（2 分，难度系数 0.75）

固定资产出售、报废、由于各种不可抗拒的自然灾害而产生的毁损，均应通过“固定资产清理”科目核算。（　　）

☆第二节测试

一、单选题

单选题 1.（2 分，难度系数 0.9）

下列各项中，不属于材料采购成本的是（　　）。

A. 购买价款　　B. 消费税

C. 运输费　　D. 一般纳税人购入材料支付的增值税

单选题 2.（2 分，难度系数 0.9）

本月材料采购过程中发生下列费用，材料买价 200 000 元，运输费 5 000 元，车站临时储存费 2 000 元，采购员差旅费 800 元，则本月材料实际采购成本是（　　）元。

A. 200 000　　B. 205 000　　C. 202 000　　D. 207 000

单选题 3.（2 分，难度系数 0.85）

某工业生产企业为小规模纳税人，本期购入原材料一批，取得增值税专用发票上注明原材料价款为 20 万元，增值税额为 3.2 万元，材料尚未到达，并支付运费 1 100 元，已取得运费发票，其在采购的时候应计入“在途物资”账户的金额为（　　）元。

A. 200 000　　B. 233 100

C. 232 000　　D. 201 100

单选题 4.（2 分，难度系数 0.9）

某企业为增值税一般纳税人，外购一批原材料，实际支付的价款为 3 000 元，支付增值税 480 元，取得增值税专用发票可以抵扣，同时发生运杂费 50 元，入库前的挑选整理费 30 元，则原材料的入账价值为（　　）元。

A. 3 080　　B. 3 560

C. 3 050　　D. 3 000

单选题 5.（2 分，难度系数 0.9）

某公司为一般纳税人，采用实际成本法核算，以转账支票购入一批材料 5 万元，材料已验收入库，收到对方开出的增值税专用发票。该业务应编制的会计分录为（　　）。

A. 借：原材料　　50 000

　　应交税费——应交增值税（进项税额）　　8 000

　　贷：应付票据　　58 000

B. 借：原材料	50 000	
应交税费——应交增值税（进项税额）	8 000	
贷：银行存款		58 000
C. 借：原材料	50 000	
应交税费——应交增值税（进项税额）	8 000	
贷：应收票据		58 000
D. 借：原材料	58 000	
贷：银行存款		58 000

单选题 6.（2 分，难度系数 0.9）

2018 年 9 月 1 日，一般纳税人甲公司购买商品 30 000 元，增值税为 4 800 元。货款未付。则公司正确的会计处理是（　　）。

A. 借：库存商品	30 000	
应交税费——应交增值税（进项税额）	4 800	
贷：银行存款		34 800
B. 借：库存商品	30 000	
应交税费——应交增值税（进项税额）	4 800	
贷：应付账款		34 800
C. 借：库存商品	30 000	
应交税费——应交增值税（进项税额）	4 800	
贷：预付账款		34 800
D. 借：库存商品	30 000	
贷：应付账款		30 000

二、多选题

多选题 1.（3 分，难度系数 0.8）

2018 年 3 月 12 日，甲公司与乙公司签订原材料采购合同，并向乙公司预付货款 72 万元；3 月 30 日，甲公司收到乙公司发来的货物并验收入库，取得的增值税专用发票上记载的价款为 180 万元，增值税额为 28.8 万元，甲公司当即以银行存款补付剩余款项 136.8 万元。下列会计分录中（注：分录中金额单位为万元），正确的有（　　）。

A. 借：原材料	180.0	
应交税费——应交增值税（进项税额）	28.8	
贷：预付账款		208.8
B. 借：预付账款	72	
贷：银行存款		72
C. 借：预付账款	136.8	
贷：银行存款		136.8

D. 借：应收账款　　72
　　贷：银行存款　　72

多选题 2. （3 分，难度系数 0.9）

某企业购进一批材料，价值 20 000 元，当时用银行存款支付了 8 000 元，其余账款暂欠销货方，根据该业务编制的会计分录会涉及（　　）账户。

A. 原材料　　B. 应收账款　　C. 银行存款　　D. 应付账款

多选题 3. （3 分，难度系数 0.8）

某增值税一般纳税人销售甲材料一批，开出增值税专用发票，税价合计 34 800 元，款项已收到银行。下列说法不正确的有（　　）。

A. 贷记“其他业务收入”账户 34 800 元

B. 贷记“主营业务收入”账户 34 800 元

C. 借记“应交税费——应交增值税（进项税额）”账户 4 800 元

D. 贷记“应交税费——应交增值税（销项税额）”账户 4 800 元

多选题 4. （3 分，难度系数 0.9）

某企业销售一批产品，增值税发票上注明售价为 30 万元，增值税为 4.8 万元，下列说法中，正确的有（　　）。

A. 共实现主营业务收入 300 000 元

B. 共实现主营业务收入 348 000 元

C. 确认了增值税销项税额共计 48 000 元

D. 实际收到款项 348 000 元

多选题 5. （3 分，难度系数 0.85）

某一般纳税人销售商品一批，开出增值税专用发票，发票注明售价 100 000 元，增值税 16 000 元，商品已发出，款项尚未收到。该批商品实际成本 70 000 元。以下会计分录正确的有（　　）。

A. 借：主营业务成本　　70 000
　　贷：主营业务收入　　70 000

B. 借：银行存款　　116 000
　　贷：主营业务收入　　100 000
　　　　应交税费——应交增值税（销项税）　　16 000

C. 借：应收账款　　116 000
　　贷：主营业务收入　　100 000
　　　　应交税费——应交增值税（销项税）　　16 000

D. 借：主营业务成本　　70 000
　　贷：库存商品　　70 000

多选题 6. （3 分，难度系数 0.9）

下列各项中，属于明细账户的有（　　）。

A. 固定资产

B. 固定资产——生产经营用固定资产

C. 固定资产——非生产经营用固定资产

D. 固定资产——不需用固定资产

三、判断题

判断题 1.（2 分，难度系数 0.75）

材料的采购成本包括购买价款、相关税费、运输费、装卸费、保险费以及其他可归属于采购成本的费用。（　　）

判断题 2.（2 分，难度系数 0.9）

在一般纳税人企业中，材料采购成本中不包括增值税。（　　）

判断题 3.（2 分，难度系数 0.85）

在小规模纳税人企业中，材料采购成本中不包括增值税。（　　）

判断题 4.（2 分，难度系数 0.9）

“累计折旧”科目属于负债类科目。（　　）

四、综合题

综合题 1.（12 分，难度系数 0.8）某小企业原材料按实际成本计价，发生以下经济业务：

（1）购进甲种原材料一批，价款 2 万元，税款 0.32 万元，共计 2.32 万元，以银行存款支付，材料尚未运到。

（2）购进甲材料验收入库。

（3）月末结转本月完工入库产品的生产成本，其中：甲产品 500 件全部完工，总成本 95 000 元，乙产品 400 件全部完工，总成本 48 000 元。

（4）结转本月已售 A 、B 两种产品的销售成本，其中甲产品成本 80 000 元，乙产品成本 40 000 元。

【要求】根据上述经济业务编制会计分录。

综合题 2.（10 分，难度系数 0.9）长江公司 2018 年发生如下经济业务：

（1）2018 年 1 月购进管理用设备一台，价款 300 000 元，税款 48 000 元 ，支付运杂费 3 000 元，均以银行存款支付。

（2）每月计提固定资产折旧 44 000 元。其中：生产车间固定资产应计提折旧 36 000 元，行政管理部门固定资产应计提折旧 8 000 元。

【要求】根据上述经济业务编制会计分录。

3.3 债权、债务的发生和结算

知识点 3.3.1 应收账款的发生和收回

3.3.1.1 应收账款发生的核算

单选题 1.（2 分，难度系数 0.9）

“应收账款”账户期初借方余额为 250 000 元，本期贷方发生额 25 000 元，借方发生额 10 000 元，则“应收账款”账户期末账面余额为（　　）。

A. 250 000 元　　B. 235 000 元　　C. 265 000 元　　D. 25 000 元

单选题 2.（2 分，难度系数 0.75）

某企业销售商品一批，增值税专用发票上标明的价款为 60 万元，适用增值税税率 16%，为购买方代垫运杂费 2 万元，款项尚未收到，该企业确认的应收账款为（　　）万元。

A. 60　　B. 62　　C. 69.6　　D. 71.6

多选题 1.（3 分，难度系数 0.9）

“应收账款”科目的借方登记的内容用（　　）。

A. 企业销售产品应收的金额　　B. 企业提供劳务应收的金额

C. 企业代购货单位垫付的运杂费　　D. 企业代购货单位垫付的包转费

判断题 1.（2 分，难度系数 0.75）

“应收账款”账户的期末余额一定在借方，反映尚未收回的应收账款。（　　）

3.3.1.2 应收账款收回的核算

多选题 1.（3 分，难度系数 0.85）

下列各项，会引起期末应收账款账面价值减少的有（　　）。

A. 收回应收账款　　B. 收到 A 公司前欠货款

C. 销售商品一批，未收到货款　　D. 结转到期不能收回的应收票据

分录题 1.（3 分，难度系数 0.9）

20 日，企业收到债务人开出的银行转账支票 36 000 元，清偿前欠本企业货款，支票

当即存入银行。

分录题 2.（3 分，难度系数 0.9）

28 日，企业收到债务人开出的商业承兑汇票 32 000 元，银行转账支票 16 000 元，清偿前欠本企业货款，支票当即存入银行。

知识点 3.3.2　应付账款的发生和偿还

3.3.2.1　应付账款的概念

单选题 1.（2 分，难度系数 0.9）

“应付账款”账户的期初贷方余额为 78 000 元，本期借方发生额为 60 000 元，本期贷方发生额为 94 000 元，该账户期末余额为（　　）元。

A. 112 000　　B. 138 000　　C. 44 000　　D. 232 000

单选题 2.（2 分，难度系数 0.9）

企业购入材料 5 000 元（不考虑增值税），以银行存款支付 4 000 元，余额未付，材料已入库。这一经济业务不涉及的科目是（　　）。

A. “原材料”　　B. “应收账款”　　C. “应付账款”　　D. “银行存款”

多选题 1.（2 分，难度系数 0.75）

下列关于应付账款的说法，正确的是（　　）。

A. 应付账款核算购买商品接受劳务等应支付的款项

B. 应付账款应该按照供应单位设置明细科目

C. 应付账款的余额一般在贷方

D. 应付接受劳务的款项

多选题 2.（2 分，难度系数 0.9）

下列关于“应付账款”科目的表述中，正确的有（　　）。

A. 贷方登记企业购买材料、商品和接受劳务等而发生的应付账款

B. 期末贷方余额反映企业尚未支付的应付账款

C. 一般应按照债权人设置明细科目进行明细核算

D. 借方登记偿还的应付账款或已冲销的无法支付的应付账款

多选题 3.（2 分，难度系数 0.9）

下列各项中，某企业属于一般纳税人，采用计划成本法核算，购进一批材料，尚未验收入库，款项尚未支付。这项业务涉及的账户正确的有（　　）。

A. “应交税费”　B. “在途物资”　C. “应付账款”　D. “材料采购”

多选题 4.（2 分，难度系数 0.9）

下列各项中，属于企业预付材料款时，应记入的会计科目有（　　）。

A. 借记“预付账款”　B. 借记“应付账款”

C. 贷记“预付账款”　D. 贷记“银行存款”

判断题 1.（2 分，难度系数 0.75）

预付款项情况不多的企业，可以不设置“预付账款”科目，而直接通过“应付账款”科目核算。（　　）

3.3.2.2　应付账款发生的核算

单选题 1.（2 分，难度系数 0.9）

2018 年 9 月 1 日，一般纳税人甲公司购买商品 30 000 元，增值税为 4 800 元。货款未付。则公司正确的会计处理是（　　）。

A. 借：库存商品　30 000

　　应交税费——应交增值税（进项税额）　4 800

　　贷：银行存款　34 800

B. 借：库存商品　30 000

　　应交税费——应交增值税（进项税额）　4 800

　　贷：应付账款　34 800

C. 借：库存商品　30 000

　　应交税费——应交增值税（进项税额）　4 800

　　贷：预付账款　34 800

D. 借：库存商品　30 000

　　贷：应付账款　30 000

多选题 1.（2 分，难度系数 0.85）

下列应通过“应付账款”账户核算的是（　　）。

A. 应付租金　B. 应付购入包装物的款项

C. 应付存入保证金　D. 应付接受劳务的款项

多选题 2.（2 分，难度系数 0.9）

某企业购进一批材料，价值 20 000 元，当时用银行存款支付了 8 000 元，其余账款暂欠销货方，根据该业务编制的会计分录会涉及（　　）账户。

A. “原材料” B. “应收账款” C. “应付账款” D. “银行存款”

判断题 1. （2 分，难度系数 0.85）

企业在采购材料时，收料在先，付款在后；若材料发票凭证都已收到，可反映在“应付账款”科目的借方。 （ ）

分录题 1. （3 分，难度系数 0.9）

企业购入材料 120 000 元，材料已验收入库，以银行存款支付货款 100 000 元，其余 20 000 元暂欠。

3.3.2.3 应付账款偿还的核算

单选题 1. （2 分，难度系数 0.9）

2018 年 11 月 1 日，甲公司用转账支票支付上月水费 9 000 元。则正确的会计分录是（ ）。

A. 借：其他应付款 9 000
　　贷：银行存款 9 000

B. 借：应付账款 9 000
　　贷：库存现金 9 000

C. 借：应付账款 9 000
　　贷：银行存款 9 000

D. 借：其他应付款 9 000
　　贷：库存现金 9 000

单选题 2. （2 分，难度系数 0.9）

冲销无法支付的应付账款，应该借记（ ）科目。

A. “应付账款” B. “应收账款” C. “营业外支出” D. “营业外收入”

分录题 1. （3 分，难度系数 0.75）

企业偿还应付账款 23 200 元，其中以现金偿还 200 元，以银行存款偿还 23 000 元。

知识点 3.3.3　应付职工薪酬的计提和发放

3.3.3.1　应付职工薪酬的概念及构成

单选题 1. （2 分，难度系数 0.9）

下列各项中，不属于职工薪酬核算内容的是（　　）。

A. 住房公积金　　B. 工会经费和职工教育经费

C. 职工因工出差的差旅费　　D. 因解除与职工的劳动关系给予的补偿

多选题 1. （2 分，难度系数 0.75）

下列各项，属于应付职工薪酬的有（　　）。

A. 职工医疗、养老等社会保险　　B. 住房公积金

C. 工会经费　　D. 工资、奖金和津贴

多选题 2. （2 分，难度系数 0.85）

下列各项开支中，不通过“应付职工薪酬”反映的是（　　）。

A. 诉讼费　　B. 职工生活困难补助

C. 职工食堂补助费　　D. 业务招待费

判断题 1. （2 分，难度系数 0.9）

“应付职工薪酬”账户借方登记本月实际支付的职工薪酬数额。（　　）

判断题 2. （2 分，难度系数 0.9）

“应付职工薪酬”账户贷方登记本月计算的应付职工薪酬总额。（　　）

判断题 3. （2 分，难度系数 0.9）

“应付职工薪酬”账户贷方登记本月实际支付的职工薪酬数额。（　　）

3.3.3.2　应付职工薪酬计提的核算

单选题 1. （2 分，难度系数 0.9）

车间管理人员的职工薪酬应记入（　　）账户。

A. “生产成本”　　B. “制造费用”　　C. “管理费用”　　D. “销售费用”

单选题 2. （2 分，难度系数 0.75）

记入产品成本的职工薪酬是（　　）。

A. 车间生产人员的工资　　B. 在建工程人员工资

C. 专设销售机构人员工资　　D. 企业管理部门人员工资

单选题 3. （2 分，难度系数 0.75）

下列选项中，属于工业企业分配结转基本生产车间管理人员的工资账务处理，正确的会计分录是（　　）。

A. 借：制造费用
贷：应付职工薪酬

B. 借：管理费用
贷：应付职工薪酬

C. 借：生产成本
贷：应付职工薪酬

D. 借：销售费用
贷：应付职工薪酬

单选题 4.（2 分，难度系数 0.75）

下列选项中，属于工业企业分配结转行政管理人员的工资账务处理，正确的会计分录是（　　）。

A. 借：制造费用
贷：应付职工薪酬

B. 借：管理费用
贷：应付职工薪酬

C. 借：生产成本
贷：应付职工薪酬

D. 借：销售费用
贷：应付职工薪酬

分录题 1.（5 分，难度系数 0.75）

兴业公司月末分配应付的职工薪酬，结算出本月应付职工薪酬总额为 268 000 元。其中，应付 A 产品生产工人的职工薪酬 160 000 元，应付 B 产品生产工人的职工薪酬40 000 元，应付车间管理人员的职工薪酬28 000元，应付企业行政管理人员的职工薪酬 40 000 元。

3.3.3.3　应付职工薪酬发放的核算

单选题 1.（2 分，难度系数 0.9）

企业从应付职工工资中代扣的职工房租，应借记的科目是（　　）。

A. “应付职工薪酬”　　B. “银行存款”

C. “其他应收款”　　D. “其他应付款”

单选题 2.（2 分，难度系数 0.9）

下列选项中，属于企业从银行提取现金准备发放工资的账务处理，正确的会计分录是（　　）。

A. 借：应付职工薪酬
贷：库存现金

B. 借：银行存款
贷：库存现金

C. 借：库存现金
贷：银行存款

D. 借：库存现金
贷：应付职工薪酬

单选题 3.（2 分，难度系数 0.9）

下列选项中，属于企业发放职工薪酬时扣除职工借款账务处理，正确的会计分录是（　　）。

A. 借：应付职工薪酬
　　贷：其他应收款

B. 借：其他应付款
　　贷：应付职工薪酬

C. 借：其他应收款
　　贷：应付职工薪酬

D. 借：应付职工薪酬
　　贷：其他应付款

单选题 4.（2 分，难度系数 0.9）

下列选项中，属于企业发放职工薪酬时代扣职工水电费的账务处理，正确的会计分录是（　　）。

A. 借：应付职工薪酬
　　贷：其他应收款

B. 借：其他应付款
　　贷：应付职工薪酬

C. 借：其他应收款
　　贷：应付职工薪酬

D. 借：应付职工薪酬
　　贷：其他应付款

多选题 1.（2 分，难度系数 0.75）

下列各项中，应从“应付职工薪酬”中列支的有（　　）。

A. 张君报销医药费 3 000 元

B. 支付职工食堂人员工资 20 000 元

C. 春节期间发放职工生活困难补助费 100 000 元

D. 支付给职工的工资 200 000 元

分录题 1.（2 分，难度系数 0.9）

开出转账支票一张，支付本月工资 120 000 元。

3.3.4 借款的取得和偿还

3.3.4.1 短期借款取得的核算

单选题 1.（2 分，难度系数 0.75）

下列关于借款表述中，正确的是（　　）。

A. 企业为维持正常的生产经营所需资金而面向银行等金融机构临时借入的款项称为长期借款

B. 企业为维持正常的生产经营所需资金而面向银行等金融机构临时借入的款项称为长期负债

C. 企业为维持正常的生产经营所需资金而面向银行等金融机构临时借入的款项称为短期借款

D. 企业为维持正常的生产经营所需资金而面向银行等金融机构临时借入的款项称为非流动负债

单选题 2. （2 分，难度系数 0.9）

短期借款是指企业向银行或其他金融机构等借入的、期限在（　　）内的各种借款。

A. 3 个月　　B. 6 个月　　C. 9 个月　　D. 1 年

单选题 3. （2 分，难度系数 0.9）

“短期借款”科目贷方核算的内容是（　　）。

A. 借款人的借款本金　　B. 预提的借款利息

C. 偿还的借款本金　　D. 偿还的借款本金和利息

单选题 4. （2 分，难度系数 0.9）

下列各项中，“短期借款”账户期初余额为 10 000 元，本期贷方发生额为 8 000 元，借方发生额为 5 000 元。“短期借款”期末贷方余额正确的是（　　）。

A. 13 000 元　　B. 3 000 元　　C. 7 000 元　　D. 15 000 元

单选题 5. （2 分，难度系数 0.85）

下列关于甲企业月初短期借款为 50 万元，本月向银行借入 3 个月的借款 10 万元，归还前欠的 20 万元的表述中，本月末“短期借款”的余额正确的是（　　）。

A. 贷方 60 万元　　B. 借方 40 万元　　C. 贷方 40 万元　　D. 贷方 30 万元

单选题 6. （2 分，难度系数 0.9）

下列关于企业向银行借入 10 个月的借款 100 000 元，存入银行的表述中，正确的会计分录是（　　）。

A. 借：短期借款　100 000
　　贷：银行存款　100 000

B. 借：银行存款　100 000
　　贷：应付账款　100 000

C. 借：银行存款　100 000
　　贷：短期借款　100 000

D. 借：银行存款　100 000
　　贷：长期借款　100 000

单选题 7. （2 分，难度系数 0.9）

下列关于“短期借款”账户的期末余额表述中，正确的是（　　）。

A. “短期借款”账户的期末余额 = 期初余额 + 借方发生额 − 贷方发生额

B. “短期借款”账户的期末余额 = 期初余额 + 借方发生额 + 贷方发生额

C. “短期借款”账户的期末余额 = 期初余额 − 借方发生额 − 贷方发生额

D. “短期借款”账户的期末余额 = 期初余额 − 借方发生额 + 贷方发生额

分录题 1.（3 分，难度系数 0.9）

大河公司于 2018 年 1 月 1 日向银行借入一笔生产用资金 100 000 元，期限 3 个月。

3.3.4.2 短期借款偿还的核算

单选题 1.（2 分，难度系数 0.75）

企业发生的短期借款利息，其会计核算方法是（　　）。

A. 全部计入借款当月的“财务费用”中

B. 分月计入“管理费用”

C. 全部计入还款月份的“管理费用”中

D. 在应付利息日，按照短期借款合同利率计算确定的利息费用计入“财务费用”

分录题 1.（2 分，难度系数 0.9）

大河公司于 2018 年 1 月 1 日向银行借入一笔生产用资金 100 000 元，期限 3 个月，月利息为 500 元，则 2018 年 1 月大河公司对短期借款利息应做的会计处理。

分录题 2.（2 分，难度系数 0.75）

大河公司于 2018 年 1 月 1 日向银行借入一笔生产用资金 100 000 元，期限 6 个月，月利息为 500 元，则 2018 年 7 月大河公司对偿还本息应做的会计处理。

3.3.4.3 长期借款取得的核算

单选题 1.（2 分，难度系数 0.9）

长期借款是指企业向银行或其他金融机构等借入的期限在（　　）的各种借款。

A. 3 个月以上　　B. 6 个月以上

C. 9 个月以上　　D. 1 年以上

单选题 2.（2 分，难度系数 0.9）

下列各项中，属于甲公司向银行借入的为期 18 个月的借款，应贷记的会计科目是（　　）。

A. “长期借款”　　B. “短期借款”

C. “银行存款”　　D. “长期应付款”

单选题 3.（2 分，难度系数 0.9）

长期借款所发生的利息支出，可能借记的科目有（　　）。

A. “管理费用”　　B. “财务费用”

C. “制造费用”　　D. “长期待摊费用”

多选题 1.（2 分，难度系数 0.9）

下列关于从银行借入长期借款 300 000 元的表述中，正确的有（　　）。

A. 借记“银行存款”300 000 元　　B. 贷记“长期借款”300 000 元

C. 借记“应付账款”300 000 元　　D. 贷记“应付账款”300 000 元

分录题 1.（3 分，难度系数 0.9）

大河公司于 2018 年 1 月 1 日向银行借入一笔生资金 50 000 元，期限 3 年。

☆第三节测试

一、单选题

单选题 1.（2 分，难度系数 0.9）

“应收账款”账户借方登记（　　）。

A. 企业预收的账款

B. 企业尚未收回的应收账款

C. 销售商品以及提供劳务等发生的应收账款

D. 已经收回的应收账款

单选题 2.（2 分，难度系数 0.85）

企业购入材料 5 000 元（不考虑增值税），以银行存款支付 4 000 元，余额未付，材料已入库。这一经济业务不涉及的科目是（　　）。

A. “原材料”　　B. “应收账款”　　C. “应付账款”　　D. “银行存款”

单选题 3.（2 分，难度系数 0.9）

下列各项中，属于购进材料时，按是否付款涉及的科目是（　　）。

A. “直接付款”　　B. “应付货款”　　C. “应收货款”　　D. “预收账款”

单选题 4.（2 分，难度系数 0.9）

下列关于"应收账款"账户的表述中，不正确的是（　　）。

A. "应收账款"账户属于资产类账户，用以核算企业因销售商品、提供劳务等经营活动应收取的款项

B. 该账户借方登记由于销售商品以及提供劳务等发生的应收账款，包括应收取的价款、税款和代垫款等

C. 该账户贷方登记已经收回的应收账款

D. 期末余额一定在借方，反映尚未收回的应收账款

单选题 5.（2 分，难度系数 0.9）

基本生产车间生产工人的职工薪酬，借记的账户可以是（　　）。

A. "生产成本"　B. "管理费用"　C. "制造费用"　D. "劳务成本"

单选题 6.（2 分，难度系数 0.9）

下列选项中，属于工业企业分配结转基本生产车间生产工人的工资账务处理，正确的会计分录是（　　）。

A. 借：制造费用
　　贷：应付职工薪酬

B. 借：管理费用
　　贷：应付职工薪酬

C. 借：生产成本
　　贷：应付职工薪酬

D. 借：销售费用
　　贷：应付职工薪酬

单选题 7.（2 分，难度系数 0.9）

下列关于企业向银行借入款项的表述中，正确的是（　　）。

A. 一项资产减少，一项负债减少　B. 一项资产减少，一项负债增加

C. 一项资产增加，一项负债减少　D. 一项资产增加，一项负债增加

单选题 8.（2 分，难度系数 0.9）

下列关于甲企业月初短期借款贷方余额 20 万元，本月向银行借入短期借款 75 万元，以银行存款归还短期借款 65 万元的表述中，月末"短期借款"账户的余额正确的是（　　）。

A. 贷方 30 万元　B. 借方 40 万元　C. 贷方 40 万元　D. 贷方 60 万元

二、多选题

多选题 1.（2 分，难度系数 0.9）

某企业购进一批材料，价值 20 000 元，当时用银行存款支付了 8 000 元，其余账款暂欠销货方，根据该业务编制的会计分录会涉及（　　）账户。

A. "原材料"　B. "应收账款"　C. "银行存款"　D. "应付账款"

多选题 2.（2 分，难度系数 0.85）

下列各项中，某企业属于一般纳税人，采用实际成本法核算，购进一批材料，尚未验收入库，款项尚未支付。这项业务涉及的账户正确的有（　　）。

A. “应交税费”　B. “在途物资”　C. “应付账款”　D. “材料采购”

多选题 3. （2 分，难度系数 0.9）

企业预付材料款时，应记入的会计科目有（　　）。

A. 借记“预付账款”　B. 借记“应付账款”

C. 贷记“预付账款”　D. 贷记“银行存款”

多选题 4. （2 分，难度系数 0.85）

企业将自产产品 15 台作为福利分配给本公司行政管理人员，产品每台成产成本为 139 元，市场售价每台 200 元（不含增值税）。正确的处理是（　　）。

A. 借：生产成本　3 510
　　贷：应付职工薪酬　3 510

B. 借：主营业务成本　2 080
　　贷：库存商品　2 080

C. 借：应付职工薪酬　3 510
　　贷：主营业务收入　3 000
　　　　应交税费——应交增值税（销项税额）　510

D. 借：管理费用　3 510
　　贷：应付职工薪酬　3 510

多选题 5. （2 分，难度系数 0.9）

下列各项中，属于流动资产的有（　　）。

A. “预收账款”　B. “预付账款”　C. “应收账款”　D. “应收票据”

多选题 6. （2 分，难度系数 0.9）

下列属于非流动负债的科目是（　　）。

A. “应付债券”　B. “长期借款”　C. “应付账款”　D. “长期应付款”

三、判断题

判断题 1. （2 分，难度系数 0.9）

“应付职工薪酬”账户属于资产类账户，用以核算企业根据有关规定应付给职工的各种薪酬。（　　）

判断题 2. （2 分，难度系数 0.9）

“应付职工薪酬”账户期末余额在贷方，反映企业应付未付的职工薪酬。（　　）

判断题 3. （2 分，难度系数 0.75）

“应收账款”账户用以核算企业因销售商品、提供劳务等经营活动应收取的款项，包括应收取的价款、税款和代垫款等。（　　）

判断题 4. （2 分，难度系数 0.75）

企业在采购材料时，收料在先、付款在后；若材料发票凭证都已收到，可通过“应收账款”或“应收票据”核算。（　　）

判断题 5.（2 分，难度系数 0.85）

“应付职工薪酬”账户可按“短期薪酬”“离职后福利”“辞退福利”“其他长期职工薪酬”等进行明细核算。（　　）

判断题 6.（2 分，难度系数 0.75）

企业行政管理部门人员和专设销售机构销售人员的短期职工薪酬均属于制造费用。（　　）

四、综合题

综合题 1.（24 分，难度系数 0.8）

滨海公司 2018 年 12 月发生下列经济业务：

（1）1 日，从大华公司购进甲材料一批，价款 30 万元，税款 4.8 万元，甲材料验收入库，款项尚未支付。

（2）1 日，向银行借入生产用周转资金 30 万元。

（3）3 日，向临江公司销售 A 商品一批，价款 60 万元，税款 9.6 万元，商品已经发出，款项尚未收到。

（4）6 日，以银行存款支付前欠大华公司材料款 34.8 万元。

（5）10 日，开出现金支票，从银行提取现金 10.2 万元，用于支付本月职工工资。

（6）31 日，计提应由本月负担的短期借款利息 3 180 元。

（7）31 日，分配本月工资：生产车间工人工资 6.9 万元，车间管理人员工资 1.2 万元，行政管理人员工资 1.4 万元，销售机构人员工资 4 000 元。

（8）31 日，收到临江公司支付的前欠商品款 70.2 万元，款项已存入银行。

【要求】根据上述经济业务编制会计分录。

综合题 2.（24 分，难度系数 0.75）

三环公司 2018 年 4 月应付工资总额 9.2 万元。其中：生产部门直接生产人员工资 4 万元；生产部门管理人员工资 1.5 万元，管理部门管理人员工资 2.1 万元；销售部门人员工资 1 万元；建造厂房人员工资 6 000 元；该企业发生职工福利费 2 000 元，其中：生产部门直接生产人员福利费 800 元；生产部门管理人员福利费 300 元，管理部门管理人员福利费 420 元；销售部门人员福利费 200 元；建造厂房人员福利费 120 元。

2018 年 4 月 30 日，公司按照职工工资总额的 10% 和 10% 分别计提医疗保险费和住房公积金。公司分别按照职工工资总额的 2% 和 2.5% 计提工会经费和职工教育经费。公司当月发生的职工薪酬费用已在下月初支付。写出三环公司2018年4月确认应付职工薪酬时的会计处理：

【要求】根据上述经济业务编制会计分录。

3.4　实收资本的增减

知识点3.4.1　实收资本增加的核算

单选题1.（2分，难度系数0.9）

下列关于“实收资本”账户的期末余额表述中，正确的是（　　）。

A. “实收资本”账户的期末余额=期初余额+借方发生额-贷方发生额

B. “实收资本”账户的期末余额=期初余额+借方发生额+贷方发生额

C. “实收资本”账户的期末余额=期初余额-借方发生额+贷方发生额

D. “实收资本”账户的期末余额=期初余额-借方发生额-贷方发生额

单选题2.（2分，难度系数0.9）

下列各项中，不属于投资人投资形式的是（　　）。

A. 货币资金　　B. 实物资产　　C. 无形资产　　D. 提供劳务

单选题3.（2分，难度系数0.9）

下列关于企业接受甲公司投入一台设备，价值8万元的表述中，正确的会计分录是（　　）。

A. 借：固定资产　80 000
　　贷：实收资本　80 000

B. 借：固定资产　80 000
　　贷：资本公积　80 000

C. 借：制造费用　80 000
　　贷：实收资本　80 000

D. 借：固定资产　80 000
　　贷：盈余公积　80 000

单选题4.（2分，难度系数0.9）

下列关于甲公司接受投资者投入生产设备1台，价值20万元的表述中，正确的会计分录是（　　）。

A. 借：生产设备　20万元
　　贷：固定资产　20万元

B. 借：固定资产　20万元
　　贷：生产设备　20万元

C. 借：固定资产　20 万元　　　　D. 借：实收资本　20 万元
　　贷：实收资本　20 万元　　　　　　贷：固定资产　20 万元

多选题 1.（3 分，难度系数 0.9）

下列各项中，属于投资人可以向企业投资的形式有（　　）。

A. 货币资金　　B. 机器设备　　C. 存货　　D. 无形资产

多选题 2.（3 分，难度系数 0.9）

下列关于企业实收资本的表述中，正确的有（　　）。

A. 是企业实际收到的投资人投入的资本金

B. 是企业对外投出的资产

C. 应按照实际投资数额入账

D. 是企业进行正常经营的条件

多选题 3.（3 分，难度系数 0.9）

收到投资人投入固定资产 50 万元，正确的说法有（　　）。

A. 借记"固定资产"50 万元　　B. 贷记"实收资本"50 万元

C. 贷记"固定资产"50 万元　　D. 借记"实收资本"50 万元

多选题 4.（3 分，难度系数 0.9）

下列各项中，属于引起资产和所有者权益同时增加的经济业务有（　　）。

A. 企业收到国家投入货币资金存入银行

B. 企业收到投资企业投入的机器一台

C. 企业提取盈余公积

D. 企业接受外单位捐赠机器一台

分录题 1.（3 分，难度系数 0.9）

大河公司收到国家投入资本 50 万元，存入银行。

分录题 2.（3 分，难度系数 0.9）

大河公司收到兴旺工厂投入的机器设备，双方协商按设备的账面价值 20 万元作为投入资本。

分录题 3.（3 分，难度系数 0.9）

大河公司收到兴隆公司投入的专利权，双方协商以 15 万元作为投入资本入账。

知识点 3.4.2 实收资本减少的核算

分录题 1. （3 分，难度系数 0.9）

某企业因生产经营规模缩小，经批准减少注册资本 50 万元，已办妥相关手续，以银行存款发还所有者投资款 50 万元。

☆第四节测试

一、单选题

单选题 1. （2 分，难度系数 0.9）

下列关于企业收到投资人投入的资本时的表述中，正确的处理是（ ）。

A. 借记“实收资本”账户　　B. 贷记“实收资本”账户

C. 增记“实收资本”账户　　D. 减记“实收资本”账户

单选题 2. （2 分，难度系数 0.9）

下列关于企业接受甲公司投入一台设备，价值 80 000 元的表述中，正确的会计分录是（ ）。

A. 借：固定资产 80 000
　　贷：实收资本 80 000

B. 借：固定资产 80 000
　　贷：资本公积 80 000

C. 借：制造费用 80 000
　　贷：实收资本 80 000

D. 借：固定资产 80 000
　　贷：盈余公积 80 000

单选题 3. （2 分，难度系数 0.9）

下列关于“实收资本”账户的期末余额表述中，正确的是（ ）。

A. “实收资本”账户的期末余额 = 期初余额 + 借方发生额 - 贷方发生额

B. “实收资本”账户的期末余额 = 期初余额 + 借方发生额 + 贷方发生额

C. “实收资本”账户的期末余额 = 期初余额 - 借方发生额 + 贷方发生额

D. “实收资本”账户的期末余额 = 期初余额 - 借方发生额 - 贷方发生额

单选题 4. （2 分，难度系数 0.85）

下列关于实收资本账户的说法中，正确的是（ ）。

A. 借方登记所有者权益投入资本金的增加

B. 借方登记资本公积转资本数

C. 贷方登记所有者投入企业资本金的减少

D. 贷方登记盈余公积转增资本数

单选题 5.（2 分，难度系数 0.85）

乙公司接受丙公司股东投入设备一台，该设备在原丙公司的账面价值为 52 000 元，累计折旧 16 000 元，该设备经过乙、丙公司的确认资产价值为 40 000 元，乙公司接受投资后，丙公司占乙公司注册资本 1 000 000 元中的 3%。乙公司正确的会计处理是（　　）。

A. 借：固定资产　52 000
　　贷：实收资本　30 000
　　　　累计折旧　22 000

B. 借：固定资产　30 000
　　贷：实收资本　30 000

C. 借：固定资产　40 000
　　贷：实收资本　30 000
　　　　资本公积　10 000

D. 借：固定资产　40 000
　　贷：实收资本　30 000
　　　　累计折旧　10 000

二、多选题

多选题 1.（2 分，难度系数 0.9）

下列各项中，属于所有者权益类科目的有（　　）。

A. “实收资本”　B. “资本公积”　C. “盈余公积”　D. “生产成本”

多选题 2.（2 分，难度系数 0.9）

下列关于甲公司投入设备一台，该设备原值 150 000 元，双方确认价值为 145 000 元的表述中，正确的有（　　）。

A. 借记固定资产 150 000 元　B. 借记固定资产 145 000 元

C. 贷记实收资本 145 000 元　D. 贷记实收资本 150 000 元

多选题 3.（2 分，难度系数 0.9）

下列各项中，属于股份有限公司接受投资者投入资本应贷记的会计科目有（　　）。

A. 股本　B. 资本公积

C. 盈余公积　D. 营业外收入

三、判断题

判断题 1.（2 分，难度系数 0.75）

“应付职工薪酬”账户属于资产类账户，用以核算企业根据有关规定应付给职工的各种薪酬。（　　）

判断题 2.（2 分，难度系数 0.8）

“实收资本”“资本公积”账户反映了企业投入的资本，而“盈余公积”“本年利润”“利润分配”账户反映了企业留存收益。（　　）

判断题 3.（2 分，难度系数 0.75）

投资人的全部投资都应作为实收资本（股本）入账。（　　）

判断题 4.（2 分，难度系数 0.75）

“股本”账户贷方登记实际收到的股票的公允价值。（　　）

判断题 5.（2 分，难度系数 0.9）

当投资人的投资全部到位之后，注册资本就等于实收资本。（ ）

判断题 6. （2 分，难度系数 0.9）

“实收资本”（或“股本”）账户属于负债类账户。（ ）

四、分录题

分录题 1. （3 分，难度系数 0.9）

三环公司于 2018 年 12 月 1 日收到浪潮公司作为资本投入的资金 50 万元和大兴公司作为资本投入的资金 100 万元，款项已存入银行。

分录题 2. （3 分，难度系数 0.9）

三环公司于 2018 年 12 月 2 日收到佳美公司作为资本投入的房屋一栋和设备一台，确认的价值分别为 80 万元和 20 万元，共计 100 万元。

分录题 3. （3 分，难度系数 0.9）

三环公司于 2018 年 12 月 3 日收到长江公司作为资本投入的一项专利权，确认的价值为 30 万元。

3.5 收入业务

3.5.1 收入的概念

单选题 1. （2 分，难度系数 0.9）

下列不属于收入要素的是（ ）。

A. 销售产品收入　　B. 销售材料收入

C. 出租收入　　D. 营业外收入

判断题 1. （2 分，难度系数 0.75）

收入包括主营业务收入、其他业务收入和营业外收入。（ ）

3.5.2 收入的内容

单选题 1. （2 分，难度系数 0.9）

工业企业出租固定资产，取得的租金计入（　　）。

A. 主营业务收入　　B. 其他业务收入

C. 营业外收入　　D. 投资收益

单选题 2. （2 分，难度系数 0.9）

对于长期挂账的应付账款，在批准转销时应记入（　　）科目。

A. “营业外支出”　　B. “营业外收入”

C. “资本公积”　　D. “待处理财产损溢”

判断题 1. （2 分，难度系数 0.9）

收入包括各种原因引起的现金收入和银行存款收入。（　　）

3.5.3 主营业务收入的核算

单选题 1. （2 分，难度系数 0.9）

工商企业取得销售商品的收入，应贷记的科目是（　　）。

A. “主营业务收入”　　B. “银行存款”

C. “应收账款”　　D. “产品收入”

多选题 1. （2 分，难度系数 0.75）

企业取得销售产品的收入，可能涉及的科目有（　　）。

A. 应收账款　　B. 银行存款　　C. 主营业务收入　　D. 应交税费

判断题 1. （2 分，难度系数 0.9）

“主营业务收入”属于损益类科目，一般应当按照商品的类别或品种设置明细科目。（　　）

分录题 1. （3 分，难度系数 0.75）

企业销售产品，增值税专用发票注明价款 100 000 元，增值税 16 000 元，款未收。

3.5.4　其他业务收入的核算

判断题 1. （2 分，难度系数 0.9）

工业企业出租设备和租赁公司出租设备所取得的收入都应计入其他业务收入。（　　）

判断题 2. （2 分，难度系数 0.9）

工商企业取得的银行存款利息收入属于其他业务收入。（　　）

分录题 1. （3 分，难度系数 0.75）

企业销售材料，所取得的销售收入 50 000 元，增值税销项税额为 8 000 元，价税款合计 58 000 元，存入银行。

☆第五节测试

一、单选题

单选题 1. （2 分，难度系数 0.75）

按照企业从事日常活动的性质，不属于收入三种来源的是（　　）。

A. 销售商品取得收入　　B. 提供劳务取得收入

C. 让渡资产使用权取得收入　　D. 出售固定资产取得收入

单选题 2. （2 分，难度系数 0.9）

企业取得收入，最终会导致（　　）。

A. 资产增加　　B. 负债减少

C. 所有者权益增加　　D. 费用减少

单选题 3. （2 分，难度系数 0.75）

企业接受捐赠取得的款项 ，应记入（　　）。

A. “主营业务收入”　　B. “其他业务收入”

C. “投资收益”　　D. “营业外收入”

单选题 4. （2 分，难度系数 0.75）

企业对外出租固定资产取得的租金收入，应记入（　　）。

A. 主营业务收入　　B. 其他业务收入

C. 投资收益　　D. 营业外收入

单选题 5. （2 分，难度系数 0.75）

企业对外出售固定资产取得的净收入，应记入（　　）。

A. “主营业务收入”　　B. “其他业务收入”

C. “投资收益”　　D. “营业外收入”

单选题 6. （2 分，难度系数 0.75）

企业无法支付的应付账款，应贷记（　　）账户。

A. “资本公积”　　B. “实收资本 ”

C. “应付账款”　　D. “营业外收入”

单选题 7. （2 分，难度系数 0.75）

工商企业取得销售商品的收入，应贷记的科目是（　　）。

A. “主营业务收入”　　B. “银行存款”

C. “应收账款”　　D. “产品收入”

单选题 8. （2 分，难度系数 0.9）

下列不属于收入要素的是（　　）。

A. 销售产品收入　　B. 销售材料收入

C. 出租收入　　D. 营业外收入

二、多选题

多选题 1. （3 分，难度系数 0.75）

收入包括（　　）。

A. 主营业务收入　　B. 其他业务收入

C. 营业外收入　　D. 接受投资收入

多选题 2. （3 分，难度系数 0.9）

下列不得计入企业收入的项目有（　　）。

A. 出售产品收入　　B. 出售固定资产收入

C. 无法支付的应付账款收入　　D. 接受捐赠收入

多选题 3. （2 分，难度系数 0.9）

企业取得销售产品的收入，可能涉及的科目有（　　）。

A. 应收账款　　B. 银行存款　　C. 主营业务收入　　D. 应交税费

多选题 4. （2 分，难度系数 0.9）

企业结转已售产品的销售成本，可能涉及的会计科目有（　　）。

A. 银行存款　　B. 主营业务收入　　C. 主营业务成本　　D. 库存商品

三、判断题

判断题 1. （2 分，难度系数 0.75）

收入的特点之一是企业在日常活动中形成的经济利益总流入，所以企业出售固定资

产、出租无形资产产生的经济利益流入均不构成收入。（　　）

判断题 2.（2 分，难度系数 0.9）

收入包括主营业务收入、其他业务收入和营业外收入。（　　）

判断题 3.（2 分，难度系数 0.75）

工业企业出售产品的收入应记入"主营业务收入"，出售材料的收入，应记入"其他业务收入"。（　　）

判断题 4.（2 分，难度系数 0.75）

企业向银行借入的款项来源也构成企业的收入。（　　）

判断题 5.（2 分，难度系数 0.75）

企业接受投资者投入的资本金来源，构成了企业的收入。（　　）

判断题 6.（2 分，难度系数 0.9）

营业外收入就是营业活动以外取得的收入，包括偶然的意外收入和投资者的资本投入。（　　）

判断题 7.（2 分，难度系数 0.75）

小型工商企业出售固定资产的净收入、接受捐赠收入、资产盘盈收入应当记入"营业外收入"。（　　）

判断题 8.（2 分，难度系数 0.9）

工商企业取得的银行存款利息收入属于其他业务收入。（　　）

四、综合题

综合题 1. 长江公司发生下列经济业务：

（1）公司本月销售产品取得收入 200 万元，增值税专用发票注明的销项税额为 32 万元，价税款均未收到。

（2）公司收到客户汇来所欠上月的销货款 34.80 万元，存入银行。

（3）公司收到职工刘强交来现金 84 元，系违纪罚款收入。

（4）公司收到香港大亨公司的现金捐赠 60 万元存入银行。

（5）公司销售生产用多余的材料，售价 4 000 元，增值税销项税额 640 元，款存银行。

【要求】根据以上经济业务编制会计分录。

3.6 成本及费用业务

3.6.1 成本及其业务核算

多选题 1. （2 分，难度系数 0.75）

下列属于生产成本项目的有（　　）。

A. 生产所耗原材料　　B. 制造费用

C. 生产工人的工资　　D. 管理费用

判断题 1. （2 分，难度系数 0.9）

车间管理人员的工资、福利费用应当计入“管理费用”，而不能计入产品的成本之中。（　　）

判断题 2. （2 分，难度系数 0.9）

生产成本账户属于成本类性质的账户，增加记借方，减少记贷方，月末若有余额，表示尚未完工需要继续加工的在产品成本。（　　）

判断题 3. （2 分，难度系数 0.9）

制造车间生产产品领用的原材料应借记“制造费用”账户，贷记“原材料”账户。（　　）

3.6.2 费用及其业务核算

单选题 1. （2 分，难度系数 0.9）

企业仓库发出原材料 800 元，用于生产车间维修，涉及（　　）会计科目。

A. 生产成本　　B. 制造费用　　C. 管理费用　　D. 固定资产

单选题 2. （2 分，难度系数 0.9）

下列各项目中，应记入“制造费用”账户的是（　　）。

A. 生产产品耗用的材料　　B. 机器设备的折旧费

C. 生产工人的工资　　D. 行政管理人员的工资

单选题 3. （2 分，难度系数 0.75）

（　　）是指企业为生产产品而发生的费用，它与特定的产品相联系，是对象化了的费用。

A. 支出　　B. 费用　　C. 成本　　D. 损失

分录题 1.（3 分，难度系数 0.75）

企业生产产品领用原材料，材料成本 24 000 元。

分录题 2.（3 分，难度系数 0.60）

月末分配制造费用，其中，甲产品应分摊的制造费用为 75 000 元，乙产品应分摊的制造费用为 25 000 元。

分录题 3.（3 分，难度系数 0.60）

月末分配职工工资，其中，生产工人工资 60 000 元，车间管理人员工资 15 000 元，行政管理人员工资 25 000 元。

3.6.2.1　制造费用发生的核算

单选题 1.（2 分，难度系数 0.9）

下列不属于期间费用的是（　　）。

A. 财务费用　　B. 管理费用　　C. 制造费用　　D. 销售费用

判断题 1.（2 分，难度系数 0.9）

制造费用就是制造产品过程中直接发生的料、工、费。（　　）

分录题 1.（3 分，难度系数 0.75）

企业用银行存款支付生产车间耗用的水电费共计 3 000 元。

3.6.2.2　费用的概念

单选题 1.（2 分，难度系数 0.6）

费用的发生，最终会导致企业（　　）。

A. 资产减少　　B. 资产增加

C. 所有者权益减少　　D. 所有者权益增加

多选题 1. （2 分，难度系数 0.9）

企业的费用主要包括（　　）。

A. 主营业务成本　　B. 其他业务成本

C. 管理费用　　D. 销售费用

判断题 1. （2 分，难度系数 0.9）

费用是指企业在日常活动中发生的、会导致所有者权益减少的、与向所有者分配利润无关的经济利益的流出。（　　）

3.6.2.3　费用包括的内容

判断题 1. （2 分，难度系数 0.9）

营业外支出也是企业费用的内容之一。（　　）

判断题 2. （2 分，难度系数 0.75）

费用包括制造费用和期间费用。（　　）

判断题 3. （2 分，难度系数 0.75）

费用的发生必然引起资产的减少。（　　）

3.6.2.4　管理费用发生的核算

多选题 1. （2 分，难度系数 0.9）

管理费用是企业为组织和管理生产经营活动而发生的各种费用，包括（　　）。

A. 行政办公费　B. 业务招待费　C. 行政楼房屋折旧费　D. 管理人员工资

判断题 1. （2 分，难度系数 0.9）

“管理费用”属于损益类账户，期末结转到“本年利润”账户后无余额。（　　）

判断题 2. （2 分，难度系数 0.9）

“管理费用”一般应当按照费用发生的项目，如工资费、折旧费、水电费、电话费、差旅费等设置明细科目进行明细分类核算。（　　）

分录题 1. （3 分，难度系数 0.75）

企业月末分配行政管理人员工资 50 000 元。

3.6.2.5　销售费用发生的核算

多选题 1. （2 分，难度系数 0.9）

销售费用是企业销售商品和材料过程中发生的各项费用，包括（　　）。

A. 销售过程中的包装费　　B. 销售过程中的保险费
C. 展览费　　D. 广告费

判断题 1. （2 分，难度系数 0.9）
销售费用属于期间费用，该费用的发生直接影响到当期的损益。（　　）

分录题 1. （3 分，难度系数 0.75）
企业月末计提专设销售机构的房屋折旧费 8 000 元。

3.6.2.6 财务费用发生的核算

多选题 1. （2 分，难度系数 0.9）
财务费用指企业为筹集生产经营所需资金发生的筹资费用，包括（　　）。
A. 利息支出费等　　B. 银行相关手续费
C. 验资费　　D. 合同咨询费

判断题 1. （2 分，难度系数 0.75）
财务费用包括利息支出、银行相关手续费等。所以，企业的存款利息收入不通过“财务费用”核算。（　　）

分录题 1. （3 分，难度系数 0.75）
企业收到银行转来的利息收入通知，共计 2 356 元，已存入本企业账户中。

3.6.2.7 主营业务成本增加的核算

判断题 1. （2 分，难度系数 0.9）
主营业务成本属于成本类账户。（　　）

判断题 2. （2 分，难度系数 0.75）
企业结转已经出售的产品的生产成本 74 000 元。其分录为：（　　）
借：生产成本　　74 000
　　贷：库存商品　　74 000

分录题 1.（3 分，难度系数 0.75）

企业采用月末一次结转法结转全月销售产品的成本共计 860 000 元。

3.6.2.8　其他业务成本增加的核算

单选题 1.（2 分，难度系数 0.9）

下列属于其他业务成本核算内容的是（　　）。

A. 产品销售成本　B. 商品销售成本　C. 材料销售成本　D. 产品生产成本

判断题 1.（2 分，难度系数 0.9）

其他业务成本就是主营业务活动以外的成本，包括其他业务支出和营业外支出。（　　）

分录题 1.（3 分，难度系数 0.75）

工业企业销售材料，取得销售收入 50 000 元，增值税销项税额为 8 000 元，价税款合计 58 000 元存入银行。同时结转该材料成本 40 000 元。

3.6.2.9　税金及附加的核算

单选题 1.（2 分，难度系数 0.6）

下列税费不通过“税金及附加”账户核算的是（　　）。

A. 增值税　B. 消费税　C. 城市维护建设税　D. 教育费附加

多选题 1.（2 分，难度系数 0.9）

下列税费通过“税金及附加”账户核算的是（　　）。

A. 增值税　B. 消费税　C. 城市维护建设税　D. 教育费附加

判断题 1.（2 分，难度系数 0.9）

“税金及附加”属于损益类科目，月末结转到“本年利润”账户后，无余额。（　　）

分录题 1.（3 分，难度系数 0.75）

企业月末计算出当月应缴纳的城市维护建设税 1 400 元，应缴纳的教育费附加 600

元，款未交。

☆第六节测试

一、单选题

单选题 1.（2 分，难度系数 0.75）

下列费用不属于销售费用的是（　　）。

A. 销售过程中的运输费

B. 修理费

C. 广告费

D. 销售机构人员工资

单选题 2.（2 分，难度系数 0.75）

产品成本项目不包括（　　）。

A. 直接材料　B. 直接人工　C. 制造费用　D. 经营费用

单选题 3.（2 分，难度系数 0.9）

“生产成本”账户期末（　　）。

A. 可能会有余额，也可能没有余额　B. 一定有余额

C. 一定没有余额　D. 以上三种都有可能

单选题 4.（2 分，难度系数 0.9）

应当在期末转入“本年利润”账户的是（　　）。

A. “制造费用”账户　B. “管理费用”账户

C. “生产成本”账户　D. “应交税费”账户

单选题 5.（2 分，难度系数 0.6）

下列税费不通过“税金及附加”账户核算的是（　　）。

A. 增值税　B. 消费税　C. 城市维护建设税　D. 教育费附加

单选题 6.（2 分，难度系数 0.9）

下列属于其他业务成本核算内容的是（　　）。

A. 产品销售成本　B. 商品销售成本

C. 材料销售成本　D. 产品生产成本

二、多选题

多选题 1.（3 分，难度系数 0.75）

下列属于期间费用的是（　　）。

A. 制造费用　B. 管理费用　C. 财务费用　D. 税金及附加

多选题 2.（3 分，难度系数 0.75）

下列各项中，属于成本类科目的有（　　）。

A. 制造费用　　B. 生产成本　　C. 主营业务成本　　D. 税金及附加

多选题 3.（3 分，难度系数 0.75）

“税金及附加”账户不属于（　　）。

A. 成本类账户　　B. 资产类账户　　C. 负债类账户　　D. 损益类账户

多选题 4.（3 分，难度系数 0.9）

下列属于产品销售业务核算需要设置的主要账户有（　　）。

A. “应付职工薪酬”　　B. “主营业务成本”

C. “累计折旧”　　D. “税金及附加”

多选题 5.（3 分，难度系数 0.75）

下列各项中，属于产品成本项目的是（　　）。

A. 销售费用　　B. 直接材料　　C. 直接人工　　D. 制造费用

三、判断题

判断题 1.（2 分，难度系数 0.75）

费用是企业发生的各项开支，包括在正常生产经营活动以外的支出和损失。（　　）

判断题 2.（2 分，难度系数 0.90）

本期发生的管理费用和制造费用均会影响本期损益。（　　）

判断题 3.（2 分，难度系数 0.9）

企业把应计入“管理费用”的费用计入了“制造费用”，它不会影响生产成本计算的正确性，因为二者都属于生产费用。（　　）

判断题 4.（2 分，难度系数 0.75）

企业期间费用包括制造费用、销售费用、管理费用和财务费用。（　　）

判断题 5.（2 分，难度系数 0.75）

企业出售固定资产的净损失和出售无形资产的净损失，都应记入“营业外支出”。（　　）

判断题 6.（2 分，难度系数 0.75）

企业对外出租固定资产过程中发生的相关支出，应计入“其他业务成本”。（　　）

判断题 7.（2 分，难度系数 0.75）

企业所得税的税率为 33%。（　　）

判断题 8.（2 分，难度系数 0.75）

车间管理人员的薪酬属于直接人工费。（　　）

判断题 9.（2 分，难度系数 0.75）

“制造费用”账户期末可能会有余额。（　　）

判断题 10.（2 分，难度系数 0.75）

成本是企业为生产产品、提供劳务而发生的各种耗费，因而企业发生的各项费用都是成本。

判断题 11.（2 分，难度系数 0.75）

费用和成本是同一个概念。（　　）

四、综合题

综合题 1. 长江公司发生下列经济业务，请编制的会计分录。

（1）生产甲产品领用原材料，材料成本 11.2 万元。

（2）月末分配职工工资，其中，生产甲产品工人工资 12 万元，车间管理人员工资 3 万元，行政管理人员工资 5 万元。

（3）月末分配制造费用，其中，甲产品应分摊的制造费用为 15 万元，乙产品应分摊的制造费用为 5 万元。

（4）企业生产的甲产品全部完工入库，其完工成本为 38.2 万元。

（5）企业采用月末一次结转法结转全月销售产品的成本，共计 26 万元。

【要求】根据上述经济业务编制会计分录。

综合题 2. 长江公司发生下列经济业务，请编制会计分录。

（1）企业销售材料，取得销售收入 10 万元，增值税销项税额为 1.6 万元，价税款合计 11.6 万元存入银行。同时结转该材料成本 8.3 万元。

（2）企业月末计算出当月应缴纳的城市维护建设税 350 元，应缴纳的教育费附加 150 元，款未交。

【要求】根据上述经济业务编制会计分录。

3.7　利润形成及其分配业务

3.7.1　利润形成及其业务核算

3.7.1.1　营业外收入的核算

单选题 1.（2 分，难度系数 0.9）

企业无法支付的应付账款，应贷记（　　）账户。

A. “资本公积”　B. “实收资本”　C. “应付账款”　D. “营业外收入”

判断题 1. (2 分，难度系数 0.9)

营业外收入就是营业活动以外取得的收入，包括偶然的意外收入和投资者的资本投入。（　）

判断题 2. (2 分，难度系数 0.75)

企业出售固定资产的净收入、接受捐赠收入、资产盘盈收入应当计入营业外收入。（　）

3.7.1.2　营业外支出的核算

多选题 1. (2 分，难度系数 0.75)

营业外支出是企业发生的与其日常活动没有直接关系的各项损失，主要包括（　）。

A. 非流动资产处置损失　B. 公益性捐赠支出

C. 非常损失　D. 盘亏损失

判断题 1. (2 分，难度系数 0.9)

营业外支出就是生产经营活动以外的支出，如企业工会组织的文体活动支出。（　）

分录题 1. (3 分，难度系数 0.75)

企业盘亏一台手提电脑，原值 5 000 元，已提折旧 4 200 元，当即经领导批示做企业损失处理。

3.7.1.3　利润的概念

多选题 1. (2 分，难度系数 0.9)

利润是企业在一定会计期间的经营成果，包括（　）。

A. 营业利润　B. 利润总额　C. 净利润　D. 投资利润

判断题 1. (2 分，难度系数 0.9)

利润是企业在一定会计期间的收入减去费用后所得的经营成果，反映企业的收益或亏损，所以“本年利润”属于损益类账户。（　）

判断题 2. (2 分，难度系数 0.9)

“本年利润”账户的贷方余额反映企业的盈利，反之，“本年利润”账户的借方余额则反映企业存在的亏损。（　）

3.7.1.4　利润的构成

单选题 1.（2 分，难度系数 0.75）

下列不影响一般纳税人利润的项目是（　　）。

A. 主营业务收入　B. 期间费用　C. 消费税　D. 增值税

多选题 1.（2 分，难度系数 0.9）

利润是由以下（　　）三部分构成的。

A. 主营业务利润　B. 营业利润　C. 利润总额　D. 净利润

判断题 1.（2 分，难度系数 0.9）

"本年利润"账户反映企业盈利或者亏损的数额，所以，该账户属于损益类账户，而不是所有者权益账户。（　　）

判断题 2.（2 分，难度系数 0.75）

企业向国家缴纳的增值税越多，企业自身所得的利润就会越少。（　　）

3.7.1.5　利润公式的计算

多选题 1.（2 分，难度系数 0.75）

下列影响企业营业利润的项目有（　　）。

A. 主营业务收入　B. 其他业务成本

C. 税金及附加　D. 投资收益

判断题 1.（2 分，难度系数 0.75）

营业利润就是企业营业活动取得的利润，所以，企业对外投资所获得的收益不构成营业利润。（　　）

判断题 2.（2 分，难度系数 0.75）

营业外收入和营业外支出都不影响企业的营业利润，但影响利润总额。（　　）

3.7.1.6　损益类账户结转的核算

单选题 1.（3 分，难度系数 0.9）

下列账户中，期末需要直接结转到"本年利润"账户的是（　　）。

A. "生产成本"　B. "制造费用"　C. "应交税费"　D. "销售费用"

多选题 1.（3 分，难度系数 0.9）

期末将损益类账户结转到本年利润后，月末无余额的账户有（　　）。

A. 主营业务收入　B. 其他业务收入　C. 投资收益　D. 营业外收入

判断题 1.（2 分，难度系数 0.9）

月末结转时，应将各收入类账户从其借方转到本年利润账户的贷方，即，借记有关收入账户，贷记本年利润账户。（　　）

判断题 2.（2 分，难度系数 0.9）

期末将各项费用支出账户的余额结转到“本年利润”后，各费用支出账户无余额。（　　）

分录题 1.（3 分，难度系数 0.75）

本月共实现主营业务收入 100 000 元，其他业务收入 20 000 元，营业外收入 400 元，投资收益 8 000 元，试将上述账户的金额结转到本年利润账户。

分录题 2.（3 分，难度系数 0.9）

期末，将费用账户余额结转“本年利润”账户。主营业务成本 115 000 元，其他业务成本 80 000 元，税金及附加 1 000 元，管理费用 76 000 元，销售费用 34 000 元，财务费用 1 200 元，营业外支出 800 元。

【要求】根据上述经济业务编制会计分录。

3.7.2　所得税计算及其业务核算

3.7.2.1　应交所得税的计算

判断题 1.（2 分，难度系数 0.75）

小企业当月“应交所得税”账户和当月“所得税费用”账户的发生额相等。（　　）

计算题 1.（2 分，难度系数 0.9）

12 月 31 日，根据 12 月份的利润总额 308 000 元，所得税率 25%，试计算公司当月应交所得税额。

计算题 2. （2 分，难度系数 0.6）

企业本月利润总额为 308 000 万元，其中：本月国库券投资收益 4 000 元，本月税收滞纳金、罚款支出 16 000 元，所得税率 25%，试计算本月应交所得税额。

3.7.2.2　计提所得税费用的核算

判断题 1. （2 分，难度系数 0.9）

计提所得税费用就是指计算、提取并向国家上交所得税款。　（　）

判断题 2. （2 分，难度系数 0.75）

“所得税费用”账户属于损益类账户，借方登记企业当期应负担的所得税费用，贷方登记期末结转到“本年利润”账户的余额，结转后该账户无余额。　（　）

分录题 1. （3 分，难度系数 0.75）

企业根据本月利润总额计算并提取应交所得税额为 80 000 元。

3.7.2.3　结转所得税费用的核算

判断题 1. （2 分，难度系数 0.9）

月末结转所得税费用时，应当借记“所得税费用”，贷记“本年利润”。　（　）

判断题 2. （2 分，难度系数 0.9）

企业上交所得税款时，一般应借记“应交税费——应交所得税”，贷记“银行存款”。　（　）

分录题 1. （3 分，难度系数 0.75）

月末结转本月所得税费用 77 000 元。

3.7.3　利润分配及其业务核算

3.7.3.1　利润分配的顺序

单选题 1. （2 分，难度系数 0.9）

利润分配的顺序首先应当（　　）。

A. 弥补以前年度亏损　　B. 提取法定盈余公积
C. 提取任意盈余公积　　D. 向职工支付福利

多选题 1. (2 分，难度系数 0.9)

下列属于利润分配内容的有（　　）。

A. 弥补以前年度亏损　　B. 提取法定盈余公积
C. 提取任意盈余公积　　D. 向投资者分红

判断题 1. (2 分，难度系数 0.75)

企业发生的经营性亏损，无论是 5 年以内还是 5 年以前的亏损，都可以用税前利润弥补。（　　）

3.7.3.2　年末结转本年利润的核算

单选题 1. (2 分，难度系数 0.9)

年末结转本年利润后，“本年利润”账户年末（　　）。

A. 有余额　　B. 无余额　　C. 有借方余额　　D. 有贷方余额

判断题 1. (2 分，难度系数 0.9)

1. 年末结转本年利润，不论当年盈利还是亏损，都应当借记“本年利润”账户，贷记“利润分配”账户。（　　）

分录题 1. (3 分，难度系数 0.75)

年末将企业实现的全年净利润 567 800 元，结转到利润分配账户。

3.7.3.3　计提法定盈余公积的核算

判断题 1. (2 分，难度系数 0.75)

“盈余公积”和“利润分配”虽然都属于所有者权益类账户，但是，提取盈余公积时，应借记“利润分配”，贷记“盈余公积”账户，即提取盈余公积属于所有者权益内部一增一减业务。（　　）

计算题 1. (2 分，难度系数 0.9)

企业本年实现净利润 567 800 元，按照 10% 计提法定盈余公积金。

计算题 2. （2 分，难度系数 0.9）

企业本年实现净利润 567 800 元，按照 5% 计提任意盈余公积金。

分录题 1. （3 分，难度系数 0.75）

企业年末计提法定公积金 56 780 元，计提任意盈余公积金 28 390 元。

3.7.3.4 向投资者分配利润的核算

单选题 1. （2 分，难度系数 0.6）

利润分配账户的余额在贷方，一般表示（　　）。

A. 当年的净利润　　B. 当年的净亏损

C. 历年累计的未分配利润　　D. 历年累计未弥补的亏损

单选题 2. （2 分，难度系数 0.6）

年末“利润分配”账户的余额在借方，一般表示（　　）。

A. 当年的净利润　　B. 当年的净亏损

C. 历年累计的未分配利润　　D. 历年累计未弥补的亏损

分录题 1. （3 分，难度系数 0.75）

企业股东大会决定，向投资者分配利润 188 000 元。

分录题 2. （3 分，难度系数 0.75）

企业用银行存款向投资者支付利润 188 000 元。

☆第七节测试

一、单选题

单选题 1. （2 分，难度系数 0.75）

下列各选项中不包括在企业利润总额中的是（　　）。

A. 营业利润　　B. 营业外收入　　C. 投资收益　　D. 应收账款

单选题 2.（2 分，难度系数 0.75）

下列关于利润表的作用说法正确的是（　　）。

A. 可以反映企业的经营成果　　B. 可以反映企业的资产状况

C. 可以反映企业的负债状况　　D. 可以全面反映企业所有者权益

单选题 3.（2 分，难度系数 0.9）

企业年初未分配利润为 100 万元，本年实现的净利润为 200 万元，按 10% 和 5% 分别提取法定盈余公积和法定公益金，可供投资者分配的利润为（　　）万元。

A. 200　　B. 225　　C. 270　　D. 300

单选题 4.（2 分，难度系数 0.9）

与“本年利润”账户的贷方对应的账户是（　　）。

A. 管理费用　　B. 主营业务收入　　C. 应交税费　　D. 应付职工薪酬

单选题 5.（2 分，难度系数 0.75）

企业本年净利润为 700 万元。若按规定计提法定盈余公积，则本年应提取的法定盈余公积金为（　　）万元。

A. 70　　B. 175　　C. 35　　D. 105

单选题 6.（2 分，难度系数 0.9）

利润分配账户的余额在贷方，一般表示（　　）。

A. 当年的净利润　　B. 当年的净亏损

C. 历年累计的未分配利润　　D. 历年累计未弥补的亏损

单选题 7.（2 分，难度系数 0.9）

年末“利润分配”账户的余额在借方，一般表示（　　）。

A. 当年的净利润　　B. 当年的净亏损

C. 历年累计的未分配利润　　D. 历年累计未弥补的亏损

单选题 8.（2 分，难度系数 0.9）

年末结转本年利润后，“本年利润”账户年末（　　）。

A. 有余额　　B. 无余额　　C. 有借方余额　　D. 有贷方余额

二、多选题

多选题 1.（3 分，难度系数 0.75）

财务成果的计算和处理一般包括（　　）。

A. 收入的确认　　B. 费用的计算和分配

C. 所得税的计算和缴纳　　D. 利润的分配或亏损的弥补

多选题 2.（3 分，难度系数 0.9）

按照我国《企业会计准则》的规定，我国企业的利润表可以反映企业的（　　）等项目。

A. 净利润　　B. 营业利润　　C. 利润总额　　D. 资产总额

多选题 3. （3 分，难度系数 0.9）

下列各项，影响企业利润总额的有（　　）。

A. 投资收益　　B. 财务费用　　C. 所得税费用　　D. 营业外收入

多选题 4. （2 分，难度系数 0.9）

下列属于利润分配内容的有（　　）。

A. 弥补以前年度亏损　　B. 提取法定盈余公积

C. 提取任意盈余公积　　D. 向投资者分红

多选题 5. （2 分，难度系数 0.9）

期末将损益类账户结转到本年利润后，月末无余额的账户有（　　）。

A. 主营业务收入　B. 其他业务收入　C. 投资收益　　D. 营业外收入

三、判断题

判断题 1. （2 分，难度系数 0.9）

企业应设置"利润分配"账户，其贷方登记企业已分配的利润数额。（　　）

判断题 2. （2 分，难度系数 0.75）

盈余公积是从销售收入中提取的公积金。（　　）

判断题 3. （2 分，难度系数 0.75）

"本年利润"账户属于损益类账户。（　　）

判断题 4. （2 分，难度系数 0.9）

利润分配账户期末贷方余额表示当年取得的盈利。（　　）

判断题 5. （2 分，难度系数 0.9）

利润分配账户期末借方余额表示历年累计未弥补的亏损。（　　）

判断题 6. （2 分，难度系数 0.9）

年末结转本年利润，不论当年盈利还是亏损，都应当借记"本年利润"账户，贷记"利润分配"账户。（　　）

四、综合题

综合题 1. （6 分，难度系数 0.6）

长江公司发生下列经济业务：

（1）公司 12 月份共实现主营业务收入 80 万元，其他业务收入 40 万元，营业外收入 800 元，投资收益 1.6 万元，试将上述账户的金额结转到本年利润账户。

（2）月末，将费用账户余额结转"本年利润"账户。主营业务成本 23 万元，其他业务成本 16 万元，税金及附加 2 000 元，管理费用 15.2 万元，销售费用 6.8 万元，财务费用 2 400 元，营业外支出 1 600 元。

（3）12 月 31 日，根据 12 月份的利润总额 240 800 元，所得税率 25%，计提所得税费用并结转所得税费用账户。

【要求】试编制上述业务的会计分录。

综合题 2.（8 分，难度系数 0.6）

长江公司发生下列经济业务：

（1）年末将企业实现的全年净利润 2 567 800 元，结转到利润分配账户。

（2）企业本年实现净利润 2 567 800 元，按照 10% 计提法定盈余公积金。

（3）企业本年实现净利润 2 567 800 元，按照 5% 计提任意盈余公积金。

（4）企业股东大会决定，向投资者分配利润 388 000 元。

【要求】试编制上述业务的会计分录。

综合题 3.（30 分，难度系数 0.6）

企业资料：神马纸业公司属于小型制造业企业，采购原材料纸张等，生产加工“神马”牌工艺品对外销售。该公司是一般纳税人。

企业资金运动过程如下图所示：

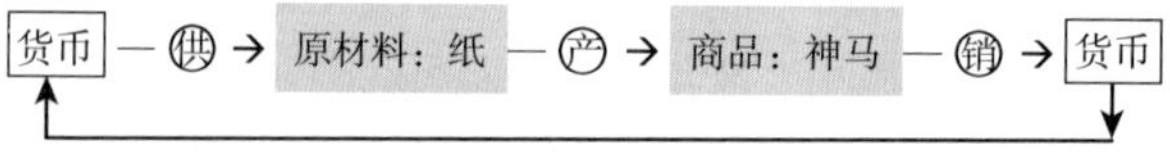

会计期间：2018 年 11 月。

【要求】根据神马纸业公司业务编制会计分录，登记相关 T 型账，编制试算平衡表。

（1）供应过程主要业务的核算。

1 日，采购纸张一批，买价 1 000 元，增值税 160 元，共计 1 160 元，已验收入库，全部款项通过银行转账支付。

2 日，采购纸张一批，买价 2 000 元，增值税 320 元，共计 2 320 元，纸张在运输途中尚未到货，全部款项通过网银转账付清。

3 日，2 日采购纸张全部运到，验收入库。

4 日，从神龙公司赊购纸张一批，到货验收入库。买价 3 000 元，增值税 480 元，共计 3 480 元，未支付货款。

5 日，通过网银支付 4 日赊购神龙公司纸张款项 3 480 元。

（2）商品生产过程业务的核算。

6 日，车间领用原材料纸张，用于生产制造“神马”牌工艺品材料成本 4 000 元，一般消耗材料成本 500 元。

7 日，从银行提现 18 000 元备发工资。

8 日，发放现金工资 18 000 元。

9 日，计算和分配工资。生产部工人工资 6 000 元，生产部车间管理人员工资 3 000 元，管理部人员工资 4 000 元，销售部人员工资 5 000 元。

10 日，计提本月固定资产折旧，生产部折旧费 2 000 元，管理部折旧费 1 000 元，销售部折旧费500元。

11日，汇总并分配本月制造费用。

第一步，先登记“制造费用”T型账，汇总全月制造费用。

第二步，编制分配制造费用分录，再登记制造费用T型账。

借	制造费用		贷
（6）	500		
（9）	3 000		
（10）	2 000		
		（11）	5 500
本期发生额：	5 500	本期发生额：	5 500
期末余额	0		

12日，本月生产的全部“神马”牌工艺品完工入库。

第一步，先登记生产成本T型账，汇总全月生产成本。生产成本账户无期初余额，本月全部产品完工入库，全月生产成本转入完工产品成本。

第二步，编制结转完工产品生产成本会计分录，再登记生产成本T型账。

借	生产成本		贷
（6）料	4 000		
（9）工	6 000		
（11）费	5 500		
		（12）	15 500
本期发生额：	15 500	本期发生额：	15 500
期末余额	0		

（3）商品销售业务的核算。

13日，销售“神马”牌工艺品一批，售价20万元，增值税3.2万元。通过银行转账收款 23.2 万元。钱货两清。

14 日，赊销给光明商场“神马”牌工艺品一批。售价 10 万元，增值税 1.6 万元。价税合计 11.6 万元。全部款项未收。

15 日，收到 14 日赊销给光明商场的货款 11.6 万元，转存银行。

16 日，本月全部已销售“神马”牌工艺品成本为 1.5 万元，结转已销售商品成本。

17 日，网银支付广告费等销售费用 7 000 元。

18 日，计提本月城市维护建设税 3 292.80 元，教育费附加 1 411.20 元。

（4）财务成果业务的核算。

19 日，业务员张大球外出推销“神马”牌工艺品，预支差旅费现金 2 000 元。

20 日，业务员张大球归来，报销差旅费 1 900 元，退回现金 100 元。

21 日，卖废报纸，收入现金 200 元。

22 日，现金支付罚款 600 元。

23 日，本月主营业务收入为 30 万元，营业外收入为 200 元，结转本月收入。

第一步，先登记损益类中主营业务收入、营业外收入科目 T 型账。查账知，全月主营业务收入为 30 万元，营业外收入为 200 元，如：

借		主营业务收入	贷
		(13)	200 000
		(14)	100 000
(23)	300 000		
本期发生额	300 000	本期发生额	300 000

第二步，编制结转全月收入到本年利润的会计分录。

24 日，结转全月成本营业税金费用支出。本月主营业务成本为 1.5 万元，税金及附加为 4 704 元，销售费用为 12 500 元，管理费用为 6 900 元，营业外支出为 600 元。

第一步，先登记损益类中主营业务成本、税金及附加、销售费用、管理费用、营业外支出等科目 T 型账。查账知，全月主营业务成本为 15 000 元，税金及附加为 4 704 元，销售费用为 12 500 元，管理费用为 6 900 元，营业外支出为 600 元，如：

借		管理费用	贷
(9)	4 000		
(10)	1 000		
(20)	1 900		
		(24)	6 900
本期发生额：	6 900	本期发生额：	6 900

第二步，编制结转全月成本费用支出到本年利润的会计分录。

25 日，计算本月所得税费用为 65 124 元。

第一步，先计算本月所得税费用。利润总额为 260 496 元，企业所得税率为 25%。应交所得税为 65 124 元。

利润总额 = 300 200 − 39 704 = 260 496（元）

应交所得税 = 260 496 × 25% = 65 124（元）

第二步，编制计算所得税费用的会计分录。

26 日，结转本月所得税费用 65 124 元。

26 日，本公司净利润是多少？

（5）筹资业务。

27 日，从银行借款 3 万元，其中 3 个月期借款 1 万元，2 年期借款 2 万元。

28 日，归还上月短期借款本金 5 000 元。

29 日，接受投资，外单位投入银行存款 8 万元，机器设备 6 万元。

（6）编制试算平衡表。

发生额试算平衡表

2018 年 11 月 30 日

科目名称	本期发生额	
	借方	贷方
库存现金		
银行存款		
应收账款		
其他应收款		
在途物资		
原材料		
库存商品		
固定资产		
累计折旧		
短期借款		
应付账款		
应付职工薪酬		
应交税费		
长期借款		
实收资本		
本年利润		
生产成本		
制造费用		
主营业务收入		
营业外收入		
主营业务成本		
税金及附加		
销售费用		

续表

科目名称	本期发生额	
	借方	贷方
管理费用		
营业外支出		
所得税费用		
总账本期发生额合计		

练习中选用的 T 型账：

借	贷
本期发生额：	本期发生额：

借	贷
本期发生额：	本期发生额：

借	贷
本期发生额：	本期发生额：

借	贷
本期发生额：	本期发生额：

借	贷
本期发生额：	本期发生额：

借	贷
本期发生额：	本期发生额：

借	贷
本期发生额：	本期发生额：

借	贷
本期发生额：	本期发生额：

借	贷
本期发生额：	本期发生额：

借	贷
本期发生额：	本期发生额：

借	贷
本期发生额：	本期发生额：

借	贷
本期发生额：	本期发生额：

借	贷
本期发生额：	本期发生额：

借	贷
本期发生额：	本期发生额：

借	贷
本期发生额：	本期发生额：

借	贷
本期发生额：	本期发生额：

项目四　会计凭证

4.1　会计凭证概述

4.1.1　会计凭证的概念

单选题 1. （2 分，难度系数 0.9）
会计工作的起点和关键是（　　）。
A. 填制和审核会计凭证　　B. 编制会计分录
C. 登记会计账簿　　D. 编制会计报表

单选题 2. （2 分，难度系数 0.75）
下列各项中，不属于原始凭证的是（　　）。
A. 销货发票　　B. 借据　　C. 固定资产卡片　　D. 运费结算凭证

单选题 3. （2 分，难度系数 0.75）
下列不能作为会计核算的原始凭证的是（　　）。
A. 发货票　　B. 合同书　　C. 入库单　　D. 领料单

多选题 1. （3 分，难度系数 0.9）
会计凭证在会计核算中的作用有（　　）。
A. 记录经济业务，提供记账依据　　B. 明确经济责任，强化内部控制
C. 监督经济活动，控制经济运行　　D. 预测经济前景，提高经济效益

多选题 2. （3 分，难度系数 0.75）
关于会计凭证，以下说法中不正确的有（　　）。
A. 它是编制会计报表的直接依据
B. 有些会计凭证可以不用审核
C. 它用以记录交易、事项的发生或完成情况
D. 会计核算工作的起点是填制原始凭证

判断题 1. （2 分，难度系数 0.9）
会计凭证是记录经济业务、明确经济责任的书面证明，是登记账簿的依据。（　　）

知识点 4.1.2 会计凭证的种类

单选题 1. (2 分，难度系数 0.9)

将会计凭证分为原始凭证和记账凭证两大类的依据是（ ）。

A. 凭证的填制时间　　B. 凭证填制的程序和用途

C. 凭证填制的方法　　D. 凭证反映的经济内容

多选题 1. (3 分，难度系数 0.9)

以下属于原始凭证的有（ ）。

A. 轮船票　　B. 收料单　　C. 增值税专用发票　　D. 折旧计算表

判断题 1. (2 分，难度系数 0.9)

会计凭证按照填制的程序和用途不同，分为原始凭证和记账凭证两类。（ ）

4.2 原始凭证

知识点 4.2.1 原始凭证的概念

单选题 1. (2 分，难度系数 0.9)

原始凭证是在经济业务（ ）时取得或填制的。

A. 填制记账凭证　　B. 发生或完成

C. 登记明细账　　D. 编制原始凭证汇总表

单选题 2. (2 分，难度系数 0.9)

（ ）是在经济业务发生或完成时取得或填制的，用以记录或证明经济业务的发生或完成情况的书面证明。

A. 原始凭证　　B. 记账凭证

C. 收款凭证　　D. 付款凭证

多选题 1. (3 分，难度系数 0.9)

原始凭证作为会计凭证之一，其作用可以是（ ）。

A. 记录经济业务　　B. 明确经济责任

C. 作为登账的依据　　D. 作为编表的依据

判断题 1.（2 分，难度系数 0.9）
企业在与外单位发生的任何经济业务中，取得的各种书面证明都是原始凭证。
（　　）

判断题 2.（2 分，难度系数 0.9）
原始凭证是记录经济业务发生和完成情况的书面证明，也是登记账簿的唯一依据。
（　　）

知识点 4.2.2　原始凭证的种类

4.2.2.1　原始凭证按来源分类

单选题 1.（2 分，难度系数 0.75）
下列原始凭证中，不属于单位自制原始凭证的是（　　）。
A. 收料单　　B. 限额领料单
C. 购货合同　　D. 领料单

单选题 2.（2 分，难度系数 0.75）
在下列原始凭证中，属于外来原始凭证的是（　　）。
A. 增值税专用发票　　B. 工资计算表
C. 出库单　　D. 限额领料单

单选题 3.（2 分，难度系数 0.75）
下列不能作为会计核算的原始凭证的是（　　）。
A. 发货票　　B. 合同书　　C. 入库单　　D. 领料单

单选题 4.（2 分，难度系数 0.75）
下列各项中，属于外来原始凭证特征的是（　　）。
A. 一次凭证　　B. 汇总凭证
C. 累计凭证　　D. 原始凭证汇总表

单选题 5.（2 分，难度系数 0.75）
下列各项中，作为在一定时期内连续记录若干项同类经济业务的自制原始凭证的是（　　）。
A. 一次凭证　　B. 累计凭证
C. 汇总凭证　　D. 原始凭证汇总表

单选题 6.（2 分，难度系数 0.9）
出差人员预借差旅费应当填写借款单，下列表述中，正确的是（　　）。
A. 借款单是一种自制的原始凭证
B. 借款单是一种外来原始凭证
C. 借款单是一种付款凭证
D. 借款单是一种单式凭证

单选题 7.（2 分，难度系数 0.75）

下列关于仓库保管人员填制的收料单性质的描述中，正确的是（　　）。

A. 收料单是企业的外来原始凭证

B. 收料单是企业的自制原始凭证

C. 收料单是企业的汇总原始凭证

D. 收料单是企业的累计原始凭证

多选题 1.（3 分，难度系数 0.75）

下列凭证中，属于自制原始凭证的有（　　）。

A. 购进货物发票　　B. 差旅费报销单

C. 限额领料单　　D. 发出材料汇总表

多选题 2.（3 分，难度系数 0.75）

下列各项中，属于自制原始凭证按其填制手续不同所分类别的有（　　）。

A. 一次凭证　　B. 累计凭证　　C. 汇总凭证　　D. 多用途凭证

多选题 3.（3 分，难度系数 0.75）

下列关于外来原始凭证的说法中，正确的有（　　）。

A. 外来原始凭证是指在经济业务发生或完成时，从其他单位或个人直接或间接取得的原始凭证

B. 外来原始凭证都是一次凭证

C. 企业购买材料、商品时，从供货单位取得的发货票，就是外来原始凭证

D. 外来原始凭证是原始凭证的基本种类

判断题 1.（2 分，难度系数 0.9）

自制原始凭证是由企业财会部门自行填制的原始凭证。（　　）

判断题 2.（2 分，难度系数 0.9）

外来原始凭证是指企业财会部门从外部购入的原始凭证。（　　）

判断题 3.（2 分，难度系数 0.9）

企业每项经济业务的发生都必须从外部取得原始凭证。（　　）

判断题 4.（2 分，难度系数 0.9）

外来原始凭证都是一次凭证。（　　）

判断题 5.（2 分，难度系数 0.9）

自制原始凭证是企业内部经办业务的部门和人员填制的凭证。（　　）

判断题 6.（2 分，难度系数 0.75）

发票和收据均是外来原始凭证。（　　）

判断题 7.（2 分，难度系数 0.75）

发票、飞机票、火车票和银行收付款通知一样，都属于外来原始凭证。（　　）

4.2.2.2 原始凭证按填制手续分类

单选题 1. （2 分，难度系数 0.75）
下列关于发料凭证汇总表性质的描述中，正确的是（　　）。
A. 单项原始凭证　　B. 自制原始凭证
C. 外来原始凭证　　D. 累计原始凭证

单选题 2. （2 分，难度系数 0.75）
在一定期间内连续记录若干项同类经济业务的会计凭证是（　　）。
A. 原始凭证　　B. 累计凭证
C. 记账凭证　　D. 一次凭证

单选题 3. （2 分，难度系数 0.6）
下列各项中，属于一次凭证和累计凭证的主要区别是（　　）。
A. 一次凭证是通用凭证，累计凭证是专用凭证
B. 累计凭证是自制原始凭证，一次凭证是外来原始凭证
C. 累计凭证填制的手续是多次完成的，一次凭证填制的手续是一次完成的
D. 累计凭证是汇总凭证，一次凭证是单式凭证

单选题 4. （2 分，难度系数 0.6）
下列不属于汇总原始凭证的是（　　）。
A. 发料凭证汇总表　　B. 限额领料单
C. 差旅费报销单　　D. 工资结算汇总表

单选题 5. （2 分，难度系数 0.75）
“工资结算汇总表”是一种（　　）。
A. 一次凭证　　B. 累计凭证　　C. 汇总凭证　　D. 复式凭证

单选题 6. （2 分，难度系数 0.75）
下列关于限额领料单性质的描述中，正确的是（　　）。
A. 属于外来原始凭证　　B. 属于累计凭证
C. 属于一次凭证　　D. 属于汇总凭证

单选题 7. （2 分，难度系数 0.9）
下列关于原始凭证按照填制手续及内容不同所作分类的描述中，正确的是（　　）。
A. 分为外来原始凭证和自制原始凭证
B. 分为收款凭证、付款凭证和转账凭证
C. 分为一次凭证、累计凭证和汇总凭证
D. 分为通用凭证和专用凭证

单选题 8. （2 分，难度系数 0.75）
下列各项中，属于汇总原始凭证的是（　　）。
A. 科目汇总表　　B. 出库单

C. 限额领料单　　　　D. 工资结算汇总表

单选题 9.（2 分，难度系数 0.9）

按填制的手续及内容分类，下列对差旅费报销单性质的描述中，正确的是（　　）。

A. 一次凭证　　　　B. 累计凭证

C. 汇总凭证　　　　D. 专用凭证

多选题 1.（3 分，难度系数 0.9）

下列各项中，属于原始凭证按照填制手续及内容不同所分类别的有（　　）。

A. 一次凭证　　B. 多次凭证　　C. 累计凭证　　D. 汇总凭证

多选题 2.（3 分，难度系数 0.6）

下列关于一次凭证的说法中，正确的有（　　）。

A. 一次凭证是指只反映一项经济业务，或者同时反映若干项同类性质的经济业务

B. 一次凭证的填制手续是一次完成的会计凭证

C. 企业购进材料验收入库，由仓库保管员填制的“收料单”属于一次凭证

D. 工业企业常用的限额领料单是常见的一次凭证

多选题 3.（3 分，难度系数 0.6）

下列关于累计凭证的说法中，正确的有（　　）。

A. 累计凭证是指在一定期间内多次记录发生的同类型经济业务的原始凭证

B. 累计凭证的特点是在一张凭证内可以连续登记相同性质的经济业务，随时结出累计数和结余数，并按照费用限额进行费用控制，期末按实际发生额记账

C. 报销人员填制的、出纳人员据以付款的“报销凭单”属于累计凭证

D. 累计凭证是多次有效的原始凭证

多选题 4.（3 分，难度系数 0.6）

下列关于汇总凭证的说法中，正确的有（　　）。

A. 汇总凭证是指在会计核算工作中，为简化记账凭证的编制工作，将一定时期内反映同类经济业务、内容相同的若干张原始凭证按照一定标准综合填制的原始凭证

B. 汇总凭证可以用以集中反映某项经济业务总括发生情况

C. “发料凭证汇总表”属于汇总凭证

D. “库存现金收入汇总表”是汇总凭证的一种

多选题 5.（3 分，难度系数 0.9）

制造费用分配表属于（　　）。

A. 累计凭证　　　　B. 自制原始凭证

C. 一次凭证　　　　D. 外来原始凭证

多选题 6.（3 分，难度系数 0.75）

下列各项中，属于原始凭证汇总表的有（　　）。

A. 差旅费报销单　　　　B. 工资结算汇总表

C. 限额领料单　　D. 发料凭证汇总表

判断题 1.（2 分，难度系数 0.75）

领料汇总表属汇总原始凭证。（　　）

判断题 2.（2 分，难度系数 0.75）

自制原始凭证都是一次凭证，外来原始凭证绝大多数是一次凭证。（　　）

判断题 3.（2 分，难度系数 0.75）

采用累计原始凭证可以减少凭证的数量和记账的次数。（　　）

4.2.2.3　原始凭证按格式分类

单选题 1.（2 分，难度系数 0.9）

将原始凭证分为通用凭证和专用凭证的分类依据的是（　　）。

A. 来源　　B. 手续

C. 格式　　D. 内容

单选题 2.（2 分，难度系数 0.75）

下列各项中，属于通用凭证的是（　　）。

A. 收料单　　B. 折旧计算表

C. 增值税专用发票　　D. 差旅费报销单

单选题 3.（2 分，难度系数 0.75）

下列对税务部门统一印制的增值税专用发票的描述中，正确的是（　　）。

A. 属于通用原始凭证　　B. 属于专用凭证

C. 属于累计凭证　　D. 属于汇总原始凭证

多选题 1.（3 分，难度系数 0.9）

下列各项中，属于原始凭证按照格式不同所分类别的有（　　）。

A. 通用凭证　　B. 专用凭证

C. 记账凭证　　D. 汇总凭证

多选题 2.（3 分，难度系数 0.9）

下列关于原始凭证分类的表述中，正确的有（　　）。

A. 按取得的来源不同，可以分为自制原始凭证和外来原始凭证两类

B. 按格式的不同，可以分为自制原始凭证和外来原始凭证两类

C. 按格式的不同，可以分为通用凭证和专用凭证两类

D. 按取得来源的不同，可以分为通用凭证和专用凭证两类

知识点 4.2.3　原始凭证的基本内容

单选题 1.（2 分，难度系数 0.9）

以下各项中，不属于原始凭证基本内容的是（　　）。

A. 填制日期　　B. 经济业务内容

C. 接受单位名称　　D. 会计科目名称

单选题 2.（2 分，难度系数 0.9）

以下各项中，不属于原始凭证所必须具备的基本内容的是（　　）。

A. 凭证名称、填制日期和编号

B. 经济业务内容摘要

C. 对应的记账凭证号数

D. 填制、经办人员的签字、盖章

多选题 1.（3 分，难度系数 0.9）

以下各项中，属于原始凭证所必须具备的基本内容有（　　）。

A. 凭证名称、填制日期和编号

B. 经济业务内容摘要

C. 对应的记账凭证号数

D. 填制、经办人员的签字、盖章

多选题 2.（3 分，难度系数 0.9）

下列关于原始凭证的基本内容的说法中，正确的有（　　）。

A. 尽管各项经济业务的内容和经济管理的要求不同，但是各个原始凭证的名称、格式和内容一般是一样的

B. 所有的原始凭证必须明确经办单位和人员的经济责任

C. 所有的原始凭证必须详细载明有关经济业务的发生或完成情况

D. 各种原始凭证都应具备一些共同的基本内容

多选题 3.（3 分，难度系数 0.9）

各种原始凭证必须具备的基本内容包括（　　）。

A. 凭证名称、填制日期　　B. 接受原始凭证的单位名称

C. 经济业务内容　　D. 填制单位签章

多选题 4.（3 分，难度系数 0.75）

下列说法中，属于原始凭证的内容要求的有（　　）。

A. 支付款项的原始凭证，必须有收款单位和收款人的收款证明

B. 支付款项的原始凭证，可以仅以支付款项的有关凭证如银行汇款凭证等代替

C. 需要入库的实物，必须填写入库验收单，由实物保管人员验收后在入库单上如实填写实收数额，并加盖印章

D. 不需要入库的实物，除经办人员在凭证上签章外，必须交给实物保管人员或者使用人员进行验收后在凭证上签章

判断题 1. （2 分，难度系数 0.75）

为了反映不同的经济业务，原始凭证的基本内容各有不同。（　　）

判断题 2. （2 分，难度系数 0.6）

支付款项的原始凭证，可以用支付款项的有关凭证，如银行汇款凭证等代替收款单位和收款人的收款证明。（　　）

判断题 3. （2 分，难度系数 0.6）

发生销货退回的，除填制退货发票外，还必须有退货验收证明；退款时，必须取得对方的收款收据或者汇款银行的凭证，不得以退货发票代替收据。（　　）

判断题 4. （2 分，难度系数 0.75）

职工出差预借款的借款凭证，在职工报销差旅费结清欠款后应退还会计部门。

（　　）

知识点 4.2.4　原始凭证的填制

单选题 1. （2 分，难度系数 0.9）

下列各项中，不符合原始凭证基本要求的是（　　）。

A. 从个人取得的原始凭证，必须有填制人员的签名盖章

B. 原始凭证不得涂改、刮擦、挖补

C. 上级批准的经济合同，应作为原始凭证

D. 大写和小写金额必须相等

单选题 2. （2 分，难度系数 0.75）

下列关于在原始凭证上书写阿拉伯数字的表述中，不正确的是（　　）。

A. 金额数字前书写货币币种符号

B. 币种符号与金额数字之间要留有空白

C. 币种符号与金额数字之间不得留有空白

D. 数字前写有币种符号的，数字后不再写货币单位

单选题 3. （2 分，难度系数 0.75）

出纳人员在办理收款或付款后，要在上加盖“收讫”或“付讫”戳记。在对该做法目的的表述中，正确的是（　　）。

A. 避免重收重付记账凭证　　B. 避免重收重付原始凭证

C. 避免重收重付收款凭证　　D. 避免重收重付付款凭证

多选题 1. （3 分，难度系数 0.75）

下列关于在原始凭证上数字书写要求的说法中，正确的有（　　）。

A. 以元为单位的数字金额一律写到角、分，无角、分的，角位和分位可写“0”，不得空格

B. 人民币符号或外币符号与阿拉伯数字之间不得留有空白
C. 大写金额到“元”或“角”为止的，后面应加“整”字
D. 大写金额到“角”或“分”为止的，后面都不加“整”字

多选题 2. （3 分，难度系数 0.75）

下列项目中，符合原始凭证填制要求的有（　　）。

A. 汉字大小写金额必须相符且填写规范字
B. 阿拉伯数字连笔书写
C. 阿拉伯数字前面的人民币符号写为“￥”
D. 大写金额有分的，分字后面不写“整”或“正”

多选题 3. （3 分，难度系数 0.75）

以下关于填制原始凭证的基本要求表述正确的有（　　）。

A. 业务经办人员必须在原始凭证上签名或盖章，对原始凭证的真实性和正确性负责
B. 单位自制的原始凭证必须有经办单位领导人或者其他指定人员签名盖章
C. 出纳人员在办理收款或付款后，应在有关原始凭证上加盖“收讫”的戳章，以避免重收重付
D. 要及时审核入账

多选题 4. （3 分，难度系数 0.9）

填制原始凭证要求做到（　　）。

A. 手续完备　　B. 内容完整
C. 记录真实　　D. 书写清楚、规范

多选题 5. （3 分，难度系数 0.75）

填制原始凭证时，符合书写要求的是（　　）。

A. 阿拉伯金额数字前面应当书写货币币种符号
B. 币种符号与阿拉伯金额数字之间不得留有空白
C. 大写金额有分的，分字后面要写“整”或“正”字
D. 汉字大写金额可以用简化字代替

多选题 6. （3 分，难度系数 0.9）

原始凭证的填制，除了记录真实、内容完整、手续完备等基本要求外，还要求做到（　　）。

A. 书写清楚规范　　B. 填制及时
C. 编号连续　　D. 不得涂改、刮擦、挖补

判断题 1. （2 分，难度系数 0.9）

会计凭证上填写的“人民币”字样或符号“￥”与汉字大写金额数字或阿拉伯金额数字之间应留有空白。（　　）

判断题 2. （2 分，难度系数 0.75）

自制原始凭证的填制，都应由会计人员填写，以保证原始凭证填制的正确性。（　　）

判断题 3.（2 分，难度系数 0.75）

从外单位取得的原始凭证应盖有填制单位的公章。（　　）

判断题 4.（2 分，难度系数 0.9）

从个人取得的原始凭证，必须有填制人员的签名盖章。（　　）

4.2.4.1　原始凭证的填制

实训题 1.（5 分，难度系数 0.75）——支票、收据、差旅费的填写

支票的填写

【资料】中联贸易公司 2018 年 6 月 5 日从江北日化公司购进商品，价款总计 280 532 元，当即签发转账支票支付货款。请你为中联贸易公司签发转账支票（见表 4 – 1）。（相关资料：中联贸易公司开户银行：中国建设银行桥口支行，账号：959871135。）

表 4 – 1

中国工商银行

转账支票存根

支票号码 3248121

科　　目＿＿＿＿＿＿

对方科目＿＿＿＿＿＿

签发日期：　　年　　月　　日

收款人：	
金　额：	
用　途：	
备　注：	

单位主管　　　　出纳

中国工商银行　转账支票　（鄂）　　NO：3248121

出票日期（大写）　　年　月　日　　　付款行名称：

收款人　　　　　　　　　　　　　出票人账号：

人民币（大写）	亿	千	百	十	万	千	百	十	元	角	分

本支票付款期限十天

用途＿＿＿＿＿＿　　科目（借）＿＿＿＿

上列款项请从　　　　对方科目（贷）＿＿＿＿

我账户内支付　　　　转账日期　　年　　月　　日

出票人签章　　　　　　　复核　　　　记账

实训题 2.（10 分，难度系数 0.75）

收据、差旅费的填写

【资料】2018 年 5 月 20 日，太原华丰机械制造有限公司经理刘民出差报销差旅费。（公司规定：出差期间市内交通费每天补贴 20 元，伙食补贴每天 40 元，且均按自然天数计算。住宿费按实际住宿天数计算，每天定额 150 元，以发票为据报销，超标准部分不予报销。坐普快者，除据实报销火车票外，另按普快票价的 60% 补助。）刘民原借支金额为 900 元。

【要求】继续完成差旅费报销单和收据的填写。

表 4－2

北京市服务业、娱乐业、文化体育业专用发票

发票代码：4801067　456　1

发票代码：0145648791

税务登记号：5789126258　　密码：

收款单位：　　信息码：245893007

付款单位：太原华丰机械制造有限公司　　开票日期　2018 年 5 月 15 日

经营项目	金额
住宿费（5. 13－14）	300. 00

金额合计（人民币大写）叁佰元整

机打票号：6852133272

税控装置防伪码：6203157852

第二联　发票联

收款单位（盖章有效）　　税控装置打印发票手写无效

表 4－3

1765662a　　太原　　○售

K601 次

太原 ——→ 北京

Taiyuan　　Beijing

2018 年 5 月 13 日　　07：58 开　　14 车 07 号

¥70. 00　　普快

限乘当日当次车

46258456823346

表 4－4

579221751a　　京 E　　○售

K602 次

北京 ——→ 太原

Beijing　　Taiyuan

2018 年 5 月 15 日　　06：30 开　　12 车 23 号

¥70. 00　　普快

限乘当日当次车

57921332017782

表 4－5

差旅费报销单

年　月　日　　　　　　　　NO：0127

部门：办公室

姓名			刘民		出差事由		业务洽谈会			
日期	出发地	到达地	市内交通补助		伙食补贴		车（船）票	车船票补助	住宿费	合计金额
			天数	金额	天数	金额				
5.13	太原	北京	1		1					
5.14	北京		1		1					
5.15	北京	太原	1		1					
合计										
报销金额合计人民币（大写）：							¥			
预借金额：							结余或超支：			

附单据3张

单位领导　刘明放　　会计主管　钱多多　　审核人　李舒　　报销人　刘民

表 4－6

收款收据

2018 年 5 月 20 日　　　　　　　　NO：10126

交款人（单位）								
摘要								
人民币（大写）		万	千	百	十	元	角	分
备注	原借支金额　　　　实际报销							

太原□手机制造有限公司 财务专用章　　现金收讫

单位盖章　　会计　李明　　出纳　周乐　　经手人　李明

4.2.4.2　原始凭证的填制

实训题 1.（5 分，难度系数 0.75）——发票、收料单、领料单的填写

发票的填写

【资料】高泰石油化工有限公司为增值税一般纳税人，2018 年 5 月 12 日公司向晋峰弘大有限公司销售机油 1 000 千克，单价 7.20 元，计货款 7 200 元，增值税为 1 224 元。

【要求】请以高泰公司名义为晋峰公司开出增值税专用发票一张。晋峰公司的相关资料如下：

开户银行：中国工商银行晋峰分行　　账号：128430045723

纳税人识别号：32764803478　　　　公司地址及电话：南内环街 6 号 27654311

表 4－7

山西省增值税专用发票

发票联

№875213440

开票日期：　　年　月　日

<table>
<tr><td rowspan="4">购货单位</td><td>名　　称：</td><td rowspan="4" colspan="2">密码区</td><td colspan="5" rowspan="4">124587478/ > + <1248 < - <　加密版本:01
* + - -457 - </148 < -22 -45　02645823
* -3 -65 >879458136845 <7 +0　14785412
9/92/279 > > - >98 > > <1　478131</td></tr>
<tr><td>纳税人识别号：</td></tr>
<tr><td>地 址、电 话：</td></tr>
<tr><td>开户行及账号：</td></tr>
<tr><td colspan="2">货物或应税劳务名称</td><td>规格型号</td><td>单位</td><td>数量</td><td>单价</td><td>金额</td><td>税率</td><td>税额</td></tr>
<tr><td colspan="2"></td><td></td><td></td><td></td><td></td><td></td><td></td><td></td></tr>
<tr><td colspan="2">合　计</td><td colspan="4"></td><td colspan="3">（小写）</td></tr>
<tr><td rowspan="4">销货单位</td><td>名　　称：高泰石油化工有限公司</td><td rowspan="4">备注</td><td colspan="6" rowspan="4"></td></tr>
<tr><td>纳税人识别号：12679214578</td></tr>
<tr><td>地 址、电 话：义井路 154 号</td></tr>
<tr><td>开户行及账号：农行义井分理处
1202012005841</td></tr>
</table>

第二联　发票联　购货方记账凭证

收款人：刘方　　　　复核：胡能才　　　　开票人：李玉

实训题 2.（5 分，难度系数 0.75）

收料单的填写

【资料】晋峰弘大有限公司为增值税一般纳税人，2018 年 5 月 12 日公司根据采购部门的收料通知单办理原材料收料业务，取得增值税专用发票，如上题，交料人罗秦，收料人王亮。合同注明的购料 1 000 千克，实际收料清点为 1 000 千克。

【要求】替收料人王亮填写一张收料单。

表 4－8　　　　**收　料　单**

供应单位：

发票号码：　　　　年　月　日　　　　编　　号：2014502

<table>
<tr><td rowspan="3">材料名称</td><td rowspan="3">规格</td><td rowspan="3">计量单位</td><td colspan="2">数量</td><td colspan="6">实际成本</td></tr>
<tr><td rowspan="2">应收</td><td rowspan="2">实收</td><td colspan="2">买价</td><td rowspan="2">运杂费</td><td rowspan="2">其他</td><td rowspan="2">合计</td><td rowspan="2">单位成本</td></tr>
<tr><td>单价</td><td>金额</td></tr>
<tr><td></td><td></td><td></td><td></td><td></td><td></td><td></td><td></td><td></td><td></td><td></td></tr>
<tr><td></td><td></td><td></td><td></td><td></td><td></td><td></td><td></td><td></td><td></td><td></td></tr>
<tr><td></td><td></td><td></td><td></td><td></td><td></td><td></td><td></td><td></td><td></td><td></td></tr>
<tr><td></td><td></td><td></td><td></td><td></td><td></td><td></td><td></td><td></td><td></td><td></td></tr>
<tr><td></td><td></td><td></td><td></td><td></td><td></td><td></td><td></td><td></td><td></td><td></td></tr>
<tr><td colspan="2">备注</td><td></td><td></td><td></td><td></td><td></td><td></td><td></td><td></td><td></td></tr>
</table>

收料人：　　　　交料人：

实训题 3.（5 分，难度系数 0.75）

领料单的填写

【资料】2018 年 6 月 10 日，福特机械厂基本生产车间为生产产品领用原材料一批，其中：规格为 40×2×4 000 的方钢管领用 300 根；规格为 ϕ10×4 000 圆钢领用 100 根。

【要求】请以仓库保管员孙中强的名义开出发料单一张。

表 4－9 **领　料　单**

材料科目：

领料部门：

用　　途：

材料类别：原料及主要材料

编　　号：07110102

材料编号	材料名称	规格	计量单位	数量		实际成本	
				请领	实发	单价	金额
备注							

记账：　　　　发料：　　　　领料部门：　　　　领料：

知识点 4.2.5　原始凭证的审核

单选题 1.（2 分，难度系数 0.75）

某公司会计人员在审核购货发票及材料入库单时发现，该批材料采购量过大。下列关于该原始凭证所反映的经济业务的说法中，正确的是（　　）。

A. 该原始凭证所反映的经济业务不合法

B. 该原始凭证所反映的经济业务不合理

C. 该原始凭证所反映的经济业务不完整

D. 该原始凭证所反映的经济业务不正确

单选题 2.（2 分，难度系数 0.75）

下列各项中，作为审核原始凭证所记录的经济业务是否符合企业生产经营活动的需要，是否符合有关的计划和预算的目的的是（　　）。

A. 合理性　　B. 合法性　　C. 真实性　　D. 完整性

单选题 3.（2 分，难度系数 0.75）

下列关于原始凭证金额错误的处理方法的表述中，正确的是（　　）。

A. 在原始凭证上更正　　B. 由出具单位更正并且加盖公章

C. 由经办人更正　　D. 由出具单位重开，不得在原始凭证上更正

单选题 4. （2 分，难度系数 0.75）

下列关于在审核原始凭证时，对于内容不完整、填制有错误或手续不完备的原始凭证的处理方法的表述中，正确的是（　　）。

A. 拒绝办理，并向本单位负责人报告　B. 予以抵制，对经办人员进行批评

C. 由会计人员重新填制或予以更正　D. 予以退回，要求补办手续、更正

单选题 5. （2 分，难度系数 0.75）

下列各项中，构成会计人员不予受理原始凭证，并上报领导的原因的是（　　）。

A. 原始凭证不真实、不合法　B. 原始凭证内容不完整

C. 原始凭证计算有差错　D. 原始凭证填写不规范

多选题 1. （3 分，难度系数 0.75）

下列关于填制原始凭证时内容完整性的表述中，正确的有（　　）。

A. 年、月、日要按照填制原始凭证的实际日期填写

B. 名称要齐全，不能简化

C. 品名或用途要填写明确

D. 有关人员的签章必须齐全

多选题 2. （3 分，难度系数 0.75）

下列各项中，符合原始凭证填列时对手续完备性的要求的有（　　）。

A. 单位自制的原始凭证必须有经办单位领导人或者其他指定人员的签名盖章

B. 对外开出的原始凭证必须加盖本单位公章

C. 从外部取得的原始凭证，必须加盖有填制单位的公章

D. 从个人取得的原始凭证，必须有填制人员的签名盖章

多选题 3. （3 分，难度系数 0.6）

下列各项中，属于原始凭证填写有误时应当注意的事项的有（　　）。

A. 原始凭证有错误的，应当由出具单位重开或更正

B. 更正处应当加盖或出具单位印章

C. 原始凭证金额有误的，应当由出具单位重开

D. 原始凭证金额有误的，应当在原始凭证上更正

多选题 4. （3 分，难度系数 0.9）

下列各项中，属于原始凭证的审核内容的有（　　）。

A. 真实性　B. 合法性、合理性

C. 正确性　D. 完整性

多选题 5. （3 分，难度系数 0.9）

下列各项中，属于原始凭证真实性的审核内容的有（　　）。

A. 原始凭证日期、业务内容、数据是否真实

B. 外来原始凭证，必须有填制单位公章和填制人员签章

C. 自制原始凭证，必须有经办部门和经办人员的签章

D. 所记录的经济业务中是否有违反国家法律法规问题

多选题6. （3分，难度系数0.75）

下列关于审核原始凭证做法的表述中，正确的有（　　）。

A. 对于真实、合理、合法，但内容不完整的，应退回由有关经办人员补办手续

B. 对于不真实、不合法的，会计人员应拒绝办理，并向负责人报告

C. 对于真实、合理、合法，但填写金额有错误的，应退回要求原单位重开

D. 对于真实、合理、合法，但填写金额有错误的，应退回由原单位更正并盖章

多选题7. （3分，难度系数0.75）

下列各项中，属于审核原始凭证时应当注意的事项的有（　　）。

A. 从外单位取得的原始凭证，必须盖有填制单位的公章

B. 自制的原始凭证，必须有经办部门和经办人员的签名或者盖章

C. 经济业务应当符合国家有关政策、法规、制度的规定

D. 原始凭证所记录经济业务应当符合会计主体经济活动的需要

判断题1. （2分，难度系数0.75）

从外单位取得的原始凭证遗失时，必须取得原签发单位盖有公章的证明，并注明原始凭证的号码、金额、内容等，由经办单位会计机构负责人、会计主管人员审核签章后，才能代作原始凭证。（　　）

判断题2. （2分，难度系数0.9）

有关部门应对原始凭证认真审核并签章，对凭证的真实性、合法性负责。（　　）

判断题3. （2分，难度系数0.9）

对于真实、合法、合理但内容不够完善、填写有错误的原始凭证，会计机构和会计人员不予以接受。（　　）

判断题4. （2分，难度系数0.75）

对于不真实、不合法的原始凭证会计人员有权不予受理，对记载不正确、不完整的原始凭证予以退回。（　　）

判断题5. （2分，难度系数0.75）

从外单位取得的原始凭证遗失时，应向原出具单位要求重新开具。（　　）

☆第一、二节测试

一、单选题

单选题1. （2分，难度系数0.75）

会计凭证按其（　　）不同，分为原始凭证和记账凭证。

A. 格式不同　　B. 填制手续和内容

C. 填制程序和时间　　D. 填制程序和用途

单选题 2. （2 分，难度系数 0.9）

下列会计凭证中，属于通用凭证的是（　　）。

A. 银行转账结算凭证　　B. 工资费用分配表

C. 产品入库单　　D. 折旧计算表

单选题 3. （2 分，难度系数 0.75）

下列各项中，属于原始凭证的是（　　）。

A. 入库单　　B. 生产计划　　C. 购销合同　　D. 银行对账单

单选题 4. （2 分，难度系数 0.9）

下列各项中，属于一次凭证的是（　　）。

A. 固定资产卡片　　B. 收料单

C. 限额领料单　　D. 发料凭证汇总表

单选题 5. （2 分，难度系数 0.75）

将原始凭证分为一次凭证、累计凭证、汇总凭证，其分类的依据是（　　）。

A. 按照来源不同　　B. 按照格式不同

C. 按照用途不同　　D. 按照填制手续及内容不同

单选题 6. （2 分，难度系数 0.9）

企业接受的原始凭证有错误，应采用的处理方法是（　　）。

A. 本单位代替出具单位进行更正

B. 退回出具单位，不予接受

C. 通过涂改、刮擦、挖补等办法进行更正

D. 由出具单位重开或更正

单选题 7. （2 分，难度系数 0.9）

下列关于在原始凭证上书写阿拉伯数字的表述中，不正确的是（　　）。

A. 金额数字前书写货币币种符号

B. 币种符号与金额数字之间要留有空白

C. 币种符号与金额数字之间不得留有空白

D. 数字前写有币种符号的，数字后不再写货币单位

单选题 8. （2 分，难度系数 0.75）

以下各项中，不属于原始凭证所必须具备的基本内容的是（　　）。

A. 凭证名称、填制日期和编号　　B. 经济业务内容摘要

C. 对应的记账凭证号数　　D. 填制、经办人员的签字、盖章

单选题 9. （2 分，难度系数 0.9）

下列各项中，属于汇总原始凭证的是（　　）。

A. 科目汇总表　　B. 出库单

C. 限额领料单　　D. 工资结算汇总表

单选题 10.（2 分，难度系数 0.75）

下列各项中，构成会计人员不予受理原始凭证，并上报领导的原因的是（　　）。

A. 原始凭证不真实、不合法　　B. 原始凭证内容不完整

C. 原始凭证计算有差错　　D. 原始凭证填写不规范

二、多选题

多选题 1.（3 分，难度系数 0.75）

下列各项中，关于原始凭证表述正确的有（　　）。

A. 凡是不能证明经济业务发生或完成情况的各种单据不能作为原始凭证

B. 累计凭证是指根据一定时期内若干相同的原始凭证汇总编制成的原始凭证

C. 差旅费报销单属于累计凭证

D. 银行转账结算凭证、发票属于通用原始凭证

多选题 2.（3 分，难度系数 0.9）

限额领料单属于（　　）。

A. 外来原始凭证　　B. 累计凭证

C. 自制原始凭证　　D. 汇总原始凭证

多选题 3.（3 分，难度系数 0.75）

在原始凭证上书写阿拉伯数字时，正确的有（　　）。

A. 所有以元为单位的，一律填写到角分

B. 无角分的，角位和分位可写“00”或者符号“—”

C. 有角无分的，分位应当写“0”

D. 有角无分的，分位也可以用符号“—”代替

多选题 4.（3 分，难度系数 0.75）

从外单位取得的原始凭证遗失时，应（　　）后代作原始凭证。

A. 取得原签发单位盖有公章的证明

B. 注明原始凭证的号码、金额、内容等

C. 由经办单位会计机构负责人、会计主管人员和单位负责人批准

D. 由本单位会计人员自行补办

多选题 5.（3 分，难度系数 0.9）

下列各项中，关于汇总凭证表述正确的有（　　）。

A. 汇总凭证是指在会计的实际工作日，为了简化记账凭证的填制工作，将一定时期记录同类经济业务的原始凭证汇总编制的一张汇总凭证

B. 发料凭证汇总表属于汇总凭证

C. 限额领料单属于汇总凭证

D. 汇总凭证可以将两类或两类以上的经济业务汇总在一起，填列在一张汇总原始凭证上

多选题 6. （3 分，难度系数 0.75）

原始凭证发生错误，正确的更正方法有（ ）。

A. 由出具单位重开或者更正

B. 由本单位的负责人代为更正

C. 金额发生错误，可由出具单位在原始凭证上更正

D. 金额发生错误，应当由出具单位重开

多选题 7. （3 分，难度系数 0.9）

下列凭证中，属于自制原始凭证的有（ ）。

A. 购进货物发票　　B. 差旅费报销单

C. 限额领料单　　D. 发出材料汇总表

多选题 8. （3 分，难度系数 0.75）

下列各项中，属于原始凭证按照填制手续及内容不同所分类别的有（ ）。

A. 一次凭证　　B. 多次凭证

C. 累计凭证　　D. 汇总凭证

多选题 9. （3 分，难度系数 0.75）

以下各项中，属于原始凭证所必须具备的基本内容有（ ）。

A. 凭证名称、填制日期和编号　　B. 经济业务内容摘要

C. 对应的记账凭证号数　　D. 填制、经办人员的签字、盖章

多选题 10. （3 分，难度系数 0.9）

下列各项中，属于原始凭证真实性的审核内容的有（ ）。

A. 原始凭证日期、业务内容、数据是否真实

B. 外来原始凭证，必须有填制单位公章和填制人员签章

C. 自制原始凭证，必须有经办部门和经办人员的签章

D. 所记录的经济业务中是否有违反国家法律法规问题

三、判断题

判断题 1. （2 分，难度系数 0.75）

原始凭证是记录经济业务发生和完成情况的书面证明，也是登记账簿的唯一依据。

（ ）

判断题 2. （2 分，难度系数 0.75）

业务员在开具发票时不小心将出票金额多写了一个零，发现后便将写错的发票撕毁重新开具了一张准确无误的发票。这种撕毁发票的做法是错误的。（ ）

判断题 3. （2 分，难度系数 0.9）

增值税专用发票属于外来、通用、一次性原始凭证。（ ）

判断题 4. （2 分，难度系数 0.9）

无论是原始凭证还是记账凭证都是记载经济业务的发生内容。（ ）

判断题 5.（2 分，难度系数 0.75）

汇总凭证应在每次经济业务完成后，由相关人员在同一张凭证上重复填制完成。（　　）

判断题 6.（2 分，难度系数 0.75）

在签发支票时，￥5 200.50 的汉字大写金额应写成“伍仟贰佰元伍角”。（　　）

判断题 7.（2 分，难度系数 0.9）

累计凭证的特点是在一张凭证内可以连厂续登记相同性质的经济业务，随时结出累计数及结余数，累计凭证是多次有效的原始凭证。（　　）

判断题 8.（2 分，难度系数 0.75）

自制原始凭证都是一次凭证，外来原始凭证绝大多数是一次凭证。（　　）

判断题 9.（2 分，难度系数 0.9）

发生销货退回的，除填制退货发票外，还必须有退货验收证明；退款时，必须取得对方的收款收据或者汇款银行的凭证，不得以退货发票代替收据。（　　）

判断题 10.（2 分，难度系数 0.75）

对于不真实、不合法的原始凭证会计人员有权不予受理，对记载不正确、不完整的原始凭证予以退回。（　　）

4.3　记账凭证

4.3.1　记账凭证的概念

单选题 1.（2 分，难度系数 0.9）

记账凭证是（　　）的依据。

A. 编制会计报表　　B. 经济业务活动

C. 登记会计账簿　　D. 填制原始凭证

单选题 2.（2 分，难度系数 0.9）

记账凭证中没有的项目是（　　）。

A. 填制日期　　B. 凭证的联次

C. 凭证的名称　　D. 凭证的编号

4.3.2　记账凭证的种类

4.3.2.1　记账凭证按适用范围分类

单选题 1.（2 分，难度系数 0.9）

某公司销售产品一批，部分货款收回存入银行，部分货款对方暂欠。下列各项中，属于该业务应填制的记账凭证的是（ ）。

A. 收款凭证和转账凭证 B. 付款凭证和转账凭证

C. 收款凭证和付款凭证 D. 两张转账凭证

单选题 2. （2 分，难度系数 0.9）

下列各项中，属于从银行提取库存现金或把库存现金存入银行的经济业务通常做法的是（ ）。

A. 只填制付款凭证，不填制收款凭证

B. 只填制收款凭证，不填制付款凭证

C. 既填制付款凭证，又填制收款凭证

D. 填制付款凭证或填制收款凭证

单选题 3. （2 分，难度系数 0.75）

下列各项中，需要编制银行存款收款凭证的是（ ）。

A. 以银行存款购入设备 B. 接受投资者投入一台设备

C. 从银行借入款项 D. 将资本公积转增资本

单选题 4. （2 分，难度系数 0.9）

记账凭证按其（ ）不同，通常分为收款凭证、付款凭证和转账凭证。

A. 适用范围 B. 反映的经济内容

C. 填制方式 D. 依据的原始凭证

单选题 5. （2 分，难度系数 0.9）

在实际工作中，规模小、业务简单的单位，可以使用一种统一格式的（ ）。

A. 转账凭证 B. 收款凭证 C. 付款凭证 D. 通用记账凭证

单选题 6. （2 分，难度系数 0.75）

一项经济业务需要连续编制多张记账凭证的，应（ ）。

A. 自制内容相同的多张原始凭证 B. 编制原始凭证分割单

C. 采用分数编号的方法 D. B 和 C 两种方法

单选题 7. （2 分，难度系数 0.9）

通用记账凭证的填制方法与（ ）的填制方法相同。

A. 原始凭证 B. 付款凭证 C. 收款凭证 D. 转账凭证

单选题 8. （2 分，难度系数 0.75）

记账凭证和原始凭证的共同点是（ ）。

A. 填制的人员相同 B. 填制的时间相同

C. 经济业务内容相同 D. 作用相同

多选题 1. （3 分，难度系数 0.75）

下列各项中，属于收款凭证记录内容的有（ ）。

A. 库存现金收入业务 B. 材料收入业务

C. 银行存款收入业务　　D. 收益增加业务

多选题 2. （3 分，难度系数 0.75）

下列经济业务中，应编制付款凭证的有（　　）。

A. 将库存现金 2 元存入银行　　B. 以银行存款上交所得税 48 元

C. 计提利息费用 62 元　　D. 从银行提取库存现金 35 元

多选题 3. （3 分，难度系数 0.75）

下列关于记账凭证分类的表述中，正确的有（　　）。

A. 按内容可分为收款凭证、付款凭证和转账凭证

B. 按填列方式可分为复式记账凭证和单式记账凭证两类

C. 按填列方式可分为收款凭证、付款凭证和转账凭证

D. 按适用范围可分为通用记账凭证和专用记账凭证两类

判断题 1. （2 分，难度系数 0.75）

库存现金存入银行时，为避免重复记账只编制银行存款收款凭证，不编制库存现金付款凭证。（　　）

判断题 2. （2 分，难度系数 0.75）

付款凭证是指为银行存款减少的业务而编制的记账凭证。（　　）

判断题 3. （2 分，难度系数 0.75）

收款凭证是依据库存现金业务所编制的记账凭证。（　　）

判断题 4. （2 分，难度系数 0.75）

收、付款凭证的日期应按照货币收、付的日期填写，转账凭证的日期应按照原始凭证记录的日期填写。（　　）

判断题 5. （2 分，难度系数 0.75）

通用记账凭证和专用记账凭证由于均用以记录经济业务，故二者的格式无差别。（　　）

判断题 6. （2 分，难度系数 0.75）

记账凭证根据复式记账法的基本原理，确定了应借、应贷的会计科目及其金额，将原始凭证中的数据转化为会计语言。因此，记账凭证是介于原始凭证与账簿之间的中间环节，是登记明细分类账户和总分类账户的依据。（　　）

判断题 7. （2 分，难度系数 0.75）

用于结账和更正错误的记账凭证可以不附原始凭证。（　　）

判断题 8. （2 分，难度系数 0.75）

记账凭证在编制时发生的错误，只要未登记账簿，就可以重新进行编制。（　　）

4.3.2.2　记账凭证按填制方式分类

多选题 1.（3 分，难度系数 0.75）

记账凭证按照填列方式不同，可以分为（　　）。

A. 专用记账凭证　　B. 通用记账凭证

C. 复式记账凭证　　D. 单式记账凭证

多选题 2.（3 分，难度系数 0.6）

下列关于复式凭证的说法中，正确的有（　　）。

A. 复式凭证又叫做多科目凭证

B. 复式凭证是指将每一笔经济业务事项所涉及的全部会计科目及其发生额均在同一张记账凭证中反映的一种凭证

C. 复式凭证可以集中反映账户的对应关系，便于了解经济业务的全貌

D. 复式凭证便于查账，同时可以减少填制记账凭证的工作量，减少记账凭证的数量

多选题 3.（3 分，难度系数 0.6）

下列关于单式凭证的说法中，正确的有（　　）。

A. 单式凭证又叫做单科目记账凭证，是指每一张记账凭证只填列经济业务事项所涉及的一个会计科目及其金额的记账凭证

B. 单式凭证每张记账凭证只填列一个会计科目，其对方科目只供参考，不据以记账

C. 单式凭证便于汇总计算每一个会计科目的发生额，便于分工记账

D. 单式凭证填制记账凭证的工作量小，出现差错容易查找

知识点 4.3.3　记账凭证的内容

单选题 1.（2 分，难度系数 0.75）

某单位财务部第 8 号记账凭证的会计事项需要填制 3 张记账凭证，下列编号中，正确的是（　　）。

A. 8，9，1　　B. 7，8，9

C. 8 1/3，8 2/3，8 3/3　　D. 1/3，2/3，2/3

单选题 2.（2 分，难度系数 0.75）

为了分清会计事项处理的先后顺序，便于记账凭证与会计账簿之间的核对，确保记账凭证的完整无缺，填制记账凭证时，应当（　　）。

A. 依据真实　　B. 日期正确　　C. 连续编号　　D. 简明扼要

多选题 1.（3 分，难度系数 0.9）

下列各项中，属于记账凭证的基本内容有（　　）。

A. 填制凭证的日期和凭证的编号　　B. 记账标记
C. 所附原始凭证的张数　　D. 制单、审核、会计主管等有关人员的签章

多选题 2. (3 分，难度系数 0.6)
根据同一原始凭证编制几张记账凭证，下列做法中，正确的是（　　）。
A. 编制原始凭证分割单
B. 采用分数编号的方法
C. 不必做任何说明
D. 在未附原始凭证的记账凭证上注明其原始凭证附在哪张记账凭证下

判断题 1. (2 分，难度系数 0.75)
记账凭证上的日期是经济业务发生的日期。（　　）
判断题 2. (2 分，难度系数 0.75)
所有的记账凭证都必须附有相关的原始凭证。（　　）
判断题 3. (2 分，难度系数 0.9)
记账凭证中必须列明会计科目名称、记账符号、记账金额等内容。（　　）

知识点 4.3.4　记账凭证的填制

通用记账凭证的填制
实训题 1. (5 分，难度系数 0.75)
业务 1. 根据表 4-10 原始凭证的填制实训 1 中“收据、差旅费”的资料，以会计李明的名义完成相关记账凭证的填制（见表 4-11）。

表 4-10 1/2　　**差旅费报销单**

部门：办公室　　2018 年 5 月 20 日　　NO：0127

姓名			刘民		出差事由		业务洽谈会			
日期	出发地	到达地	市内交通补助		伙食补贴		车（船）票	车船票补助	住宿费	合计金额
			天数	金额	天数	金额				
5.13	太原	北京	1	20.00	1	40.00	70.00	42.00	150.00	322.00
5.14	北京		1	20.00	1	40.00			150.00	210.00
5.15	北京	太原	1	20.00	1	40.00	70.00	42.00		172.00
合计										704.00
报销金额合计人民币（大写）：柒佰零肆元正										￥704.00
预借金额：￥900.00							结余或超支：￥196.00			

附单据 3 张

单位领导：刘明放　　会计主管：钱多多　　审核人：李舒　　报销人：刘民

表 4－10 2/2

收款收据

2018 年 5 月 20 日　　　　NO：10126

交款人（单位）	刘民							
摘要	因出外开会多余款退回							
人民币（大写）	佰玖拾陆元正	万	千	百	十	元	角	分
			¥	1	9	6	0	0
备注	原借支余额为¥900.00　　实际报销¥704.00							

单位盖章　　会计：李明　　出纳：秦明方　　经手人：李明

财务专用章　　现金收讫

表 4－11

记账凭证

年　月　日　　　　字第　　号

摘要	科目		借方余额											贷方余额											√
	总账科目	明细科目	亿	千	百	十	万	千	百	十	元	角	分	亿	千	百	十	万	千	百	十	元	角	分	
合计																									

附单据　　张

会计主管：　　记账：　　出纳：　　复核：　　制单：

实训题 2.（5 分，难度系数 0.75）

业务 2. 根据表 4－12 的原始凭证填制实训 2 中“领料单”的资料，以福特机械厂会计洪方名义填写相关记账凭证（见表 4－13），设方钢单价为 250 元，圆钢单价 180 元。

表 4－12

领料单

材料科目：原材料

领料部门：基本生产车间　　　　材料类别：原料及主要材料

用　　途：生产产品　　2018 年 6 月 10 日　　编　　号：07110102

材料编号	材料名称	规格	计量单位	数量		实际成本	
				请领	实发	单价	金额
	方钢	40×2×4 000	根	300	300		
	圆钢	ϕ10×4 000	根	100	100		
备注		为生产产品					

记账：　　发料：孙中强　　领料部门：基本生产车间　　领料：

表 4－13 记账凭证

年 月 日 字第 号

摘要	科目		借方余额											贷方余额											√
	总账科目	明细科目	亿	千	百	十	万	千	百	十	元	角	分	亿	千	百	十	万	千	百	十	元	角	分	
合计																									

附单据 张

会计主管： 记账： 出纳： 复核： 制单：

知识点 4.3.5 记账凭证的审核

单选题 1. （2 分，难度系数 0.75）

下列内容中，不属于记账凭证审核内容的是（ ）。

A. 凭证是否符合有关的计划和预算

B. 会计科目使用是否正确

C. 凭证的金额与所附原始凭证的金额是否一致

D. 凭证的内容与所附原始凭证的内容是否一致

多选题 1. （3 分，难度系数 0.9）

下列各项中，属于记账凭证基本内容的有（ ）。

A. 填制凭证的日期和凭证的编号

B. 会计科目的名称、记账方向和金额

C. 所附科目的名称、记账方向和金额

D. 制证、复核、会计主管等有关人员的签章

多选题 2. （3 分，难度系数 0.9）

下列各项中，属于记账凭证必须具备的基本内容的有（ ）。

A. 记账凭证的名称　　B. 记账凭证的日期

C. 记账凭证的编号　　D. 经济业务事项的内容摘要

多选题 3. （3 分，难度系数 0.75）

记账凭证必须具备（ ）的签名或盖章。

A. 审核人员　　B. 会计主管人员

C. 记账人员　　D. 制证人员

多选题 4.（3 分，难度系数 0.6）

记账凭证审核的内容包括（　　）。

A. 会计分录的正确性

B. 记账凭证内容的完整性

C. 记账凭证的内容与原始凭证的一致性

D. 编写内容的重要性

判断题 1.（2 分，难度系数 0.9）

记账凭证是否附有原始凭证、所附原始凭证的张数是否齐全，是审核记账凭证的一项内容。（　　）

判断题 2.（2 分，难度系数 0.9）

记账凭证填制完成后，必须由专人进行审核，才能登记入账。（　　）

判断题 3.（2 分，难度系数 0.75）

记账前发现记账凭证填制错误，一律作废重新填写。（　　）

判断题 4.（2 分，难度系数 0.75）

对于审核无误的原始凭证，应及时编制记账凭证并据以登记入账。（　　）

判断题 5.（2 分，难度系数 0.9）

会计分录的编写是否正确是记账凭证审核的一项重要内容。（　　）

4.4　会计凭证的传递、装订和保管

4.4.1　会计凭证的传递

单选题 1.（2 分，难度系数 0.75）

会计凭证的传递，是指（　　）在单位内部有关部门及人员之间的传递程序。

A. 会计凭证的填制或取得时起至归档保管过程中

B. 会计凭证的填制到登记账簿止

C. 会计凭证审核后到归档止

D. 会计凭证的填制或取得到汇总登记账簿止

单选题 2.（2 分，难度系数 0.75）

制定科学的会计凭证传递程序时，不应考虑的是（　　）。

A. 会计凭证的传递流程

B. 会计凭证在每个传递环节上停留的时间

C. 会计凭证交接的验收制度

D. 会计凭证的整理、归类和装订成册

多选题 1. （3 分，难度系数 0.75）

下列关于会计凭证的传递的说法，正确的有（　　）。

A. 会计凭证的传递是指从会计凭证的取得或填制时起至归档保管过程中，在单位内部有关部门和人员之间的传送程序

B. 规定传递程序

C. 确定传递时间

D. 建立会计凭证交接的签收制度

判断题 1. （2 分，难度系数 0.9）

会计凭证传递是指从原始凭证的填制或取得起，到会计凭证归档保管止，在财会部门内部按规定的路线进行传递和处理的程序。（　　）

知识点 4.4.2　会计凭证的装订

多选题 1. （3 分，难度系数 0.75）

会计凭证封面应注明（　　）等事项。

A. 单位名称　　B. 单位负责人

C. 会计主管人员　　D. 凭证种类和张数

知识点 4.4.3　会计的保管

单选题 1. （2 分，难度系数 0.6）

甲企业 2006 年 9 月的会计凭证，按《会计档案管理办法》的规定，会计凭证的保管期满日应为（　　）。

A. 2016 年 9 月　　B. 2017 年 12 月　C. 2036 年 9 月　　D. 2037 年 12 月

单选题 2. （2 分，难度系数 0.75）

关于会计凭证的保管，下列说法不正确的是（　　）。

A. 会计凭证应定期装订成册，防止散失

B. 会计主管人员和保管人员应在封面上签章

C. 原始凭证不得外借，其他单位如有特殊原因确实需要使用时，经本单位负责人批准，可以复制

D. 经单位领导批准，会计凭证在保管期满前可以销毁

多选题 1. （3 分，难度系数 0.75）

其他单位因特殊原因需要使用本单位的原始凭证，正确的做法有（　　）。

A. 可以外借

B. 将外借的会计凭证拆封抽出

C. 不得外借，经本单位会计机构负责人或会计主管人员批准，可以复制

D. 将向外单位提供的凭证复印件在专设的登记簿上登记

判断题 1. （2 分，难度系数 0.75）

会计凭证的传递是指从会计凭证的取得或归档保管过程中，在会计部门传递。

（ ）

☆第三、四节测试

一、单选题

单选题 1. （2 分，难度系数 0.75）

企业开出现金支票提取库存现金，该业务应当编制（ ）。

A. 银行存款收款凭证　　B. 银行存款付款凭证

C. 库存现金收款凭证　　D. 库存现金付款凭证

单选题 2. （2 分，难度系数 0.9）

下列业务，应该填制银行存款收款凭证的是（ ）。

A. 出售材料一批，款未收

B. 将现金存入银行

C. 出租设备，收到一张转账支票

D. 报废一台电脑，出售残料收到现金

单选题 3. （2 分，难度系数 0.75）

某单位会计部门第 6 号记账凭证的会计账簿的编号为（ ）。

A. 8，9，10　　B. 7，8，9

C. 6 1/3，6 2/3，6 3/3　　D. 1/3，2/3，3/3

单选题 4. （2 分，难度系数 0.75）

某公司销售产品一批，部分货款收回存入银行，部分货款对方暂欠。下列各项中，属于该业务应填制的记账凭证是（ ）。

A. 收款凭证和转账凭证　　B. 付款凭证和转账凭证

C. 收款凭证和付款凭证　　D. 两张转账凭证

单选题 5. （2 分，难度系数 0.75）

在实际工作中，规模小、业务简单的单位，可以使用一种统一格式的（ ）。

A. 转账凭证　　B. 收款凭证　　C. 付款凭证　　D. 通用记账凭证

单选题 6. （2 分，难度系数 0.75）

记账凭证和原始凭证的共同点是（ ）。

A. 填制的人员相同　　B. 填制的时间相同

C. 经济业务内容相同　　D. 作用相同

单选题7.（2分，难度系数0.75）

会计凭证的传递，是指（　　）在单位内部有关部门及人员之间的传递程序。

A. 会计凭证的填制或取得时起至归档保管过程中

B. 会计凭证的填制到登记账簿止

C. 会计凭证审核后到归档止

D. 会计凭证的填制或取得到汇总登记账簿止

单选题8.（2分，难度系数0.9）

甲企业2006年9月的会计凭证，按《会计档案管理办法》的规定，会计凭证的保管期满日应为（　　）。

A. 2016年9月　　　　B. 2017年12月

C. 2036年9月　　　　D. 2037年12月

二、多选题

多选题1.（3分，难度系数0.75）

下列经济业务中，应编制转账凭证的有（　　）。

A. 开出转账支票支付前欠货款　　　　B. 结转已销售材料成本

C. 收到前欠货款存入银行　　　　D. 接受投资者以专利权投资

多选题2.（3分，难度系数0.9）

下列有关会计凭证的表述正确的有（　　）。

A. 记账凭证是会计人员根据审核无误的原始凭证，按照经济业务的内容加以归类，并据以确定会计分录后所填制的书面证明

B. 记账凭证，是将原始凭证中的一般数据转化为会计语言

C. 会计凭证，是介于原始凭证与账簿之间的中间环节，是登记账簿的依据

D. 记账凭证，是介于原始凭证与账簿之间的中间环节，是登记账簿的依据

多选题3.（3分，难度系数0.9）

关于会计凭证的保管说法错误的有（　　）。

A. 未设立档案机构的，应当在会计机构内部指定专人保管

B. 原始凭证经单位负责人批准可以外借

C. 会计凭证到期后不需监管可以销毁

D. 会计凭证的保管是指从会计凭证的取得或填制时起至归档保管过程中，在单位内部有关部门和人员之间的传送程序

多选题4.（3分，难度系数0.75）

记账凭证按照填列方式不同，可以分为（　　）。

A. 专用记账凭证　　　　B. 通用记账凭证

C. 复式记账凭证　　　　D. 单式记账凭证

多选题 5.（3 分，难度系数 0.75）

下列各项中，属于记账凭证的基本内容有（ ）。

A. 填制凭证的日期和凭证的编号

B. 记账标记

C. 所附原始凭证的张数

D. 制单、审核、会计主管等有关人员的签章

多选题 6.（3 分，难度系数 0.75）

记账凭证必须具备（ ）的签名或盖章。

A. 审核人员　　B. 会计主管人员

C. 记账人员　　D. 制证人员

多选题 7.（3 分，难度系数 0.9）

其他单位因特殊原因需要使用本单位的原始凭证，正确的做法是（ ）。

A. 可以外借

B. 将外借的会计凭证拆封抽出

C. 不得外借，经本单位会计机构负责人或会计主管人员批准，可以复制

D. 将向外单位提供的凭证复印件在专设的登记簿上登记

多选题 8.（3 分，难度系数 0.9）

下列经济业务中，应编制付款凭证的有（ ）。

A. 将库存现金 2 000 元存入银行　　B. 以银行存款上交所得税 6 800 元

C. 计提利息费用 240 元　　D. 从银行提取库存现金 1 000 元

多选题 9.（3 分，难度系数 0.9）

下列关于记账凭证分类的表述中，正确的有（ ）。

A. 按内容可分为收款凭证、付款凭证和转账凭证

B. 按填列方式可分为复式记账凭证和单式记账凭证两类

C. 按填列方式可分为收款凭证、付款凭证和转账凭证

D. 按适用范围可分为通用记账凭证和专用记账凭证两类

多选题 10.（3 分，难度系数 0.75）

会计凭证封面应注明（ ）等事项。

A. 单位名称　　B. 单位负责人

C. 会计主管人员　　D. 凭证种类和张数

三、判断题

判断题 1.（2 分，难度系数 0.9）

会计部门在依据会计凭证记账以后，应定期（每天、每旬或每月）对各种会计凭证进行分类整理，将各种记账凭证按照编号顺序，连同所附的原始凭证一起加具封面和封底，装订成册，并在装订线上加贴封签，由装订人员在装订线封签处签名或盖章。

（ ）

判断题 2. （2 分，难度系数 0.75）

复式记账凭证是将每一笔经济业务所涉及的全部科目及其发生额均在同一张记账凭证中反映的一种凭证。（　　）

判断题 3. （2 分，难度系数 0.75）

出纳人员可以兼管会计档案的保管工作。（　　）

判断题 4. （2 分，难度系数 0.75）

记账凭证是原始凭证的填制依据，原始凭证是编制财务报表的直接依据。（　　）

判断题 5. （2 分，难度系数 0.9）

库存现金存入银行时，为避免重复记账只编制银行存款收款凭证，不编制库存现金付款凭证。（　　）

判断题 6. （2 分，难度系数 0.9）

收、付款凭证的日期应按照货币收、付的日期填写，转账凭证的日期应按照原始凭证记录的日期填写。（　　）

判断题 7. （2 分，难度系数 0.75）

记账凭证在编制时发生的错误，只要未登记账簿，就可以重新进行编制。（　　）

判断题 8. （2 分，难度系数 0.75）

所有的记账凭证都必须附有相关的原始凭证。（　　）

判断题 9. （2 分，难度系数 0.75）

记账凭证填制完成后，必须由专人进行审核，才能登记入账。（　　）

判断题 10. （2 分，难度系数 0.9）

会计凭证传递是指从原始凭证的填制或取得起，到会计凭证归档保管止，在财会部门内部按规定的路线进行传递和处理的程序。（　　）

项目五　会计账簿

5.1　账簿登记规则

知识点 5.1.1　账簿的启用方法

5.1.1.1　账簿的基本内容

单选题 1.（2 分，难度系数 0.9）

下列账簿组成部分中，（　　）作为记录经济业务事项的载体。

A. 封面　　B. 扉页　　C. 账页　　D. 使用说明

单选题 2.（2 分，难度系数 0.9）

下列关于会计账簿的表述中，不正确的是（　　）。

A. 由一定格式的账页组成的

B. 以经过审核的原始凭证为依据，全面、系统、连续地记录各项经济业务的簿籍

C. 各单位应该按照国家统一的会计制度的规定和会计业务的需要设置会计账簿

D. 设置和登记账簿是连接会计凭证与会计报表的中间环节

多选题 1.（3 分，难度系数 0.9）

会计账簿的基本构成包括（　　）。

A. 封面　　B. 扉页

C. 账页　　D. 使用说明

多选题 2.（3 分，难度系数 0.9）

下列关于设置和登记账簿的作用表述中，正确的有（　　）。

A. 分类和汇总会计信息　　B. 编报和输出会计信息

C. 检查和校正会计信息　　D. 记载和储存会计信息

多选题 3.（3 分，难度系数 0.9）

以下（　　）是账页应包括的内容。

A. 摘要栏　　B. 账户名称

C. 总页次和分户页次

D. 记账凭证的种类和号数

判断题 1. (2 分，难度系数 0.9)

账页的基本内容包括账户的名称、日期栏、凭证种类和号数栏、摘要栏、金额栏、总页次和分户页次等。 ( )

判断题 2. (2 分，难度系数 0.9)

设置和登记账簿是编制财务报表的基础，是连接会计凭证和财务报表的中间环节。 ( )

判断题 3. (2 分，难度系数 0.9)

会计账簿是指由一定格式的账页组成的，以会计凭证为依据，全面、系统、连续地记录各项经济业务的簿籍。 ( )

5.1.1.2 启用账簿的具体规定

多选题 1. (3 分，难度系数 0.9)

在账簿记录工作中，红色数字表示 ( )。

A. 负数

B. 差额

C. 余额

D. 对蓝色数字的冲销

多选题 2. (3 分，难度系数 0.9)

在账务处理中可用红色墨水的情况有 ( )。

A. 冲销账簿错误记录

B. 登记减少数

C. 登记负数余额

D. 国家会计制度规定可以用红字登记的其他会计记录

多选题 3. (3 分，难度系数 0.9)

启用会计账簿时，在账簿扉页上应当附启用表，其内容包括 ( )。

A. 启用日期

B. 记账人员和会计机构负责人姓名

C. 记账人员和会计机构负责人名章

D. 单位公章

判断题 1. (2 分，难度系数 0.9)

每个单位都应设置备查账簿。 ( )

判断题 2. (2 分，难度系数 0.9)

各单位可以根据工作需要分别设置用于向财政税务等部门提供和供本单位管理需要的两套会计账簿。 ( )

知识点 5.1.2 账簿登记规则

单选题 1. (2 分,难度系数 0.9)

一般情况下,登账时应该采用( )书写。

A. 圆珠笔 B. 铅笔 C. 蓝黑墨水笔 D. 红色墨水笔

单选题 2. (2 分,难度系数 0.75)

登记账簿时,正确的做法是( )。

A. 文字或数字的书写必须占满格

B. 书写可以使用蓝黑墨水、圆珠笔或铅笔

C. 用红字冲销错误记录

D. 发生的空行,空页一定要补充书写

单选题 3. (2 分,难度系数 0.75)

登记账簿的依据是( )。

A. 经济业务 B. 会计凭证 C. 会计分录 D. 会计科目

判断题 1. (2 分,难度系数 0.9)

登记账簿时可以使用蓝黑或者碳素墨水笔书写,也可以使用圆珠笔,但不能使用铅笔。 ( )

判断题 2. (2 分,难度系数 0.9)

登记账簿时,发生的空行要用斜线注销,发生的空页则可以撕掉。 ( )

5.2 会计账簿的分类

知识点 5.2.1 账簿按用途分类

单选题 1. (2 分,难度系数 0.75)

将账簿划分为序时账簿、分类账簿和备查账簿的依据是( )。

A. 账簿的登记方式 B. 账簿的用途

C. 账簿的登记内容 D. 账簿的外表形式

单选题 2. (2 分,难度系数 0.9)

按照经济业务发生时间的先后顺序逐日逐笔进行登记的账簿是( )。

A. 序时账簿 B. 总分类账簿 C. 明细分类账簿 D. 备查账簿

单选题 3. (2 分,难度系数 0.9)

总分类账户与明细分类账户的区别在于( )。

A. 登记账簿的原始凭证不同 B. 登记账簿的记账凭证不同

C. 反映经济业务的内容不同　　D. 反映经济内容的详细程度不同

单选题 4. （2 分，难度系数 0.9）

不需要根据记账凭证登记的账簿是（　　）。

A. 总账类账　　B. 明细分类账　　C. 备查账　　D. 日记账

多选题 1. （3 分，难度系数 0.75）

下列各项中，不属于按照经济业务发生时间的先后顺序逐日、逐笔登记账簿的有（　　）。

A. 活页式账簿　　B. 分类账簿　　C. 备查账簿　　D. 序时账簿

多选题 2. （3 分，难度系数 0.9）

下列关于明细账对总账起作用的表述中，正确的有（　　）。

A. 补充　　B. 说明　　C. 统驭　　D. 控制

判断题 1. （2 分，难度系数 0.9）

会计账簿按用途分类可分为序时账簿、分类账簿两种。（　　）

判断题 2. （2 分，难度系数 0.9）

租入固定资产一般视同自有资产管理，一般采用卡片账形式进行登记。（　　）

判断题 3. （2 分，难度系数 0.9）

备查账簿是指对某些在序时账簿和分类账簿中未能记载或记载不全的经济业务进行补充登记的账簿。（　　）

知识点 5.2.2　账簿按外表形式分类

单选题 1. （2 分，难度系数 0.9）

总账和序时账一般应采用（　　）。

A. 卡片式账簿　　B. 活页式账簿　　C. 订本式账簿　　D. 备查账簿

单选题 2. （2 分，难度系数 0.9）

账簿按（　　）不同，可分为订本账、活页账和卡片账。

A. 作用　　B. 账页格式　　C. 用途　　D. 外表形式

多选题 1. （3 分，难度系数 0.9）

账簿按外表形式不同，可分为（　　）。

A. 卡片式账簿　　B. 活页式账簿　　C. 订本式账簿　　D. 备查账簿

多选题 2. （3 分，难度系数 0.9）

下列账簿中不能采用卡片式账簿的有（　　）。

A. 固定资产明细账　　B. 现金日记账

C. 总分类账　　　　D. 明细分类账

多选题 3.（3 分，难度系数 0.9）

订本式账簿的主要优点有（　　）。

A. 避免账页散失　　　　B. 防止任意抽换账页

C. 防止记账错误　　　　D. 灵活安排分工记账

判断题 1.（2 分，难度系数 0.9）

银行存款日记账必须采用订本式账簿。（　　）

判断题 2.（2 分，难度系数 0.9）

订本式账簿具有可根据需要随时增加空白账页，便于会计人员分工记账的优点。（　　）

判断题 3.（2 分，难度系数 0.9）

将一定数量的账页置于活页夹内，可根据记账内容的变化而随时增加或减少部分账页的账簿称为卡片式账簿。（　　）

判断题 4.（2 分，难度系数 0.9）

将一定数量的账页置于活页夹内，可根据记账内容的变化而随时增加或减少部分账页的账簿称为活页式账簿。（　　）

知识点 5.2.3　账簿按账页格式分类

单选题 1.（2 分，难度系数 0.9）

管理费用明细账的格式一般是（　　）。

A. 三栏式　　B. 数量金额式　　C. 借方多栏式　　D. 贷方多栏式

单选题 2.（2 分，难度系数 0.75）

下列账户中，其明细分类账适合采用数量金额式格式的是（　　）。

A. 原材料　　B. 应收账款　　C. 应交税费　　D. 其他应收款

单选题 3.（2 分，难度系数 0.75）

“应付账款”明细账的格式一般采用（　　）。

A. 数量金额式　　B. 三栏式　　C. 订本式　　D. 多栏式

单选题 4.（2 分，难度系数 0.9）

多栏式明细账格式一般适用于（　　）。

A. 财产、物资类账户　　　　B. 债权债务类账户

C. 成本费用类账户　　　　D. 货币资金类账户

单选题 5.（2 分，难度系数 0.9）

下列各项中，属于账簿种类在账簿的借方和贷方按需要分设若干专栏的账簿的是（　　）。

A. 两栏式账簿　　　　B. 三栏式账簿

C. 多栏式账簿　　D. 数量金额式账簿

多选题 1. (3 分，难度系数 0.9)

下列适用多栏式明细账的有(　　)。

A. 生产成本　　B. 管理费用　　C. 原材料　　D. 制造费用

多选题 2. (3 分，难度系数 0.9)

下列关于“生产成本”“制造费用”明细分类账一般使用的账簿格式的表述中，不正确的有(　　)。

A. 三栏式账簿　　B. 多栏式账簿

C. 数量金额式账簿　　D. 订本式账簿

判断题 1. (2 分，难度系数 0.75)

在三栏式账户的余额栏前，如未印明余额方向的，在余额栏内用红字登记负数余额。(　　)

判断题 2. (2 分，难度系数 0.75)

生产成本、管理费用、应收账款明细账应采用多栏式账页。(　　)

判断题 3. (2 分，难度系数 0.75)

会计账簿按账页格式分类不包括横线登记式账簿。(　　)

判断题 4. (2 分，难度系数 0.75)

三栏式账簿是指具有日期、摘要、金额三个栏目格式的账簿。(　　)

☆第一、二节测试

一、单选题

单选题 1. (2 分，难度系数 0.9)

将账簿划分为序时账簿、分类账簿和备查账簿的依据是(　　)。

A. 账页的格式　　B. 用途　　C. 外形特征　　D. 作用

单选题 2. (2 分，难度系数 0.9)

能够序时反映企业某一类经济业务会计信息的账簿是(　　)。

A. 日记账　　B. 总分类账　　C. 明细分类账　　D. 备查账

单选题 3. (2 分，难度系数 0.9)

以下是按用途分类的账簿是(　　)。

A. 订本账　　B. 卡片账　　C. 活页账　　D. 备查账

单选题 4. (2 分，难度系数 0.9)

下列账簿采用订本式的是(　　)。

A. 银行存款日记账　　B. 固定资产明细账

C. 生产成本明细账　　D. 原材料明细账

单选题 5. （2 分，难度系数 0.75）

下列账簿中，不是依据记账凭证登记的是（　　）。

A. 订本账　　B. 卡片账　　C. 活页账　　D. 备查账

单选题 6. （2 分，难度系数 0.9）

分类账簿提供的核算信息是编制（　　）的主要依据。

A. 原始凭证　　B. 记账凭证　　C. 序时账　　D. 会计报表

单选题 7. （2 分，难度系数 0.9）

下列各项中，属于编制财务报表的基础、连接会计凭证和财务报表的中间环节的是（　　）。

A. 设置账户　　B. 登记账簿　　C. 成本计算　　D. 财产清查

单选题 8. （2 分，难度系数 0.75）

下列关于账簿分类的表述中，正确的是（　　）。

A. 账簿按用途的不同，可以分为序时账簿、分类账簿、备查账簿

B. 账簿按时间的不同，可以分为序时账簿、分类账簿、备查账簿

C. 按照外型特征的不同，账簿可以分为两栏式、三栏式、多栏式和数量金额式

D. 账簿按账页格式不同，分为订本账、活页账和卡片账

单选题 9. （2 分，难度系数 0.9）

（　　）是账户的具体存在形式和载体。

A. 会计分录　　B. 会计凭证　　C. 会计账页　　D. 财务报表

单选题 10. （2 分，难度系数 0.9）

以下不是按用途分类的账簿是（　　）。

A. 序时账簿　　B. 分类账簿　　C. 备查账簿　　D. 活页账簿

二、多选题

多选题 1. （3 分，难度系数 0.9）

会计账簿按经济用途的不同，可以分为（　　）。

A. 序时账簿　　B. 分类账簿　　C. 三栏式账簿　　D. 备查账簿

多选题 2. （3 分，难度系数 0.9）

账簿的基本内容包括（　　）。

A. 封面　　B. 封底　　C. 扉页　　D. 账页

多选题 3. （3 分，难度系数 0.9）

下列各项中，属于账簿按账页格式进行分类的有（　　）。

A. 三栏式账簿　　B. 多栏式账簿　　C. 横线登记式账簿　　D. 总分类账簿

多选题 4. （3 分，难度系数 0.75）

下列账簿中，通常采用三栏式账页格式的有（　　）。

A. 现金总账　　B. 现金日记账

C. 银行存款日记账　　D. 库存商品明细账

多选题 5.（3 分，难度系数 0.75）

下列关于会计账簿的表述中，正确的有（　　）。

A. 账簿的基本内容包括封面、扉页、账页、会计分录

B. 会计账簿是对全部经济业务事项按照会计要素的具体类别而设置的分类账户进行登记的账簿

C. 账簿只是一个外在形式，账户才是它的真实内容；账簿与账户的关系，是形式和内容的关系

D. 账簿序时、分类地记载经济业务，是在各个账户中完成的，没有账簿，账户就无法存在

多选题 6.（3 分，难度系数 0.75）

下列关于各种账簿形式优缺点的表述中，正确的有（　　）。

A. 订本账的优点是能避免账页散失和防止抽换账页

B. 订本账缺点是如果管理不善，可能会造成账页散失或故意抽换账页

C. 活页账的优点是记账时可以根据实际需要，随时将空白账页装入账簿，或抽取不需要的账页，可根据需要增减账页

D. 活页账的缺点是不能准确为各账户预留账页，不便于分工记账

多选题 7.（3 分，难度系数 0.75）

下列各种会计账簿中，应采用订本式账簿的有（　　）。

A. 银行存款总账　　B. 原材料明细账　　C. 现金日记账　　D. 销售费用总账

多选题 8.（3 分，难度系数 0.75）

我国大多数企业一般只设置日记账的有（　　）。

A. 银行存款日记账　　B. 现金日记账

C. 特种日记账　　D. 普通日记账

多选题 9.（3 分，难度系数 0.9）

按账页格式的不同，账簿可以分为（　　）。

A. 三栏式　　B. 多栏式　　C. 数量金额式　　D. 横线登记式

多选题 10.（3 分，难度系数 0.9）

下列账户的明细账，适用三栏式账页的有（　　）。

A. 生产成本　　B. 管理费用　　C. 应收账款　　D. 短期借款

三、判断题

判断题 1.（2 分，难度系数 0.75）

会计账簿能够反映资产、负债和所有者权益的结余情况。（　　）

判断题 2.（2 分，难度系数 0.75）

会计账簿是由所有账户组成的。（　　）

判断题 3.（2 分，难度系数 0.9）

账簿中的每一账页就是账户的存在形式和载体，没有账簿，账户就无法保存。（　　）

判断题 4.（2 分，难度系数 0.9）

序时账簿按其记录的时间顺序可分为普通日记账和特种日记账。（　　）

判断题 5.（2 分，难度系数 0.9）

活页式账簿便于账页的重新排列和记账人员的分工，账页不容易散失和被随意抽换。（　　）

判断题 6.（2 分，难度系数 0.75）

在我国，大多数企业一般只设库存现金日记账和银行存款日记账。（　　）

判断题 7.（2 分，难度系数 0.9）

总账对所属的明细账起统驭作用，明细账对总账进行补充和说明。（　　）

判断题 8.（2 分，难度系数 0.9）

采用订本式账簿在同一时间里可以由多人登账，便于会计人员分工协作开展记账。（　　）

判断题 9.（2 分，难度系数 0.9）

日记账按其所核算和监督经济业务的范围，可分为现金日记账和银行存款日记账。（　　）

判断题 10.（2 分，难度系数 0.75）

备查账簿与其他账簿之间存在严密的依存和勾稽关系。（　　）

5.3　登记账簿的方法

知识点 5.3.1　日记账的设置和登记

5.3.1.1　现金日记账的设置和登记方法

单选题 1.（2 分，难度系数 0.75）

现金日记账借方的登记依据可能是（　　）。

A. 转账凭证　　B. 银行存款收款凭证

C. 银行存款付款凭证　　D. 现金付款凭证

单选题 2.（2 分，难度系数 0.9）

日记账由（　　）逐日逐笔登记。

A. 会计人员　　B. 会计主管　　C. 财务总监　　D. 出纳人员

单选题 3.（2 分，难度系数 0.75）

下列关于库存现金日记账的格式与登记方法表述中，不正确的是（　　）。

A. 库存现金日记账必须使用订本账

B. 库存现金日记账的格式只有三栏式一种

C. 库存现金日记账是用来核算和监督库存现金日常收、付和结存情况的序时账簿

D. 库存现金日记账的格式主要有三栏式和多栏式两种

单选题 4. (2 分，难度系数 0.9)

下列各项中，不属于由出纳人员按业务发生时间的先后顺序逐日逐笔登记三栏式库存现金日记账的依据的是（　　）。

A. 库存现金收款凭证　　B. 库存现金付款凭证

C. 银行存款的收款凭证　　D. 银行存款的付款凭证

多选题 1. (3 分，难度系数 0.75)

下列关于库存现金日记账的格式与登记方法的表述中，正确的有（　　）。

A. 库存现金日记账必须使用订本账

B. 库存现金日记账是用来核算和监督库存现金日常收、付和结存情况的序时账簿

C. 库存现金日记账的格式主要有三栏式和多栏式两种

D. 库存现金日记账的格式只有三栏式一种

判断题 1. (2 分，难度系数 0.9)

现金日记账由出纳人员根据与现金收付有关的记账凭证，逐日逐笔进行登记。（　　）

判断题 2. (2 分，难度系数 0.9)

库存现金日记账必须使用活页账。（　　）

5.3.1.2　银行存款日记账的设置和登记方法

单选题 1. (2 分，难度系数 0.9)

银行存款日记账和现金日记账由（　　）登记。

A. 业务经办人员　　B. 出纳人员　　C. 会计人员　　D. 会计主管人员

单选题 2. (2 分，难度系数 0.9)

下列各账簿中，必须逐日逐笔登记的（　　）。

A. 业务经办人员　　B. 出纳人员　　C. 会计人员　　D. 会计主管人员

单选题 3. (2 分，难度系数 0.9)

下列关于银行存款日记账的表述中，不正确的是（　　）。

A. 银行存款日记账应按企业在银行开立的账户设置

B. 银行存款日记账应按企业在银行开立的币种设置

C. 每个银行账户设置一本日记账

D. 银行存款日记账由主管会计进行登记

多选题 1.（3 分，难度系数 0.75）

登记银行存款日记账借方栏的依据有（　　）。

A. 银行存款收款凭证　　B. 银行存款付款凭证

C. 现金收款凭证　　D. 现金付款凭证

判断题 1.（2 分，难度系数 0.9）

银行存款日记账应按企业在银行开立的账户和币种分别设置，每个银行账户设置一本日记账。（　　）

5.3.1.3　日记账的登记实训

实训题 1.（10 分，难度系数 0.6）

2018 年 6 月初湖北新化有限公司现金日记账月初余额为 4 000 元。根据背景单据（见表 5－1 至表 5－7）登记公司 6 月现金日记账（见表 5－8），并进行月结处理。

表 5－1　　付款凭证

贷方科目：银行存款　　2018 年 6 月 1 日　　付　字第　001　号

摘要	借方总账科目	明细科目	记账符号	金额 千	百	十	万	千	百	十	元	角	分
提现备用	库存现金							2	0	0	0	0	0
合计							¥	2	0	0	0	0	0

附单据 1 张

财务主管　　记账　　出纳　　审核　赵顺　　制单　刘莉莉

表 5－2　　付款凭证

贷方科目：库存现金　　2018 年 6 月 2 日　　付　字第　002　号

摘要	借方总账科目	明细科目	记账符号	金额 千	百	十	万	千	百	十	元	角	分
借支差旅费	其他应收款	方倩倩						1	0	0	0	0	0
合计							¥	1	0	0	0	0	0

附单据 1 张

财务主管　　记账　　出纳　　审核　赵顺　　制单　刘莉莉

表 5－3 付款凭证

贷方科目：库存现金　　2018 年 6 月 3 日　　付　字第　003　号

摘要	借方总账科目	明细科目	记账符号	金额									
				千	百	十	万	千	百	十	元	角	分
销售部门领取备用金	其他应收款	销售部						1	0	0	0	0	0
合计							¥	1	0	0	0	0	0

附单据 1 张

财务主管　　记账　　出纳　　审核　　制单

表 5－4 收款凭证

借方科目：库存现金　　2018 年 6 月 4 日　　收　字第　001　号

摘要	贷方总账科目	明细科目	记账符号	金额									
				千	百	十	万	千	百	十	元	角	分
出售废料收入	其他业务收入							1	0	0	0	0	0
	应交税费	应交增值税（销项税额）							1	6	0	0	0
合计							¥	1	1	6	0	0	0

附单据 2 张

财务主管　　记账　　出纳　　审核　赵顺　　制单　刘莉莉

表 5－5 付款凭证

贷方科目：库存现金　　2018 年 6 月 5 日　　付　字第　004　号

摘要	借方总账科目	明细科目	记账符号	金额									
				千	百	十	万	千	百	十	元	角	分
存入废料收入	银行存款							1	1	6	0	0	0
合计							¥	1	1	6	0	0	0

附单据 1 张

财务主管　　记账　　出纳　　审核　赵顺　　制单　刘莉莉

表 5－6

付款凭证

贷方科目：库存现金　　2018 年 6 月 13 日　　付　字第　005　号

摘要	借方总账科目	明细科目	记账符号	金额										
				千	百	十	万	千	百	十	元	角	分	
招待客户费用	管理费用	业务招待费							4	0	0	0	0	
														附单据2张
合计								¥	4	0	0	0	0	

财务主管　　记账　　出纳　　审核　赵顺　　制单　刘莉莉

表 5－7

付款凭证

贷方科目：库存现金　　2018 年 6 月 25 日　　付　字第　006　号

摘要	借方总账科目	明细科目	记账符号	金额										
				千	百	十	万	千	百	十	元	角	分	
支付车间维修费	管理费用								4	5	0	0	0	
														附单据1张
合计								¥	4	5	0	0	0	

财务主管　　记账　　出纳　　审核　赵顺　　制单　刘莉莉

表 5－8

现金日记账

年		记账凭证		对方科目	摘要	借方										贷方										√	余额									
月	日	字	号			千	百	十	万	千	百	十	元	角	分	千	百	十	万	千	百	十	元	角	分		千	百	十	万	千	百	十	元	角	分

实训题 2.（10 分，难度系数 0.6）

2018 年 6 月湖北远达有限公司银行日记账月初余额为 140 000 元。请根据背景单据（见表 5－9 至表 5－17）登记公司 6 月份的银行日记账（见表 5－18、表 5－19），并进行月结处理。

表 5－9

付款凭证

贷方科目：银行存款　　2018 年 6 月 1 日　　付　字第　001　号

摘要	借方总账科目	明细科目	记账符号	金额									
				千	百	十	万	千	百	十	元	角	分
提现备用	库存现金							2	0	0	0	0	0
合计							¥	2	0	0	0	0	0

附单据 1 张

财务主管　　记账　　出纳　　审核　黄娜　　制单　王亮

表 5－10

付款凭证

贷方科目：银行存款　　2018 年 6 月 1 日　　付　字第　002　号

摘要	借方总账科目	明细科目	记账符号	金额									
				千	百	十	万	千	百	十	元	角	分
支付购料款	原材料						1	0	0	0	0	0	0
	应交税费	应交增值税（进项税额）						1	6	0	0	0	0
合计						¥	1	1	6	0	0	0	0

附单据 3 张

财务主管　　记账　　出纳　　审核　黄娜　　制单　王亮

表 5－11

付款凭证

贷方科目：银行存款　　2018 年 6 月 2 日　　付　字第　003　号

摘要	借方总账科目	明细科目	记账符号	金额									
				千	百	十	万	千	百	十	元	角	分
支付购料款	原材料						2	0	0	0	0	0	0
	应交税费	应交增值税（进项税额）						3	2	0	0	0	0
合计						¥	2	3	2	0	0	0	0

附单据 3 张

财务主管　　记账　　出纳　　审核　黄娜　　制单　王亮

表 5－12

付款凭证

贷方科目：银行存款　　2018 年 6 月 2 日　　付　字第　004　号

摘要	借方总账科目	明细科目	记账符号	千	百	十	万	千	百	十	元	角	分
预付货款	预付账款	明大公司					1	0	0	0	0	0	0
合计						¥	1	0	0	0	0	0	0

附单据 1 张

财务主管　　记账　　出纳　　审核　黄娜　　制单　王亮

表 5－13

付款凭证

贷方科目：银行存款　　2018 年 6 月 3 日　　付　字第　005　号

摘要	借方总账科目	明细科目	记账符号	千	百	十	万	千	百	十	元	角	分
出售材料收入	其他业务收入						3	0	0	0	0	0	0
	应交税费	应交增值税（销项税额）						4	8	0	0	0	0
合计						¥	3	4	8	0	0	0	0

附单据 2 张

财务主管　　记账　　出纳　　审核　黄娜　　制单　王亮

表 5－14

收款凭证

借方科目：银行存款　　2018 年 6 月 13 日　　收　字第　001　号

摘要	贷方总账科目	明细科目	记账符号	千	百	十	万	千	百	十	元	角	分
销售产品	主营业务收入						4	0	0	0	0	0	0
	应交税费	应交增值税（销项税额）						6	4	0	0	0	0
合计						¥	4	6	4	0	0	0	0

附单据 3 张

财务主管　　记账　　出纳　　审核　黄娜　　制单　王亮

表 5－15

收款凭证

借方科目：银行存款　　　　2018 年 6 月 23 日　　　　收　字第　002　号

摘要	贷方总账科目	明细科目	记账符号	金额									
				千	百	十	万	千	百	十	元	角	分
收到货款	应收账款						4	5	0	0	0	0	0
合计						¥	4	5	0	0	0	0	0

附单据 1 张

财务主管　　记账　　出纳　　审核　黄娜　　制单　王亮

表 5－16

收款凭证

借方科目：银行存款　　　　2018 年 6 月 24 日　　　　收　字第　003　号

摘要	贷方总账科目	明细科目	记账符号	金额									
				千	百	十	万	千	百	十	元	角	分
销售产品	主营业务收入						4	5	0	0	0	0	0
	应交税费	应交增值税（销项税额）						7	2	0	0	0	0
合计						¥	5	2	2	0	0	0	0

附单据 3 张

财务主管　　记账　　出纳　　审核　黄娜　　制单　王亮

表 5－17

收款凭证

借方科目：银行存款　　　　2018 年 6 月 27 日　　　　收　字第　004　号

摘要	贷方总账科目	明细科目	记账符号	金额									
				千	百	十	万	千	百	十	元	角	分
销售产品	主营业务收入						5	0	0	0	0	0	0
	应交税费	应交增值税（销项税额）						8	0	0	0	0	0
合计						¥	5	8	0	0	0	0	0

附单据 3 张

财务主管　　记账　　出纳　　审核　黄娜　　制单　王亮

表 5－18

银行存款日记账

年		记账凭证		对方科目	摘要	结算凭证		借方										贷方										借或贷	余额									
月	日	字	号			种类	号码	千	百	十	万	千	百	十	元	角	分	千	百	十	万	千	百	十	元	角	分		千	百	十	万	千	百	十	元	角	分

表 5－19

银行存款日记账

年		记账凭证		对方科目	摘要	结算凭证		借方										贷方										借或贷	余额									
月	日	字	号			种类	号码	千	百	十	万	千	百	十	元	角	分	千	百	十	万	千	百	十	元	角	分		千	百	十	万	千	百	十	元	角	分

知识点 5.3.2 总分类账的设置和登记方法

5.3.2.1 总分类账的设置和登记方法

单选题 1.（2 分，难度系数 0.9）

对总分类账格式和登记方法的错误要求是（　　）。

A. 总分类账的账页格式有三栏式和多栏式两种

B. 总分类账一般不采用订本账

C. 总分类账应该按照总分类账户分类登记

D. 总分类账的登记方法取决于单位、企业采用的账务处理程序

单选题 2.（2 分，难度系数 0.9）

总分类账簿一般采用（　　）。

A. 活页账　　B. 数量金额式　　C. 订本账　　D. 卡片账

多选题 1.（3 分，难度系数 0.9）

总分类账可以根据（　　）登记。

A. 记账凭证　　B. 科目汇总表

C. 汇总记账凭证　　D. 试算平衡表

5.3.2.2 总分类账的登记实训

实训题 1.（10 分，难度系数 0.6）

2018 年 4 月 30 日，根据资料（见表 5－20）登记银行存款总账（见表 5－21）。

表 5－20　　**科目汇总表**

2018 年 4 月 30 日

记账凭证自第 1 号至第 12 号共 12 张　　科汇字第 04 号

科　目	借方金额	贷方金额	记账
库存现金		10 000.00	
银行存款	160 000.00	150 000.00	
应收账款		100 000.00	
库存商品	100 000.00		
短期借款	100 000.00	50 000.00	
应付账款	50 000.00	100 000.00	
合计	410 000.00	410 000.00	

制表人：张三明

表 5－21 总分类账

科目名称 银行存款

2018年		凭证		摘要	借方									贷方									借或贷	余额								
月	日	种类	号数		百	十	万	千	百	十	元	角	分	百	十	万	千	百	十	元	角	分		百	十	万	千	百	十	元	角	分
				上年结转																			借		1	3	9	0	0	0	0	0
1	31	科汇	01	1月份科目汇总表		1	4	0	0	0	0	0	0		1	3	5	0	0	0	0	0	借		1	4	4	0	0	0	0	0
2	28	科汇	02	2月份科目汇总表		1	3	0	0	0	0	0	0		1	3	0	0	0	0	0	0	借		1	4	4	0	0	0	0	0
3	31	科汇	03	3月份科目汇总表		1	3	0	0	0	0	0	0		1	2	5	0	0	0	0	0	借		1	4	9	0	0	0	0	0

实训题 2. （10 分，难度系数 0.6）

2018 年 4 月 30 日，记账员张翔根据背景资料（见表 5－22）登记应收账款总账（见表 5－23）。

表 5－22 科目汇总表

2018 年 4 月 30 日

记账凭证自第 1 号至第 12 号共 12 张　　　　科汇字第 04 号

科目	借方金额	贷方金额	记账
库存现金		10 000.00	
银行存款	160 000.00	150 000.00	
应收账款		100 000.00	
库存商品	100 000.00		
短期借款	100 000.00	50 000.00	
应付账款	50 000.00	100 000.00	
合计	410 000.00	410 000.00	

制表人：张三明

表 5－23

总分类账

科目名称 应收账款

2018 年		凭证		摘要	借方									贷方									借或贷	余额								
月	日	种类	号数		百	十	万	千	百	十	元	角	分	百	十	万	千	百	十	元	角	分		百	十	万	千	百	十	元	角	分
01	01			上年结转																			借		1	5	0	0	0	0	0	0
01	31	科汇	01	1－31 日发生额		3	5	0	0	0	0	0	0		4	5	0	0	0	0	0	0	借			5	0	0	0	0	0	0
02	28	科汇	02	1－28 日发生额		4	0	0	0	0	0	0	0		2	0	0	0	0	0	0	0	借		2	5	0	0	0	0	0	0
03	31	科汇	03	1－31 日发生额		2	5	0	0	0	0	0	0		2	5	0	0	0	0	0	0	借		2	5	0	0	0	0	0	0

实训题 3.（10 分，难度系数 0.6）

2018 年 4 月 30 日，根据资料（见表 5－24）登记短期借款总账（见表 5－25）。

表 5－24

科目汇总表

2018 年 4 月 30 日

记账凭证自第 1 号至第 12 号共 12 张　　　　科汇字第 04 号

科目	借方金额	贷方金额	记账
库存现金		10 000.00	
银行存款	160 000.00	150 000.00	
应收账款		100 000.00	
库存商品	100 000.00		
短期借款	100 000.00	50 000.00	
应付账款	50 000.00	100 000.00	
合计	410 000.00	410 000.00	

制表人：张三明

表 5－25

<u>总分类账</u>

科目名称 短期借款

2018 年		凭证		摘　　要	借方									贷方									借或贷	余额								
月	日	种类	号数		百	十	万	千	百	十	元	角	分	百	十	万	千	百	十	元	角	分		百	十	万	千	百	十	元	角	分
01	01			上年结转																			贷		2	9	5	0	0	0	0	0
01	31	科汇	01	1－31 日发生额		1	0	0	0	0	0	0	0			5	0	0	0	0	0	0	贷		2	4	5	0	0	0	0	0
02	28	科汇	02	1－28 日发生额		1	0	0	0	0	0	0	0		1	5	0	0	0	0	0	0	贷		2	9	5	0	0	0	0	0

实训题 4.（10 分，难度系数 0.6）

2018 年 4 月 30 日，根据资料（见表 5－26）登记应付账款总账（见表 5－27）。

表 5－26

科目汇总表

2018 年 4 月 30 日

记账凭证自第 1 号至第 12 号共 12 张　　　　科汇字第 04 号

科　　目	借方金额	贷方金额	记账
库存现金		10 000.00	
银行存款	160 000.00	150 000.00	
应收账款		100 000.00	
库存商品	100 000.00		
短期借款	100 000.00	50 000.00	
应付账款	50 000.00	100 000.00	
合计	410 000.00	410 000.00	

制表人：张三明

表 5－27 **总分类账**

科目名称 **应付账款**

2018年		凭证		摘要	借方									贷方									借或贷	余额								
月	日	种类	号数		百	十	万	千	百	十	元	角	分	百	十	万	千	百	十	元	角	分		百	十	万	千	百	十	元	角	分
01	01			上年结转																			贷		1	7	5	0	0	0	0	0
01	31	科汇	01	1－31日发生额		1	5	0	0	0	0	0	0		2	0	0	0	0	0	0	0	贷		2	2	5	0	0	0	0	0
02	28	科汇	02	1－28日发生额		1	8	0	0	0	0	0	0		1	6	0	0	0	0	0	0	贷		2	0	5	0	0	0	0	0
03	31	科汇	03	1－31日发生额		1	7	0	0	0	0	0	0			9	0	0	0	0	0	0	贷		1	2	5	0	0	0	0	0

知识点 5.3.3 明细分类账的设置和登记方法

5.3.3.1 明细分类账的设置和登记方法

单选题 1. （2 分，难度系数 0.9）

登记明细账的依据是（　　）。

A. 原始凭证　　B. 记账凭证

C. 记账凭证及所附原始凭证　　D. 汇总原始凭证

单选题 2. （2 分，难度系数 0.9）

收入费用明细账一般适用（　　）。

A. 三栏式明细账　　B. 数量金额式明细账

C. 多栏式明细账　　D. 平行式明细账

单选题 3. （2 分，难度系数 0.9）

财产物资明细账一般适用（　　）。

A. 三栏式明细账　　B. 数量金额式明细账

C. 多栏式明细账 D. 以上都不对

单选题 4.（2 分，难度系数 0.9）

下列关于明细分类账登记方法的表述中，不正确的是（　　）。

A. 明细分类账是根据关于明细分类账户设置并登记的账簿

B. 明细分类账能提供交易或事项比较详细、具体的核算资料

C. 明细分类账补充总账所提供核算资料的不足

D. 明细分类账一般采用订本式账簿

单选题 5.（2 分，难度系数 0.9）

下列各项中，不属于明细分类账常用格式的是（　　）。

A. 三栏式 B. 多栏式

C. 数量金额式 D. 竖线登记式

多选题 1.（3 分，难度系数 0.9）

下列各项中，属于各种明细分类账所记录经济业务的特点，明细分类账的常用格式主要有（　　）。

A. 三栏式 B. 多栏式 C. 数量金额式账 D. 横线登记式

多选题 2.（3 分，难度系数 0.9）

下列各项中，属于账簿一般采用多栏式的有（　　）。

A. 管理费用明细账 B. 主营业务收入明细账

C. 应收账款明细账 D. 原材料明细账

判断题 1.（2 分，难度系数 0.9）

费用明细账一般均采用三栏式账簿。（　　）

判断题 2.（2 分，难度系数 0.9）

在明细账的核算中，只需要进行金额核算的，必须使用三栏式明细账。（　　）

判断题 3.（2 分，难度系数 0.9）

数量金额式明细分类账适用于既要进行金额核算又要进行数量核算的明细账户。（　　）

5.3.3.2 明细分类账的登记实训

实训题 1.（10 分，难度系数 0.6）

湖北远达有限公司 2018 年 4 月初的“应收账款——大明公司”账户借方本年累计发生额 56 万元，贷方本年累计发生额 53.6 万元，期初余额借方为 7 万元；根据相关资料（见表 5－28 至表 5－30）登记“应收账款——大明公司”明细账并结账（见表 5－31）。

表 5－28

转账凭证

2018 年 4 月 10 日　　　　转　字第　011　号

摘要	总账科目	明细科目	记账符号	借方金额										记账符号	贷方金额									
				千	百	十	万	千	百	十	元	角	分		千	百	十	万	千	百	十	元	角	分
销售产品	应收账款	大明公司					4	6	4	0	0	0	0											
	主营业务收入																	4	0	0	0	0	0	0
	应交税费	应交增值税（销项税额）																	6	4	0	0	0	0
合计						¥	4	6	4	0	0	0	0				¥	4	6	4	0	0	0	0

附单据 3 张

财务主管　　记账　　出纳　　审核　黄娜　　制单　王亮

表 5－29

收款凭证

借方科目：银行存款　　2018 年 4 月 23 日　　收　　字第　002　号

摘要	贷方总账科目	明细科目	记账符号	金额									
				千	百	十	万	千	百	十	元	角	分
收到货款	应收账款						4	5	0	0	0	0	0
合计						¥	4	5	0	0	0	0	0

附单据 1 张

财务主管　　记账　　出纳　　审核　黄娜　　制单　王亮

表 5－30

转账凭证

2018 年 4 月 25 日　　　　转　字第　017　号

摘要	总账科目	明细科目	记账符号	借方金额										记账符号	贷方金额									
				千	百	十	万	千	百	十	元	角	分		千	百	十	万	千	百	十	元	角	分
销售产品	应收账款	大明公司					2	3	2	0	0	0	0											
	主营业务收入																	2	0	0	0	0	0	0
	应交税费	应交增值税（销项税额）																	3	2	0	0	0	0
合计						¥	2	3	2	0	0	0	0				¥	2	3	2	0	0	0	0

附单据 3 张

财务主管　　记账　　出纳　　审核　黄娜　　制单　王亮

表 5－31　　　　　　　　　　明细账

第____页

二级科目或明细科目____________

年		凭证		摘要	借方										贷方										借或贷	余额									
月	日	种类	号数		千	百	十	万	千	百	十	元	角	分	千	百	十	万	千	百	十	元	角	分		千	百	十	万	千	百	十	元	角	分

实训题 2.（10 分，难度系数 0.6）

2018 年 4 月初湖北远达有限公司的“原材料——乙烯”账户期初余额借方为 12 万元，数量为 600 吨，单价 200 元。根据相关资料（见表 5－32 至表 5－35）登记“原材料——乙烯”明细账并进行结账（见表 5－36）。（说明：假设乙烯所有的进价和出库单价都是 200 元/吨）

表 5－32　　　　　　　　　　付款凭证

贷方科目：银行存款　　　　　　2018 年 4 月 2 日　　　付　　　　字第　002　号

摘要	借方总账科目	明细科目	记账符号	金额									
				千	百	十	万	千	百	十	元	角	分
购料	原材料	乙烯					4	0	0	0	0	0	0
	应交税费	应交增值税（进项税额）						6	4	0	0	0	0
合计						¥	4	6	4	0	0	0	0

附单据 3 张

财务主管　　　　记账　　　　出纳　　　　审核　黄娜　　　　制单　王亮

表 5－33

转账凭证

2018 年 4 月 4 日　　　　转　字第　004　号

摘要	总账科目	明细科目	记账符号	借方金额										记账符号	贷方金额									
				千	百	十	万	千	百	十	元	角	分		千	百	十	万	千	百	十	元	角	分
购料，款未付	原材料	乙烯					8	0	0	0	0	0	0											
	应交税费	应交增值税（进项税额）					1	2	8	0	0	0	0											
	应付账款																	9	2	8	0	0	0	0
合计						¥	9	2	8	0	0	0	0				¥	9	2	8	0	0	0	0

附单据 2 张

财务主管　　　　记账　　　　出纳　　　　审核　黄娜　　　　制单　王亮

表 5－34

转账凭证

2018 年 4 月 5 日　　　　转　字第　006　号

摘要	总账科目	明细科目	记账符号	借方金额										记账符号	贷方金额									
				千	百	十	万	千	百	十	元	角	分		千	百	十	万	千	百	十	元	角	分
购料，款未付	原材料	乙烯				1	2	0	0	0	0	0	0											
	应交税费	应交增值税（进项税额）					1	9	2	0	0	0	0											
	应付账款																1	3	9	2	0	0	0	0
合计					¥	1	3	9	2	0	0	0	0			¥	1	3	9	2	0	0	0	0

附单据 2 张

财务主管　　　　记账　　　　出纳　　　　审核　黄娜　　　　制单　王亮

表 5－35

转账凭证

2018 年 4 月 15 日　　　　转　字第　016　号

摘要	总账科目	明细科目	记账符号	借方金额										记账符号	贷方金额									
				千	百	十	万	千	百	十	元	角	分		千	百	十	万	千	百	十	元	角	分
生产领料	生产成本					1	6	0	0	0	0	0	0											
	原材料	乙烯															1	6	0	0	0	0	0	0
合计					¥	1	6	0	0	0	0	0	0			¥	1	6	0	0	0	0	0	0

附单据 1 张

财务主管　　　　记账　　　　出纳　　　　审核　黄娜　　　　制单　王亮

表 5 – 36

______明细账

第______页

规　格______　编　号______　储备定额______　类　别______　最高储存量______

名　称______　计量单位______　计划单位______　存放地点______　最低储存量______

年		凭证		摘要	收入												发出												结存											
月	日	种类	号数		数量	单价	金额										数量	单价	金额										数量	单价	金额									
							千	百	十	万	千	百	十	元	角	分			千	百	十	万	千	百	十	元	角	分			千	百	十	万	千	百	十	元	角	分

实训题 3.（10 分，难度系数 0.6）

2018 年 4 月湖北远达有限公司根据相关资料（见表 5－37 至表 5－39）登记 1—10 日管理费用明细账（见表 5－40）。

表 5－37　　**付款凭证**

贷方科目：库存现金　　2018 年 4 月 2 日　　付　字第 004 号

摘要	借方总账科目	明细科目	记账符号	金额									
				千	百	十	万	千	百	十	元	角	分
报销办公用品费用	管理费用	办公费							3	9	0	0	0
合计								¥	3	9	0	0	0

附单据 2 张

财务主管　　记账　　出纳　　审核 黄娜　　制单 王亮

表 5－38　　**付款凭证**

贷方科目：银行存款　　2018 年 4 月 7 日　　付　字第 022 号

摘要	借方总账科目	明细科目	记账符号	金额									
				千	百	十	万	千	百	十	元	角	分
支付上月通讯费	管理费用	通讯费						1	1	3	0	0	0
合计							¥	1	1	3	0	0	0

附单据 2 张

财务主管　　记账　　出纳　　审核 黄娜　　制单 王亮

表 5－39　　**付款凭证**

贷方科目：银行存款　　2018 年 4 月 9 日　　付　字第 029 号

摘要	借方总账科目	明细科目	记账符号	金额									
				千	百	十	万	千	百	十	元	角	分
支付上月水电费	制造费用	水电费							7	5	0	0	0
	管理费用	水电费							1	5	0	0	0
	应交税费	应交增值税（进项税额）							1	4	4	0	0
合计							¥	1	0	4	4	0	0

附单据 2 张

财务主管　　记账　　出纳　　审核 黄娜　　制单 王亮

表 5－40

________明细账

总第________页　　　　分第________页

____________级科目编号及名称________

____________级科目编号及名称________

年		凭证		摘要	借方									贷方									借或贷	余额									（　　）方金额分析																										
月	日	种类	号数		百	十	万	千	百	十	元	角	分	百	十	万	千	百	十	元	角	分		百	十	万	千	百	十	元	角	分	百	十	万	千	百	十	元	角	分	百	十	万	千	百	十	元	角	分	百	十	万	千	百	十	元	角	分

知识点 5.3.4 备查账的设置和登记方法

单选题 1. (2 分，难度系数 0.9)

一般情况下，不需要根据记账凭证登记的账簿是（　　）。

A. 总分类账　　B. 明细分类账　　C. 日记账　　D. 备查账

多选题 1. (3 分，难度系数 0.9)

下列项目中，应当建立备查账的是（　　）。

A. 租入的固定资产　　B. 接受外单位的捐赠

C. 委托加工材料登记簿　　D. 无形资产

判断题 1. (2 分，难度系数 0.9)

所有企业都必须设置备查账。（　　）

5.4 总分类账与明细分类账的平行登记

知识点 5.4.1 总分类账与明细分类账的关系

单选题 1. (2 分，难度系数 0.9)

关于登记总分类账及所属的明细分类账，下列说法中错误的是（　　）。

A. 以相等金额记录　　B. 以相同变动方向记录

C. 在同一时点记录　　D. 根据相同的凭证记录

判断题 1. (2 分，难度系数 0.9)

总分类账对明细分类账起着统驭作用。（　　）

判断题 2. (2 分，难度系数 0.9)

总分类账和明细分类账反映经济业务的详细程度不同，但是两者登记的原始依据是相同的。（　　）

知识点 5.4.2 总分类账与明细分类账的平行登记方法

单选题 1. (2 分，难度系数 0.9)

在总分类账户及其所属明细分类账户之间必须采用的登记方法是（　　）。

A. 复式记账　　B. 平行登记

C. 补充登记　　D. 试算平衡

单选题 2. （2 分，难度系数 0.9）

下列关于总分类账与明细分类账平行登记关于“金额相等”的表述中，正确的是（ ）。

A. 总账账户的期末借方余额等于所属明细账户期末借方余额

B. 总账账户的期末借方余额等于所属明细账户期末贷方余额

C. 总账账户的期初贷方余额等于所属明细账账户期初借方余额合计

D. 总账账户的本期借方发生额等于所属明细账户本期贷方发生额合计

多选题 1. （3 分，难度系数 0.75）

下列错误中，不能通过试算平衡发现的有（ ）。

A. 借方发生额大于贷方发生额

B. 应借应贷科目颠倒

C. 漏记一项经济业务

D. 重记一项经济业务

多选题 2. （3 分，难度系数 0.75）

总分类账与明细分类账平行登记的要点包括（ ）。

A. 登记的期间相同　　B. 登记的依据相同

C. 登记的方向一致　　D. 登记的金额相等

判断题 1. （2 分，难度系数 0.9）

企业必须在登记完明细账后才能登记总账。（ ）

判断题 2. （2 分，难度系数 0.9）

总分类账户与所属明细分类账户的期末余额方向必定相同。（ ）

判断题 3. （2 分，难度系数 0.9）

总分类账户与明细分类账户平行登记的要点是方向相同、期间一致、金额相等、科目相同。（ ）

☆第三、四节测试

一、单选题

单选题 1. （2 分，难度系数 0.9）

银行存款日记账贷方栏登记的依据是（ ）。

A. 银行存款收款凭证　　B. 银行存款付款凭证

C. 库存现金收款凭证　　D. 库存现金付款凭证

单选题 2. （2 分，难度系数 0.9）

总账、现金日记账和银行存款日记账通常采用（ ）。

A. 订本账　　B. 活页账　　C. 卡片账　　D. 以上均可

单选题 3. （2 分，难度系数 0.9）

现金日记账是（　　）进行登记。

A. 按时间顺序逐日逐笔　　B. 按时间顺序逐日汇总

C. 按月逐笔　　D. 按经济业务性质逐日逐笔

单选题 4. （2 分，难度系数 0.75）

下列总分类账与明细分类账关系的表述中，不正确的是（　　）。

A. 总分类账与明细分类账所反映的经济业务是相同的

B. 登记总分类账与登记明细分类账的原始依据是相同的

C. 总分类账与明细分类账所反映的经济业务的详细程度是相同的

D. 总分类账与明细分类账所反映的经济业务的详细程度是不相同的

单选题 5. （2 分，难度系数 0.9）

以下不属于账簿启用表内容的是（　　）。

A. 单位名称　　B. 账簿名称　　C. 启用日期　　D. 摘要

单选题 6. （2 分，难度系数 0.9）

以下哪一项是登记账簿的依据（　　）。

A. 会计分录　　B. 经济合同　　C. 银行对账单　　D. 记账凭证

单选题 7. （2 分，难度系数 0.9）

管理费用明细账应采用（　　）。

A. 三栏式　　B. 多栏式　　C. 数量金额式　　D. 横线登记式

单选题 8. （2 分，难度系数 0.9）

下列各项中，属于适用于登记原材料、库存商品明细账的格式是（　　）。

A. 三栏式　　B. 多栏式　　C. 数量金额式　　D. 横线登记式

单选题 9. （2 分，难度系数 0.9）

下列关于订本式账簿启用的表述中，不正确的是（　　）。

A. 应当从第一页到最后一页顺序编定页数　B. 不得跳页

C. 不得缺号　　D. 对于预留多的账页可撕下

单选题 10. （2 分，难度系数 0.75）

在登记账簿过程中，每页的最后一行及下页第一行都要办理转页手续，是为了（　　）。

A. 便于查账　　B. 防止隔页

C. 防止遗漏　　D. 保持记录的连续性

二、多选题

多选题 1. （3 分，难度系数 0.75）

现金日记账的登记依据有（　　）。

A. 现金收款凭证　　B. 现金付款凭证

C. 银行存款收款凭证　　D. 银行存款付款凭证

多选题 2. （3 分，难度系数 0.9）

明细分类账采用的格式有（　　）。

A. 三栏式　　B. 多栏式　　C. 数量金额式　　D. 订本式

多选题 3. （3 分，难度系数 0.75）

现金日记账属于（　　）。

A. 特种日记账　　B. 普通日记账　　C. 订本账　　D. 活页账

多选题 4. （3 分，难度系数 0.75）

关于银行存款日记账的登记方法，下列说法中正确的是（　　）。

A. 由会计登记

B. 按时间先后顺序逐日逐笔进行登记

C. 每日结出存款余额

D. 月终计算出全月收入、支出的合计数

多选题 5. （3 分，难度系数 0.9）

下列各项中，属于登记现金日记账和银行存款日记账依据的有（　　）。

A. 收款凭证　　B. 付款凭证

C. 转账凭证　　D. 科目汇总表

多选题 6. （3 分，难度系数 0.9）

在记账过程中，如果发生跳行、隔页，应该（　　）。

A. 将空行、空页划线注销　　B. 在空行、空页处添加有关记录

C. 记账人员应签名盖章　　D. 不做处理

多选题 7. （3 分，难度系数 0.75）

下列说法正确的有（　　）。

A. 所有总账账户均要下设明细账户

B. 明细分类科目是对会计要素具体内容进行总括分类的科目

C. 账户和会计科目性质相同

D. 总分类账户与明细分类账户提供的指标不同

多选题 8. （3 分，难度系数 0.9）

在登记账簿时，每记满一页时，下列操作不正确的有（　　）。

A. 只计算本页的发生额

B. 只计算本页的余额

C. 计算本页的发生额和余额

D. 不计算本页的发生额和余额

多选题 9. （3 分，难度系数 0.75）

企业从银行提现，应该登记（　　）。

A. 现金日记账　　B. 银行存款日记账

C. 明细账　　　　D. 备查账

多选题 10. （3 分，难度系数 0.75）

下列关于多栏式账簿的表述中，正确的有（　　）。

A. 多栏式账簿是在账簿的两个金额栏目（借方和贷方）按需要分设若干专栏的账簿

B. 收入、费用明细账一般采用多栏式账簿

C. 主营业务收入明细账可以采用多栏式账簿

D. 总分类账都可以采用多栏式账簿

三、判断题

判断题 1. （2 分，难度系数 0.9）

银行存款日记账由出纳根据银行存款收款凭证和银行存款付款凭证进行登记。（　　）

判断题 2. （2 分，难度系数 0.9）

分类账是按照经济业务发生或完成的时间先后顺序、逐日逐笔进行登记的账簿。（　　）

判断题 3. （2 分，难度系数 0.9）

现金、银行存款日记账必须使用活页账。（　　）

判断题 4. （2 分，难度系数 0.9）

从银行提取现金的业务，应根据现金付款凭证登记现金日记账的支出栏。（　　）

判断题 5. （2 分，难度系数 0.9）

总分类账和明细分类账平行登记要求做到期间相同、金额相等即可。（　　）

判断题 6. （2 分，难度系数 0.75）

总分类账的登记依据取决于企业选用的会计核算形式。（　　）

判断题 7. （2 分，难度系数 0.9）

多栏式明细账适用于负债、成本、费用等科目的明细分类核算。（　　）

判断题 8. （2 分，难度系数 0.9）

明细分类账一般采用活页式账簿、卡片式账簿。（　　）

判断题 9. （2 分，难度系数 0.9）

启用订本式账簿应当从第一页到最后一页顺序编定页数，不得跳页、缺号。（　　）

判断题 10. （2 分，难度系数 0.9）

除结账和更正错账外，一律不得用红色墨水笔登记账簿。（　　）

四、实训题（10 分，难度系数 0.75）

根据表 5－41 中的资料登记企业银行存款日记账、原材料——复合板明细和管理费用明细账（见表 5－42 至表 5－44），并结账。

表 5-41

日期	凭证号	摘要	会计分录		
1日	记001	提现备用	借：库存现金 　贷：银行存款	2 000	 2 000
2日	记003	支付购料款	借：应付账款——平宏公司 　贷：银行存款	58 000	 58 000
2日	记004	销售产品	借：银行存款 　贷：主营业务收入 　　应交税费——应交增值税（销项税额）	232 000	 200 000 32 000
3日	记006	报销差旅费	借：管理费用——其他 　库存现金 　贷：其他应收款	2 500 500	 3 000
6日	记008	支付上月工资	借：应付职工薪酬 　贷：银行存款 　　应交税费——应交个人所得税	61 000	 57 500 3 500
6日	记010	购料，款未付	借：原材料——复合板 　应交税费——应交增值税（进项税额） 　贷：应付账款——新建板材	50 000 8 000	 58 000
8日	记012	支付广告费	借：销售费用 　贷：银行存款	80 000	 80 000
13日	记016	购办公用品	借：管理费用——其他 　贷：库存现金	500	 500
14日	记017	购料	借：原材料——复合板 　应交税费——应交增值税（进项税额） 　贷：银行存款	45 000 7 200	 52 200
18日	记020	收到上月货款	借：银行存款 　贷：应收账款	92 800	 92 800
19日	记023	支付餐饮费	借：管理费用——其他 　贷：银行存款	5 000	 5 000
23日	记026	生产领料	借：生产成本——直接材料 　贷：原材料——复合板	80 000	 80 000
31日	记035	计提折旧	借：制造费用——折旧费 　管理费用——折旧费 　贷：累计折旧	8 000 6 100	 14 100
31日	记036	分配工资	借：生产成本——直接人工 　制度费用——工资 　管理费用——工资 　贷：应付职工薪酬	40 000 8 000 11 000	 59 000
31日	记042	将管理费用结转到本年利润	借：本年利润 　贷：管理费用		

表 5－42

银行存款日记账

2018年		记账凭证		对方科目	摘　　要	结算凭证		借方										贷方										借或贷	余额									
月	日	字	号			种类	号码	千	百	十	万	千	百	十	元	角	分	千	百	十	万	千	百	十	元	角	分		千	百	十	万	千	百	十	元	角	分
5	1				期初余额																							借				9	0	0	0	0	0	0

表 5－43

＿＿＿＿＿明细账

总第＿＿＿＿页　　　分第＿＿＿＿页

＿＿＿＿＿级科目编号及名称＿＿＿＿

＿＿＿＿＿级科目编号及名称＿＿＿＿

年		凭证		摘要	借方									贷方									借或贷	余额									（　）方金额分析																										
月	日	种类	号数		百	十	万	千	百	十	元	角	分	百	十	万	千	百	十	元	角	分		百	十	万	千	百	十	元	角	分	百	十	万	千	百	十	元	角	分	百	十	万	千	百	十	元	角	分	百	十	万	千	百	十	元	角	分

表 5－44

原材料明细账

第______页

规　　格__________　编　　号__________　储备定额__________　类　　别__________　最高储存量__________

名　　称____复合板____　计 量 单 位____块____　计划单位__________　存放地点__________　最低储存量__________

2018 年		凭证		摘要	收入												发出												结存											
月	日	种类	号数		数量	单价	金额										数量	单价	金额										数量	单价	金额									
							千	百	十	万	千	百	十	元	角	分			千	百	十	万	千	百	十	元	角	分			千	百	十	万	千	百	十	元	角	分
5	1			期初余额																									100	100.00				1	0	0	0	0	0	0

5.5 错账更正方法

知识点 5.5.1 划线更正法

5.5.1.1 查找错账的方法

多选题 1. (3 分，难度系数 0.9)

账簿记录发生错误时，应按规定的方法更正，不得（　　）。

A. 刮擦　　B. 挖补

C. 撕掉重做　　D. 药水消除字迹

多选题 2. (3 分，难度系数 0.9)

下列属于错账产生的原因的有（　　）。

A. 重记　　B. 漏记　　C. 数字颠倒　　D. 数字记错

多选题 3. (3 分，难度系数 0.9)

查找错账的方法包括（　　）。

A. 尾数法　　B. 差数法　　C. 除二法　　D. 除九法

5.5.1.2 划线更正法的使用方法

单选题 1. (2 分，难度系数 0.75)

结账前，发现账簿记录的金额多记，而记账凭证无误，应采用（　　）。

A. 红字更正法　　B. 蓝字更正法　　C. 补充登记法　　D. 划线更正法

判断题 1. (2 分，难度系数 0.9)

在结账前若发现账簿记录有错而记账凭证无错，即过账笔误或账簿数字计算有错误，可用划线更正法进行更正。（　　）

判断题 2. (2 分，难度系数 0.9)

记账凭证借贷科目用错，并已登记入账，可用划线更正法。（　　）

知识点 5.5.2 红字更正法的使用方法

单选题 1. (2 分，难度系数 0.75)

会计人员在填制记账凭证时，将 780 错记为 870，并已登记入账，月末结账时发现这笔错账，更正时应采用的方法是（　　）。

A. 红字更正法　　B. 蓝字更正法　　C. 补充登记法　　D. 划线更正法

单选题 2. (2 分，难度系数 0.75)

下列各项做法中，适用于记账凭证应记科目正确，但所记金额大于应记金额且已登记入账的情况的是（　　）。

A. 红字更正法　　B. 蓝字更正法　　C. 补充登记法　　D. 划线更正法

多选题 1.（3 分，难度系数 0.75）

“红字更正法”适用于（　　）。

A. 记账前，发现记账凭证上的文字或数字有误

B. 记账后，发现原记账凭证上应借、应贷科目填错

C. 记账后，发现原记账凭证上所填金额小于应填金额

D. 记账后，发现原记账凭证上所填金额大于应填金额

判断题 1.（2 分，难度系数 0.9）

登记账簿时可以用蓝黑墨水或者碳素墨水笔书写，也可以使用圆珠笔书写，但不能使用铅笔。（　　）

判断题 2.（2 分，难度系数 0.9）

记账凭证上应借、应贷的会计科目并无错误，只是金额填写错误，从而导致账簿记录错误，可采用划线更正法予以更正。（　　）

判断题 3.（2 分，难度系数 0.9）

由于编制的记账凭证会计科目错误，导致账簿记录错误，更正时，可以将错误的会计科目划红线注销，然后，在划线上方填写正确的会计科目。（　　）

知识点 5.5.3　补充登记法的使用方法

单选题 1.（2 分，难度系数 0.75）

采用补充登记法，是因为（　　）导致账簿记录错误。

A. 记账凭证上会计科目错误

B. 记账凭证上记账方向错误

C. 记账凭证上会计科目和记账方向正确，所记金额小于应记金额

D. 凭证上会计科目和记账方向正确，所记金额大于应记金额

判断题 1.（2 分，难度系数 0.9）

补充登记法就是把原来未登记完的业务登记完毕的方法。（　　）

判断题 2.（2 分，难度系数 0.75）

会计人员根据记账凭证登账时，误将 850 元记为 580 元，应采用补充登记法进行更正。（　　）

5.6 对账和结账

知识点 5.6.1 对账的方法

单选题 1. （2 分，难度系数 0.9）

下列不属于账账核对的内容的是（　　）。

A. 总账有关账户的余额核对

B. 总账与明细账核对

C. 总账与日记账核对

D. 会计账簿记录与原始凭证核对

单选题 2. （2 分，难度系数 0.9）

（　　）核对属于账证核对的内容。

A. 总分类账簿与序时账簿

B. 会计账簿记录与会计凭证

C. 明细分类账簿之间

D. 银行存款日记账账面余额与银行对账单的余额

多选题 1. （3 分，难度系数 0.9）

对账的主要内容有（　　）。

A. 账簿资料的内外核对　　B. 账证核对

C. 账账核对　　D. 账实核对

多选题 2. （3 分，难度系数 0.9）

账实核对的内容包括（　　）。

A. 现金日记账账面余额与库存现金数额核对

B. 银行存款日记账账面余额与银行对账单的余额核对

C. 总分类账簿与序时账簿核对

D. 有关债权债务明细账账面余额与对方单位的账面记录核对

判断题 1. （2 分，难度系数 0.9）

账证核对是期末将账簿记录与记账凭证进行核对。（　　）

判断题 2. （2 分，难度系数 0.9）

任何单位，对账工作应该每年至少进行一次。（　　）

知识点 5.6.2　结账的程序和方法

5.6.2.1　结账的基本程序

多选题 1.（3 分，难度系数 0.9）

下列内容中，属于结账工作的有（　　）。

A. 结算日记账和分类账各账户的本期发生额及期末余额

B. 编制试算平衡表

C. 查明本期内所发生的经济业务是否都已登记入账

D. 按照权责发生制对有关账项进行调整

判断题 1.（2 分，难度系数 0.9）

结账前，必须将本期内发生的各项经济业务全部登记入账。（　　）

判断题 2.（2 分，难度系数 0.9）

结账时，应结出每个账户的本期发生额和期末余额。（　　）

5.6.2.2　结账的方法

单选题 1.（2 分，难度系数 0.9）

年度结账时，除结算出本年四个季度的发生额合计数，记入第四季度季结下一行，在“摘要栏”注明“本年累计”字样外，还应该在该行下面划（　　）红线。

A. 一道　　B. 两道　　C. 三道　　D. 四道

单选题 2.（2 分，难度系数 0.9）

结账时，应当划通栏双红线的是（　　）。

A. 12 月末结出全年累计发生额后　　B. 各月末结出全年累计发生额后

C. 结出本季累计发生额后　　D. 结出当月发生额后

多选题 1.（3 分，难度系数 0.9）

结账的种类包括（　　）。

A. 日结　　B. 月结　　C. 季结　　D. 年结

判断题 1.（2 分，难度系数 0.9）

年终结账时，应在本年合计下面通栏划双红线。（　　）

判断题 2.（2 分，难度系数 0.9）

年终更换新账时，新旧账簿有关账户之间的转记金额，应该编制记账凭证。（　　）

5.7　会计账簿的更换与保管

知识点 5.7.1　会计账簿的更换与保管

单选题 1.（2 分，难度系数 0.9）

年终结账后，可以不必每年更换新账的账簿是（　　）。

A. 库存商品总账　　B. 库存商品明细账

C. 现金日记账　　D. 固定资产明细账

单选题 2.（2 分，难度系数 0.9）

下列账簿中，不必每年更换账簿的是（　　）。

A. 现金日记账　　B. 银行存款日记账　　C. 固定资产明细账　　D. 总分类账

多选题 1.（3 分，难度系数 0.9）

年终结账后，应当更换新账的有（　　）。

A. 固定资产总账　　B. 现金日记账

C. 管理费用明细账　　D. 银行存款日记账

知识点 5.7.2　会计账簿的保管要求

单选题 1.（2 分，难度系数 0.9）

现金日记账保管的期限是（　　）。

A. 5 年　　B. 15 年　　C. 20 年　　D. 30 年

多选题 1.（3 分，难度系数 0.9）

会计账簿的保管期限分为（　　）。

A. 不用保管　　B. 永久保管　　C. 定期保管　　D. 不定期保管

判断题 1.（2 分，难度系数 0.9）

实行会计电算化的单位，不必打印账簿。（　　）

判断题 2.（2 分，难度系数 0.9）

已归档的会计档案，按规定一般不准外借。（　　）

判断题 3.（2 分，难度系数 0.9）

会计档案保管期限届满后，会计人员便可销毁会计档案。（　　）

☆第五至七节测试

一、单选题

单选题 1.（2 分，难度系数 0.9）

下列关于错账更正方法的表述中，应当采用红字更正法的是（　　）。

A. 记账凭证无误，账簿金额大于应记金额

B. 记账凭证无误，账簿金额小于应记金额

C. 记账凭证金额多记导致账簿金额多记

D. 记账凭证金额少记导致账簿金额少记

单选题 2.（2 分，难度系数 0.75）

下列各项中，属于会计档案中其他类会计资料的是（　　）。

A. 银行对账单　B. 经济合同　C. 现金日记账　D. 发票

单选题 3.（2 分，难度系数 0.9）

会计机构中保管会计档案的人员，不得由（　　）兼任。

A. 会计机构负责人　B. 会计　C. 会计主管　D. 出纳

单选题 4.（2 分，难度系数 0.9）

银行存款日记账的保管年限是（　　）。

A. 10 年　B. 20 年　C. 30 年　D. 永久

单选题 5.（2 分，难度系数 0.9）

（　　）的目的是为了账簿记录的真实、可靠、正确。

A. 记账　B. 结账　C. 转账　D. 对账

单选题 6.（2 分，难度系数 0.75）

下列关于结账的表述中，不正确的是（　　）。

A. 对于不需要按月结计发生额的账户，每月最后一笔余额即为月末余额。月末结账时，只需要在最后一笔经济业务记录之下通栏划单红线

B. 结账时，在 12 月末的“本年累计”发生额下通栏划双红线

C. 账户在年终结账时，在“本年合计”栏下通栏划双红线

D. 现金、银行存款日记账，每月结账时，在摘要栏注明“本月合计”字样，并在下面通栏划双红线

单选题 7.（2 分，难度系数 0.9）

以下不属于错账更正方法的是（　　）。

A. 划线更正法　B. 红字更正法

C. 蓝字更正法　D. 补充登记法

单选题 8.（2 分，难度系数 0.9）

以下各项中，不属于企业保存 30 年的会计档案是（　　）。

A. 总账　B. 明细账　C. 日记账　D. 固定资产卡片

单选题 9. （2 分，难度系数 0.9）

各单位保存的会计档案，如有特殊需要，经本单位负责人批准，可以（　　），并办理登记手续。

A. 临时外借　　B. 查阅，但不能复制

C. 查阅或复制　　D. 外借或复制

单选题 10. （2 分，难度系数 0.9）

核对会计账簿记录与财产等实有数额是否相符，是对账内容中的（　　）。

A. 账证核对　　B. 账实核对

C. 账账核对　　D. 账表核对

二、多选题

多选题 1. （3 分，难度系数 0.9）

下列各项中，属于错账更正方法的有（　　）。

A. 划线更正法　　B. 红字更正法　　C. 蓝字更正法　　D. 补充登记法

多选题 2. （3 分，难度系数 0.75）

用划线更正法更正错误时（　　）。

A. 应用红字划线，并将错误数字全部划销

B. 用蓝字在错误数字上方写上正确数字

C. 用红笔在错误数字上方写上正确数字

D. 由更正人员在更正处盖章以示负责

多选题 3. （3 分，难度系数 0.75）

根据《会计档案管理办法》，企业应当永久保管的会计档案有（　　）。

A. 月度财务会计报告　　B. 年度财务会计报告

C. 总账　　D. 会计档案保管清册

多选题 4. （3 分，难度系数 0.75）

账账相符的内容包括（　　）。

A. 账簿记录与记账凭证相符

B. 全部总分类账户的借方余额合计与贷方余额合计相符

C. 全部总分类账户的借方余额合计与贷方余额合计不相符

D. 现金、银行存款总账与现金、银行存款日记账余额相符

多选题 5. （3 分，难度系数 0.9）

月末应与总账进行核对的有（　　）。

A. 备查账　　B. 明细账　　C. 日记账　　D. 会计报表

多选题 6. （3 分，难度系数 0.75）

对账的方法包括（　　）。

A. 账证核对　　B. 账账核对　　C. 账实核对　　D. 账表核对

多选题 7.（3 分，难度系数 0.75）

下列内容中，不属于结账工作的有（　　）。

A. 结算有关账户的本期发生额及期末余额　B. 清点库存现金

C. 编制试算平衡表　D. 账项调整

多选题 8.（3 分，难度系数 0.75）

编制会计报表之前，要进行的对账工作有（　　）。

A. 明细分类账与总分类账的核对

B. 银行存款日记账与总分类账的核对

C. 总分类账记录的核对

D. 现金日记账与总分类账的核对

多选题 9.（3 分，难度系数 0.75）

下列各项中，属于账实核对的主要内容有（　　）。

A. 各项应收应付款明细分类账的账面余额与有关单位和个人核对

B. 各种财产物资明细分类账的账面余额与实存数核对

C. 现金日记账的账面余额与现金实存数核对

D. 银行存款日记账的账面余额与银行对账单核对

多选题 10.（3 分，难度系数 0.75）

下列各项中，属于划线更正法的内容有（　　）。

A. 划红线注销时必须使原有字迹仍可辨认

B. 对于错误的数字，应当全部划红线更正，不得只更正其中的错误数字

C. 对于文字错误，可只划去错误的部分

D. 对于错误的数字，可以只更正其中的错误数字

三、判断题

判断题 1.（2 分，难度系数 0.9）

新的会计年度开始时，必须更换全部账簿，不能只更换总分类账、现金日记账和银行存款日记账。（　　）

判断题 2.（2 分，难度系数 0.9）

会计人员根据记账凭证记账时，将金额 36 000 元写成 63 000 元，更正时应采用划线更正法。（　　）

判断题 3.（2 分，难度系数 0.75）

备查账簿不必每年更换新账，可以连续使用。（　　）

判断题 4.（2 分，难度系数 0.75）

会计账簿的更换通常在新会计年度建账时进行。（　　）

判断题 5.（2 分，难度系数 0.75）

账实核对一般要结合财产清查进行。（　　）

判断题 6. （2 分，难度系数 0.75）

会计部门的财产物资明细账期末余额与财产物资使用部门的财产物资明细账期末余额相核对，属于账实核对。 （ ）

判断题 7. （2 分，难度系数 0.75）

凡需结出余额的账户，结出余额后，就在“借或贷”栏内写明“借”或“贷”字样。没有余额的账户，只要在余额栏内用“0”表示即可。 （ ）

判断题 8. （2 分，难度系数 0.75）

记账后发现记账凭证填写的会计科目有误，而且所记金额小于应记金额时，采用补充登记法。 （ ）

判断题 9. （2 分，难度系数 0.9）

划线更正法，对于文字错误，可以只划去错误的部分。 （ ）

判断题 10. （2 分，难度系数 0.9）

结账包括日结、旬结、月结、年结。 （ ）

项目六　财产清查

6.1　财产清查的概述

知识点 6.1.1　财产清查的概念与意义

多选题 1.（3 分，难度系数 0.6）

财产清查的意义包括（　　）。

A. 有利于提高会计核算资料的准确性

B. 有利于挖掘财产物资的潜力，加速资金周转

C. 有利于保障财产物资的安全完整

D. 有利于合理安排生产经营活动

判断题 1.（2 分，难度系数 0.9）

财产清查就是对各种实物财产进行的清查盘点。（　　）

判断题 2.（2 分，难度系数 0.9）

财产清查是指通过对货币资金的盘点，确定其实存数，以查明账存数与实存数是否相符的一种专门方法。（　　）

判断题 3.（2 分，难度系数 0.9）

财产清查是会计核算的一种专门方法。（　　）

知识点 6.1.2　财产清查的种类

单选题 1.（2 分，难度系数 0.75）

下列情况下，（　　）企业不需对其财产进行全面清查。

A. 年终决算前　　B. 企业进行股份制改制前

C. 更换仓库保管员　　D. 企业破产

单选题 2.（2 分，难度系数 0.75）

下列情况下，适合采用局部清查的方法进行财产清查的是（　　）。

A. 年终结算前　　B. 企业实行股份制改造前

C. 企业开展资产评估前　　D. 银行存款的清查

单选题 3.（2，难度系数 0.9）

企业在编制年度财务会计报告进行的财产清查，一般应进行（　　）。

A. 重点清查　　B. 全面清查　　C. 局部清查　　D. 抽样清查

单选题 4.（2 分，难度系数 0.75）

按清查时间划分，单位发生贪污盗窃，营私舞弊等事件时所进行的清查属于（　　）。

A. 全面清查　　B. 局部清查　　C. 定期清查　　D. 不定期清查

单选题 5.（2 分，难度系数 0.75）

按清查时间划分，单位发生撤销、合并、重组等事项时所进行的清查属于（　　）。

A. 定期清查　　B. 不定期清查　　C. 全面清查　　D. 局部清查

多选题 1.（3 分，难度系数 0.75）

下列各项中，按照清查的时间对财产清查进行分类，正确的有（　　）。

A. 全面清查　　B. 局部清查　　C. 定期清查　　D. 不定期清查

6.2　财产清查方法

知识点 6.2.1　财产清查的盘存制度

单选题 1.（2 分，难度系数 0.9）

采用永续盘存制时，财产清查的目的是（　　）。

A. 检查账实是否相符　　B. 检查账证是否相符

C. 检查账账是否相符　　D. 检查账表是否相符

单选题 2.（2 分，难度系数 0.9）

对财产物资的收发都有严密的手续，且在账簿中有连续的记载便于确定结存灵敏度的制度是（　　）。

A. 实地盘存制　　B. 永续盘存制　　C. 权责发生制　　D. 收付实现制

多选题 1.（3 分，难度系数 0.6）

下列关于实地盘存制和永续盘存制的比较说法中正确的是（　　）。

A. 实地盘存制的优点在于简化存货的日常核算工作

B. 实地盘存制减少了期末的工作量

C. 永续盘存制有利于加强对存货的管理

D. 永续盘存制存货明细记录的工作量较大

判断题 1. （2 分，难度系数 0.75）

永续盘存制的计算公式为：期初结存数 + 本期收入数 - 期末实存数 = 本期发出数。（　　）

知识点 6.2.2　财产清查准备工作

多选题 1. （3 分，难度系数 0.75）

下列属于财产清查一般程序的有（　　）。

A. 组织清查人员学习有关政策规定

B. 确定清查对象、范围，明确清查任务

C. 制定清查方案

D. 填制盘存单和清查报告表

多选题 2. （3 分，难度系数 0.75）

财产清查前，要做好组织准备和业务准备，主要包括（　　）。

A. 会计人员保证账证、账账之间相符　　B. 实物保管人员对各项实物排列整齐

C. 制订盘点计划、安排人员　　D. 准备清理财产登记表册

知识点 6.2.3　财产清查方法

单选题 1. （2 分，难度系数 0.9）

下列关于库存现金在盘点后应编制的原始凭证的各项中，正确的是（　　）。

A. 实存账存对比表　　B. 库存现金盘点报告表

C. 银行存款余额调节表　　D. 银行对账单

单选题 2. （2 分，难度系数 0.9）

库存现金的清查是通过（　　）进行的。

A. 实地盘点法　　B. 账账核对法　　C. 技术分析法　　D. 征询法

单选题 3. （2 分，难度系数 0.9）

银行存款常用的清查方法是（　　）。

A. 实地盘点法　　B. 账单核对法　　C. 技术推算法　　D. 发函询证法

单选题 4. （2 分，难度系数 0.9）

对银行存款的清查，主要是将（　　）进行核对。

A. 银行存款日记账与总账

B. 银行存款日记账与银行存款收、付款凭证

C. 银行存款日记账与银行对账单

D. 银行存款总账与银行存款收、付款凭证

单选题 5. （2 分，难度系数 0.9）

对债权债务往来款项的清查方法是（　　）。

A. 实地盘点法　　B. 技术推算法　　C. 核对账目法　　D. 抽样盘点法

单选题 6. （2 分，难度系数 0.9）

往来款项的清查方法一般采用（　　）。

A. 永续盘存制　　B. 实地盘存制　　C. 银行存款的清查　　D. 函证核对法

多选题 1. （3 分，难度系数 0.9）

未达账项包括（　　）。

A. 企业已记收，银行未记收的款项　　B. 企业已记付，银行未记付的款项

C. 银行已记收，企业未记收的款项　　D. 银行已记付，企业未记付的款项

多选题 2. （3 分，难度系数 0.75）

企业银行存款日记账的余额小于银行对账单余额的未达账项有（　　）。

A. 企业已收款记账而银行尚未收款记账　　B. 企业已付款记账而银行尚未付款记账

C. 银行已收款记账而企业尚未收款记账　　D. 银行已付款记账而企业尚未付款记账

多选题 3. （3 分，难度系数 0.75）

对银行存款进行清查的方法是将企业银行存款日记账与银行对账单相核对，如果两者不符，其可能的原因的是（　　）。

A. 企业账务记录有误　　B. 银行账务记录有误

C. 企业已记账，银行未记账　　D. 银行已记账，企业未记账

多选题 4. （3 分，难度系数 0.75）

企业银行存款日记账余额大于银行对账单余额主要是因为存在（　　）。

A. 企业已入账，但银行尚未入账的收入款项

B. 企业已入账，但银行尚未入账的支出款项

C. 银行已入账，但企业尚未入账的收入款项

D. 银行已入账，但企业尚未入账的支出款项

判断题 1. （2 分，难度系数 0.9）

盘点现金时，出纳人员必须在场，以明确经济责任。（　　）

判断题 2. （2 分，难度系数 0.9）

现金应该每月清查一次。（　　）

知识点 6.2.4　银行存款余额调节表综合编制

实训题 1. （2 × 5 = 10 分，难度系数 0.75）

XYZ 公司 2018 年 9 月 30 日银行存款日记账余额为 54 000 元，与收到的银行对账单

的存款余额不符。经核对，公司与银行均无记账错误，但是发现有下列未达账款，资料如下：

（1）9月28日，XYZ公司开出一张金额为3 500元的转账支票用以支付供货方货款，但供货方尚未持该支票到银行兑现。

（2）9月29日，XYZ公司送存银行的某客户转账支票2 100元，因对方存款不足而被退票，而公司未接到通知。

（3）9月30日，XYZ公司当月的水电费用750元银行已代为支付，但公司未接到付款通知而尚未入账。

（4）9月30日，银行计算应付给XYZ公司的存款利息120元，银行已入账，而公司尚未收到收款通知。

（5）9月30日，XYZ公司委托银行代收的款项14 000元，银行已转入公司的存款户，但公司尚未收到通知入账。

（6）9月30日，XYZ公司收到购货方转账支票一张，金额为6 000元，已经送存银行，但银行尚未入账。

【要求】完成下列XYZ公司的银行存款余额调节表（见表6－1）。

表6－1　　　　银行存款余额调节表

编制单位：XYZ公司　　　　2018年9月30日　　　　单位：元

项　目	金额	项　目	金额
企业银行存款日记账余额	54 000	银行对账单余额	62 770
加：银行已收企业未收的款项合计	（1）（　　）	加：企业已收银行未收的款项合计	（3）（　　）
减：银行已付企业未付的款项合计	750	减：企业已付银行未付的款项合计	（4）（　　）
调节后余额	（2）（　　）	调节后余额	（5）（　　）

实训题2.（10分，难度系数0.75）

练习银行存款余额调节表的编制。

资料：武汉福星公司2018年12月31日银行存款日记账余额为152万元，银行对账单余额为148.7万元。经逐笔核对，发现有几笔未达账项：

（1）企业开出一张支票0.2万元购买办公用品，企业已登记入账，但银行尚未登记入账；

（2）企业将销售商品收到的转账支票5万元存入银行，企业已登记入账，但银行尚未登记入账；

（3）银行受托代企业支付水电费0.5万元，银行已经登记入账，但企业尚未收到付款通知单，未登记入账；

（4）银行已收到外地汇入货款2万元登记入账，但企业尚未收到收款通知单，未登记入账。

【要求】编制银行存款余额调节表（见表6－2）。

表6－2　　**银行存款余额调节表**

年　月　日　　　　单位：万元

项　　目	金额	项　　目	金额
银行存款日记账余额		银行对账单余额	
加：银行已收、企业未收款		加：企业已收、银行未收款	
减：银行已付、企业未付款		减：企业已付、银行未付款	
调节后余额		调节后余额	

☆第一、二节测试

一、单选题

单选题1.（2分，难度系数0.9）

财产清查按照清查的时间不同，可以划分为（　　）。

A. 全面清查和局部清查　　B. 定期清查和不定期清查

C. 库存现金的清查和银行存款的清查　　D. 实地盘点和发函验证

单选题2.（2分，难度系数0.9）

通常，在年终决算之前要（　　）。

A. 对企业所有财产进行技术推算盘点

B. 对企业所有财产进行全面清查

C. 对企业部分财产进行局部清查

D. 对企业流动性较大的财产进行全面清查

单选题3.（2分，难度系数0.9）

下列各项中，不需要对单位的财产进行全面清查的是（　　）。

A. 单位撤销　　B. 单位与国内企业联营

C. 单位主要负责人调动工作　　D. 单位仓库保管员调动工作

单选题4.（2分，难度系数0.9）

按清查时间划分，单位发生贪污盗窃、营私舞弊等事件时所进行的清查属于（　　）。

A. 全面清查　　B. 局部清查　　C. 定期清查　　D. 不定期清查

单选题 5.（2 分，难度系数 0.9）
现金清查方法应采用（　　）。
A. 实地盘点法　B. 发函询证法　C. 账面价值法　D. 技术推算法

单选题 6.（2 分，难度系数 0.9）
对债权债务往来款项的清查方法是（　　）。
A. 实地盘点法　B. 技术推算法　C. 核对账目法　D. 抽样盘点法

单选题 7.（2 分，难度系数 0.9）
银行存款常用的清查方法是（　　）。
A. 实地盘点法　B. 账单核对法　C. 技术推算法　D. 发函询证法

单选题 8.（2 分，难度系数 0.75）
机器设备等固定资产采用的清查方法一般是（　　）。
A. 技术推算法　B. 测量计算盘点法　C. 逐一盘点法　D. 抽样盘点法

单选题 9.（2 分，难度系数 0.9）
在企业与银行双方记账无误的情况下，银行存款日记账与银行对账单余额不一致是由于有（　　）的存在。
A. 应收账款　B. 应付账款　C. 未达账项　D. 其他货币资金

单选题 10.（2 分，难度系数 0.75）
由于管理不善导致存货盘亏一般应作为（　　）处理。
A. 营业外支出　B. 管理费用　C. 财务费用其　D. 他应收款

二、多选题

多选题 1.（3 分，难度系数 0.9）
按照清查时间分类，财产清查可分为（　　）。
A. 全面清查　B. 定期清查　C. 局部清查　D. 不定期清查

多选题 2.（3 分，难度系数 0.9）
对下列资产的清查，应采用实地盘点法的有（　　）。
A. 存货　B. 银行存款　C. 库存现金　D. 往来款项

多选题 3.（3 分，难度系数 0.9）
财产物资的盘存制度有（　　）。
A. 权责发生制　B. 收付实现制　C. 永续盘存制　D. 实地盘存制

多选题 4.（3 分，难度系数 0.9）
未达账项包括（　　）。
A. 企业已记收，银行未记收的款项　B. 企业已记付，银行未记付的款项
C. 银行已记收，企业未记收的款项　D. 银行已记付，企业未记付的款项

三、判断题

判断题1.（2分，难度系数0.9）

盘点现金时，出纳人员必须在场，以明确经济责任。（　　）

判断题2.（2分，难度系数0.75）

存货清查中发生的存货短缺，除自然灾害导致的损失外应全部计入当期管理费用。（　　）

判断题3.（2分，难度系数0.9）

在财产清查中，对于各种往来款项至少每月与有关单位核对一次。（　　）

判断题4.（2分，难度系数0.75）

“盘存单”需经盘点人员和实物保管人员共同签章方能有效。（　　）

四、实训题（10分，难度系数0.75）

练习银行存款对账方法。

【资料】

（1）武汉市花山公司2018年8月25—31日银行存款账面记录：

25日开出支票#1246，支付购入材料运费300元。

25日开出支票#1248，支付购入材料价款39 360元。

27日存入销货款，转账支票40 000元。

28日开出支票#1249，支付委托外单位加工费16 800元。

30日存入销货转账支票28 000元。

30日开出支票#1252，支付机器修理费376元。

31日银行存款账面结存余额42 594元。

（2）银行对账单记录：

27日开出支票#1248，付出39 360元。

28日转账收入40 000元。

28日代交电费3 120元。

28日开出支票#1246，付出300元。

29日存款利息收入488元。

29日代收浙江货款11 820元。

30日开出支票#1249，付出16 800元。

31日结存余额24 158元。

【要求】根据以上资料，查明银行存款记录与银行对账单不符原因，编制银行存款余额调节表（见表6-3）。

表 6-3　　　　银行存款余额调节表

年　月　日　　　　单位：元

项　目	金额	项　目	金额
银行存款日记账余额		银行对账单余额	
加：银行已收、企业未收款		加：企业已收、银行未收款	
减：银行已付、企业未付款		减：企业已付、银行未付款	
调节后余额		调节后余额	

6.3　财产清查结果的处理

知识点 6.3.1　财产清查结果处理的要求

单选题 1.（2 分，难度系数 0.6）

对于财产清查结果处理的要求不包括（　　）。

A. 分析产生差异的原因和性质，提出处理建议

B. 向税务部门报告清查结果

C. 总结经验教训，建立健全各项规章制度

D. 及时调整账簿记录，保证账实相符

多选题 1.（3 分，难度系数 0.6）

下面各项中，关于财产清查结果处理的基本要求有（　　）。

A. 分析产生差异的原因和性质，提出处理建议

B. 积极处理多余积压财产，清理往来款项

C. 总结经验教训，建立健全各项管理制度

D. 及时调整账簿记录，保证账实相符

知识点 6.3.2　财产清查结果的账务处理

单选题 1.（2 分，难度系数 0.75）

“待处理财产损溢”账户借方核算（　　）。

A. 发生待处理财产的盘亏或毁损数

B. 财产盘盈数

C. 发生待处理财产的盘盈数

D. 结转已批准处理的财产盘亏数或毁损数余额

单选题 2. （2 分，难度系数 0.75）

无法查明原因的现金盘盈应该记入（　　）科目。

A. 管理费用　　B. 营业外收入

C. 销售费用　　D. 其他业务收入

单选题 3. （2 分，难度系数 0.75）

对于财产清查中发现的存货盘亏净损失，属于非常损失的部分应（　　）。

A. 计入财产的成本　　B. 计入营业外支出

C. 责令保管员赔偿　　D. 计入管理费用

单选题 4. （2 分，难度系数 0.75）

盘盈存货报批转销，作（　　）处理。

A. 其他业务收入　　B. 营业外收入

C. 冲减管理费用　　D. 冲减营业外支出

单选题 5. （2 分，难度系数 0.6）

固定资产盘盈可通过（　　）科目核算。

A. “投资收益”　　B. “以前年度损益调整”

C. “营业外收入”　　D. “固定资产清理”

多选题 1. （3 分，难度系数 0.75）

计入“待处理财产损溢”账户贷方核算的内容有（　　）。

A. 盘盈的财产物资数额　　B. 盘亏的财产物资数额

C. 盘盈的财产物资转销数额　　D. 盘亏的财产物资转销数额

多选题 2. （3 分，难度系数 0.6）

库存现金盘亏的账务处理中可能涉及到的科目有（　　）。

A. 库存现金　　B. 管理费用　　C. 其他应收款　　D. 营业外支出

多选题 3. （3 分，难度系数 0.6）

下列各项中，（　　）可作为原始凭证，据以调整账簿记录。

A. 现金盘点报告表　　B. 银行存款余额调节表

C. 盘存单　　D. 实存账存对比表

多选题 4. （3 分，难度系数 0.6）

某企业在财产清查中，发现短缺设备一台，账面原值 30 000 元，已计提折旧 10 000 元，在报经批准前企业应作会计分录的借方为（　　）。

A. “待处理财产损溢” 30 000 元　　B. “营业外支出” 20 000 元

C. “累计折旧” 10 000 元　　D. “待处理财产损溢” 20 000 元

多选题 5. (3 分，难度系数 0.6)

某企业在财产清查中，发现短缺设备一台，账面原价 60 000 元，已提折旧 30 000 元，批准前后编制的会计分录有（　　）。

A. 借：待处理财产损溢　　30 000
　　贷：固定资产　　30 000

B. 借：待处理财产损溢　　30 000
　　累计折旧　　30 000
　　贷：固定资产　　60 000

C. 借：管理费用　　30 000
　　贷：待处理财产损溢　　30 000

D. 借：营业外支出　　30 000
　　贷：待处理财产损溢　　30 000

多选题 6. (3 分，难度系数 0.6)

坏账准备的提取方法包括（　　）。

A. 应收账款余额百分比法　　B. 账龄分析法

C. 销货百分比法　　D. 现销百分比法

判断题 1. (2 分，难度系数 0.6)

“待处理财产损溢”账户期末处理结转后应无余额。（　　）

判断题 2. (2 分，难度系数 0.6)

某企业库存现金清查中，发现现金短缺 300 元，经查明属于出纳人员的责任，则应借记“其他应收款——出纳员”300 元，贷记“待处理财产损溢”300 元。（　　）

判断题 3. (2 分，难度系数 0.6)

“坏账准备”科目的借方登记当期计提的坏账准备金额，贷方登记实际发生的坏账损失金额和冲减的坏账准备金额。（　　）

知识点 6.3.3　财产清查账务处理实训

实训题 1. (7 分，难度系数 0.75)

某企业在现金清查中发现库存现金较账面余额溢余 56 元。

(1) 在批准前，根据“库存现金盘点报告表”所确定的现金溢余数，编制会计分录。(3 分，难度系数 0.9)

(2) 经核查，上述现金溢余中有 30 元属于应支付给某个人的款项，转作其他应付

款，其余 26 元原因不明，经批准计入营业外收入处理。编制如下会计分录。(4 分，难度系数 0.75)

实训题 2. (6 分，难度系数 0.75)

某企业在现金清查中发现库存现金较账面余额短缺 78 元。

(1) 批准前，根据“库存现金盘点报告表”所确定的现金短缺数，编制会计分录。(3 分，难度系数 0.9)

(2) 经核查，上述现金短缺 78 元中，有 40 元属于出纳员王强的责任，应由王强赔偿，转作其他应收款；另有 38 元无法查明原因，经批准计入管理费用处理。编制会计分录。(4 分，难度系数 0.75)

实训题 3. (6 分，难度系数 0.75)

汉江企业在财产清查过程中盘盈原材料一批，按照同类材料市场价格确定其价值为 600 元。盘盈设备一台，按照同类设备市场价格确定其价值为 2 000 元。在批准前，根据“实存账存对比表”所确定的盘盈金额。编制会计分录。(3 分，难度系数 0.9)

实训题 4. (3 分，难度系数 0.75)

上述盘盈的原材料和设备，经查明原因，批准计入管理费用。盘盈设备一台，计入以前年度损益调整编制会计分录（3 分，难度系数 0.9）。

实训题 5. (6 分，难度系数 0.75)

汉江企业在财产清查中盘亏原材料 2 000 元，盘亏库存商品 4 000 元，盘亏机器一台，其账面原值为 20 000 元，已计提累计折旧 15 000。

（1）在批准前，根据“实存账存对比表”所确定的原材料和库存商品盘亏金额，编制会计分录（3 分，难度系数 0.9）。

（2）在批准前，根据“实存账存对比表”所确定的固定资产盘亏净值，编制会计分录（3 分，难度系数 0.75）。

实训题 6.（7 分，难度系数 0.75）

上述盘亏的原材料、库存商品和固定资产，已查明原因，经批准做如下处理：

（1）盘亏原材料 2 000 元属于自然灾害造成的损失，作为营业外支出处理。盘亏库存商品的金额中，属于责任者个人赔偿的有 1 000 元，转作其他应收款；残料价值 500 元已办理入库手续；剩余部分计入营业外支出（4 分，难度系数 0.75）。

（2）盘亏固定资产净值 5 000 元，作为营业外支出处理。根据以上情况，编制会计分录（3 分，难度系数 0.75）。

实训题 7.（25 分，难度系数 0.75）

练习财产清查结果的账务处理。

【资料】大华公司 2013 年 12 月 31 日报表决算前进行财产清查时，发现以下问题：

（1）现金短缺 100 元，经查明是由于出纳收发错误造成的，经批准，由出纳赔偿（3 + 3 = 6 分，难度系数 0.9）。

（2）原材料甲盘盈 100 千克，单价为 10 元，经查明属于自然升溢（3 + 3 = 6 分，难度系数 0.75）。

（3）库存商品盘亏 100 千克，价款 2 800 元，经查明属于计量差错造成（3 + 3 = 6 分，难度系数 0.75）。

（4）盘亏设备一台，固定资产原值为 10 000 元，已经计提折旧 5 000 元，经查明属于失窃，可以获得保险公司赔偿 1 000 元（3 + 4 = 7 分，难度系数 0.6）。

【要求】做出上述事项批准前、后的账务处理。

☆第三节测试

一、单选题

单选题 1.（2 分，难度系数 0.9）

下列情况下，适合采用局部清查的方法进行财产清查的是（　　）。

A. 年终结算前　　B. 企业实行股份制改造前

C. 企业开展资产评估前　　D. 银行存款的清查

单选题 2.（2 分，难度系数 0.9）

企业在编制年度财务会计报告前进行的财产清查，属于（　　）。

A. 全面清查　　B. 重点清查　　C. 局部清查　　D. 抽样清查

单选题 3.（2 分，难度系数 0.9）

下列情况下，适合采用局部清查的方法进行财产清查的是（　　）。

A. 年终结算前　　B. 企业实行股份制改造前

C. 企业开展资产评估前　　D. 银行存款的清查

单选题 4.（2 分，难度系数 0.9）

实物清查不能用的方法是（　　）。

A. 逐一清点法　　B. 技术推算盘点法　　C. 核对账目法　　D. 实地盘点法

单选题 5.（2 分，难度系数 0.75）

库存现金盘点时发现短缺，则应借记的会计科目是（　　）。

A. “库存现金”　　B. “其他应付款”

C. “待处理财产损溢”　　D. “其他应收款”

单选题 6.（2 分，难度系数 0.9）

往来款项的清查方法一般采用（　　）。

A. 永续盘存制　　B. 实地盘存制

C. 银行存款的清查　　D. 函证核对法

单选题 7.（2 分，难度系数 0.9）

对银行存款的清查，主要是将（　　）进行核对。

A. 银行存款日记账与总账

B. 银行存款日记账与银行存款收、付款凭证

C. 银行存款日记账与银行对账单

D. 银行存款总账与银行存款收、付款凭证

单选题 8.（2 分，难度系数 0.9）

对财产物资的收发都有严密的手续，且在账簿中有连续的记载便于确定结存灵敏度的制度是（　　）。

A. 实地盘存制　　B. 永续盘存制　　C. 权责发生制　　D. 收付实现制

单选题 9.（2 分，难度系数 0.75）

“待处理财产损溢”账户借方核算（　　）。

A. 发生待处理财产的盘亏或毁损数

B. 财产盘盈数

C. 发生待处理财产的盘盈数

D. 结转已批准处理的财产盘亏数或毁损数余额

单选题 10.（2 分，难度系数 0.75）

盘盈存货报批转销，作（　　）处理。

A. 其他业务收入　　B. 营业外收入

C. 冲减管理费用　　D. 冲减营业外支出

二、多选题

多选题 1.（3 分，难度系数 0.9）

按账户清查的范围可分为（　　）。

A. 重点清查　　B. 定期清查　　C. 全面清查　　D. 局部清查

多选题 2.（3 分，难度系数 0.9）

下列不适于采用实地盘点法清查的有（　　）。

A. 原材料　　B. 固定资产　　C. 露天堆放的沙石　　D. 露天堆放的煤

多选题 3.（3 分，难度系数 0.9）

下列关于实地盘存制的说法正确的有（　　）。

A. 期末要对全部存货进行实地盘点

B. 平时存货账户只记借方，不记贷方

C. 用于工业企业，称为“以存计耗”或“盘存计耗”

D. 用于商品流通企业，称为“以存计销”或“盘存计销”

多选题 4.（3 分，难度系数 0.9）

企业银行存款日记账的余额小于银行对账单余额的未达账项有（　　）。

A. 企业已收款记账而银行尚未收款记账

B. 企业已付款记账而银行尚未付款记账

C. 银行已收款记账而企业尚未收款记账

D. 银行已付款记账而企业尚未付款记账

多选题 5.（3 分，难度系数 0.75）

某企业在财产清查中，发现短缺设备一台，账面原价 60 000 元，已提折旧 30 000

元，批准前后编制的会计分录有（　　）。

A. 借：待处理财产损溢　30 000
　　贷：固定资产　30 000

B. 借：待处理财产损溢　30 000
　　累计折旧　30 000
　　贷：固定资产　60 000

C. 借：管理费用　30 000
　　贷：待处理财产损溢　30 000

D. 借：营业外支出　30 000
　　贷：待处理财产损溢　30 000

多选题 6. （3 分，难度系数 0.75）

某企业在财产清查中，发现短缺设备一台，账面原值 30 000 元，已计提折旧10 000 元，在报经批准前企业应作会计分录的借方为（　　）。

A. “待处理财产损溢”30 000 元

B. “营业外支出”20 000 元

C. “累计折旧”10 000 元

D. “待处理财产损溢”20 000 元

三、判断题

判断题 1. （2 分，难度系数 0.9）

库存现金的清查包括出纳人员每日的清点核对和清查小组定期和不定期的清查。

判断题 2. （2 分，难度系数 0.9）

对某些价值小、数量多、逐一清点工作量大的财产物资，可以采用抽样盘点法进行财产清查。

判断题 3. （2 分，难度系数 0.9）

永续盘存制的优点是简化存货的日常核算工作，但加大了期末的工作量。

判断题 4. （2 分，难度系数 0.9）

财产清查后，如果发现盘盈或盘亏，应直接调整账簿记录，以保证账实相符。

判断题 5. （2 分，难度系数 0.75）

对于盘亏固定资产的净损失，报经批准后应转入“营业外支出”账户。

判断题 6. （2 分，难度系数 0.75）

在进行库存现金清查中，发现库存现金实存数大于账面余额 200 元，则应借记“待处理财产损溢”200 元。

四、实训题

1.【资料】大华公司 2018 年 12 月 31 日报表决算前进行财产清查时，发现以下问题：

（1）现金短缺 200 元，经查明是由于出纳收发错误造成的，经批准，由出纳赔偿。

（2）原材料甲盘盈 200 千克，单价为 10 元，经查明属于自然升溢。

（3）库存商品盘亏 100 千克，价款 2 800 元，经查明属于计量差错造成。

（4）盘亏设备一台，固定资产原值为 10 000 元，已经计提折旧 4 000 元，经查明属于失窃，可以获得保险公司赔偿 1 000 元。

【要求】做出上述事项批准前后的账务处理。(8 分，难度系数 0.75)

2. 某企业在现金清查中发现库存现金较账面余额溢余 56 元。

(1) 在批准前，根据“库存现金盘点报告表”所确定的现金溢余数，编制会计分录。(3 分，难度系数 0.9)

(2) 经核查，上述现金溢余中有 30 元属于应支付给某个人的款项，转作其他应付款，其余 26 元原因不明，经批准计入营业外收入处理。编制会计分录。(4 分，难度系数 0.75)

3. 某企业在现金清查中发现库存现金较账面余额短缺 78 元。

(1) 批准前，根据“库存现金盘点报告表”所确定的现金短缺数，编制会计分录。(3 分，难度系数 0.9)

(2) 经核查，上述现金短缺 78 元中，有 40 元属于出纳员王强的责任，应由王强赔偿，转作其他应收款；另有 38 元无法查明原因，经批准计入管理费用处理。编制会计分录。(4 分，难度系数 0.75)

4. 汉江企业在财产清查过程中盘盈原材料一批，按照同类材料市场价格确定其价值为 600 元。盘盈设备一台，按照同类设备市场价格确定其价值为 2 000 元。

(1) 在批准前，根据“实存账存对比表”所确定的盘盈金额。编制会计分录。(3 分，难度系数 0.9)

（2）上述盘盈的原材料经查明原因，批准计入管理费用。盘盈设备一台，计入以前年度损益调整。编制会计分录。（4 分，难度系数0.6）

项目七　财务报表

7.1　财务报表的种类和要求

知识点 7.1.1　财务报表的构成

单选题 1.（2 分，难度系数 0.9）

下列各项中，属于企业对外提供的反映企业某一特定日期财务状况和某一会计期间经营成果、现金流量情况的书面文件是（　　）。

A. 资产负债表　　B. 利润表　　C. 报表附注　　D. 财务报表

多选题 1.（3 分，难度系数 0.75）

企业财务报表主要包括（　　）。

A. 资产负债表　　B. 利润表　　C. 现金流量表　　D. 附注

多选题 2.（3 分，难度系数 0.75）

财务报表可以提供（　　）信息。

A. 财务状况　　B. 现金流量　　C. 经营成果　　D. 劳动生产率

判断题 1.（2 分，难度系数 0.9）

财务报表是可以反映企业财务状况、经营成果和现金流量等会计信息的书面文件。

（　　）

知识点 7.1.2　财务报表的作用

多选题 1.（3 分，难度系数 0.75）

单位编制财务报表的主要目的就是为（　　）及社会公众等财务报告的使用者进行决策提供会计信息。

A. 投资者　　B. 债权人

C. 政府及相关机构　　D. 企业管理人员

判断题1.（2分，难度系数0.9）

财务报表的目的是为了向财务报表使用者提供会计信息及反映企业管理层受托责任履行情况。（ ）

判断题2.（2分，难度系数0.9）

企业编制财务报表的主要目的是为了核算企业的经营成果。（ ）

判断题3.（2分，难度系数0.9）

财务报告的目的是为了向财务报告使用者提供会计信息及反映企业管理层受托责任履行情况。（ ）

知识点7.1.3 财务报表的种类

单选题1.（2分，难度系数0.9）

下列各项中，属于中期财务报表的是（ ）。

A. 合并会计报表　B. 对外财务报表

C. 利润表　D. 所有者权益变动表

单选题2.（2分，难度系数0.9）

下列各项中，属于会计报表分为中期财务报表和年度财务报表的依据是（ ）。

A. 报送的对象　B. 编报的单位　C. 反映的内容　D. 编报的期间

单选题3.（2分，难度系数0.9）

下列各项中，属于月度财务报表报出的时间是（ ）。

A. 6日内　B. 15日内　C. 3日内　D. 10日内

单选题4.（2分，难度系数0.9）

下列各项中，属于季度财务报表报出的时间是（ ）。

A. 6日内　B. 15日内　C. 30日内　D. 60日内

单选题5.（2分，难度系数0.9）

下列各项中，属于半年度财务报表报出的时间是（ ）。

A. 6天内　B. 15天内　C. 30天内　D. 60天内

单选题6.（2分，难度系数0.9）

下列各项中，属于年度财务报表报出的时间是（ ）。

A. 上年度终了后3个月内　B. 上年度终了后1个月内

C. 上年度终了后4个月内　D. 上年度终了后2个月内

多选题1.（3分，难度系数0.75）

一般企业的年度、半年度财务报表应当包括（ ）。

A. 财务计划　B. 会计报表附注

C. 财务情况说明书　D. 会计报表

多选题 2. （3 分，难度系数 0.75）

中期财务会计报告包括（　　）。

A. 半年度财务会计报告　　B. 年度财务会计报告

C. 季度财务会计报告　　D. 月度财务会计报告

判断题 1. （2 分，难度系数 0.9）

资产负债表是动态会计报表。（　　）

判断题 2. （2 分，难度系数 0.9）

利润表是静态会计报表。（　　）

知识点 7.1.4　财务报表编制的基本要求

单选题 1. （2 分，难度系数 0.75）

企业应当以（　　）为基础，根据实际发生的交易和事项，按照相关会计准则的规定进行确认和计量，在此基础上编制财务报表。

A. 会计主体　　B. 持续经营　　C. 会计分期　　D. 重要性原则

多选题 1. （3 分，难度系数 0.75）

财务报表编制的基本要求是（　　）。

A. 数字真实　　B. 计算准确

C. 内容完整　　D. 编报及时

判断题 1. （2 分，难度系数 0.9）

财务报表企业可以根据需要不定期地编制。（　　）

☆第一节测试

一、单选题

单选题 1. （2 分，难度系数 0.9）

对本单位财务会计报表的真实性和完整性负责的是（　　）。

A. 会计机构负责人　　B. 单位负责人

C. 记账会计人员　　D. 总会计师

单选题 2. （2 分，难度系数 0.9）

下列关于上市公司年度财务报告对外提供期限的表述中，正确的是（　　）。

A. 2 个月　　B. 5 日　　C. 30 日　　D. 4 个月

单选题 3. （2 分，难度系数 0.9）

（　　）是指企业对外提供的反映企业某一特定日期财务状况和某一会计期间经营

成果、现金流量等会计信息的文件。

A. 利润表　　B. 资产负债表

C. 财务会计报表　　D. 现金流量表

单选题 4. （2 分，难度系数 0.9）

按照编制范围的不同，财务报表可分为（　　）。

A. 内部报表和外部报表　　B. 静态报表和动态报表

C. 个别会计报表和合并会计报表　　D. 月报、季报和年报

单选题 5. （2 分，难度系数 0.9）

资产、负债、所有者权益是资金运动的（　　）。

A. 存在形态　　B. 静态表现　　C. 动态表现　　D. 其他形态

单选题 6. （2 分，难度系数 0.75）

以下（　　）不是财务会计报告的组成内容。

A. 资产负债表　　B. 利润表

C. 会计报表附注　　D. 财务计划说明书

单选题 7. （2 分，难度系数 0.9）

季度财务会计报告应于每季度终了后的（　　）日内报出。

A. 6　　B. 80　　C. 10　　D. 15

单选题 8. （2 分，难度系数 0.9）

会计报表中报表项目的数字，其直接来源是（　　）。

A. 原始凭证　　B. 记账凭证　　C. 日记账　　D. 账簿记录

二、多选题

多选题 1. （3 分，难度系数 0.75）

下列有关说法的表述中，正确的有（　　）。

A. 财务会计报告包括财务报表和其他应当在财务会计报告中披露的相关信息和资料

B. 中期财务报表是指以中期为基础编制的财务报表

C. 中期是指短于一个完整的会计年度的报告期间

D. 中期财务报表又可分为月度财务报表、季度财务报表、半年度财务报表

多选题 2. （3 分，难度系数 0.75）

下列各项中，属于企业财务报表的有（　　）。

A. 试算平衡表　　B. 资产负债表　　C. 现金流量表　　D. 附注

多选题 3. （3 分，难度系数 0.75）

下列各项中，属于财务报表结构性表述正确的有（　　）。

A. 财务状况　　B. 财务成果　　C. 现金流量　　D. 经营成果

多选题 4. （3 分，难度系数 0.75）

下列各项中，属于财务报表至少应当包括的组成部分的有（　　）。

A. 所有者权益变动表　B. 资产负债表　C. 现金流量表　D. 附注

多选题 5.（3 分，难度系数 0.75）

下列各项中，属于中期财务报表的有（　　）。

A. 利润表　B. 资产负债表　C. 现金流量表　D. 附注

多选题 6.（3 分，难度系数 0.75）

下列各项中，属于年度财务报表的有（　　）。

A. 资产负债表　B. 所有者权益变动表以及附注
C. 利润表　D. 现金流量表

多选题 7.（3 分，难度系数 0.75）

下列各项中，属于财务报表按编报范围不同进行划分的有（　　）。

A. 对内财务报表　B. 个别财务报表　C. 对外财务报表　D. 合并财务报表

多选题 8.（3 分，难度系数 0.75）

下列各项中，属于年度财务报表的有（　　）。

A. 合并财务报表　B. 资产负债表
C. 现金流量表　D. 所有者权益变动表

多选题 9.（3 分，难度系数 0.75）

下列各项中，属于个别财务报表的有（　　）。

A. 资产负债表　B. 利润表　C. 现金流量表　D. 成本报表

三、判断题

判断题 1.（2 分，难度系数 0.9）

财务报表是对企业财务状况、经营成果和现金流量的结构性表述。（　　）

判断题 2.（2 分，难度系数 0.9）

财务报表是对企业财务状况、财务成果和现金流量的结构性表述。（　　）

判断题 3.（2 分，难度系数 0.75）

财务报表按其编报范围不同可以分为个别财务报表和合并财务报表。（　　）

判断题 4.（2 分，难度系数 0.9）

所有者权益变动表属于年度财务报表。（　　）

判断题 5.（2 分，难度系数 0.9）

资产负债表属于年度财务报表。（　　）

判断题 6.（2 分，难度系数 0.9）

利润表属于年度财务报表。（　　）

判断题 7.（2 分，难度系数 0.9）

现金流量表属于年度财务报表。（　　）

判断题 8.（2 分，难度系数 0.9）

所有者权益变动表属于中期财务报表。（　　）

7.2 资产负债表

知识点 7.2.1 资产负债表概述

7.2.1.1 资产负债表的概念

单选题 1. (2 分，难度系数 0.9)

财务状况是指企业（ ）的资产及权益情况。

A. 一个会计年度　　B. 某一特定日期

C. 一定时期　　D. 某一特定期间

单选题 2. (2 分，难度系数 0.9)

“资产 = 负债 + 所有者权益”是编制企业（ ）的理论依据。

A. 利润表　　B. 资产负债表　　C. 报表附注　　D. 现金流量表

判断题 1. (2 分，难度系数 0.9)

资产负债表是反映企业某一特定日期财务状况的会计报表。（ ）

7.2.1.2 资产负债表的作用

多选题 1. (3 分，难度系数 0.75)

编制资产负债表可以反映企业（ ）。

A. 某一时期的盈利状况

B. 某一日期的资产总额及其构成状况

C. 某一日期的负债总额及其构成状况

D. 某一日期的所有者权益状况

多选题 2. (3 分，难度系数 0.75)

借助于资产负债表提供的会计信息，可以帮助管理者（ ）。

A. 分析企业资产的结构及其状况

B. 分析企业目前与未来需要支付的债务数额

C. 分析企业的经营成果

D. 分析企业的现金流量情况

多选题 3. (3 分，难度系数 0.75)

资产负债表反映的经济内容是企业的财务状况，表现为（ ）。

A. 资产状况　　B. 权益状况　　C. 偿债能力　　D. 财务成果

7.2.1.3 资产负债表的结构

单选题 1. （2 分，难度系数 0.9）

我国《企业会计准则》规定，企业的资产负债表应采用的结构是（　　）。

A. 账户式　　B. 多步式　　C. 单步式　　D. 报告式

单选题 2. （2 分，难度系数 0.9）

资产负债表主要是依据（　　）编制。

A. 资产、负债及所有者权益各类账户的期末余额

B. 资产、负债及所有者权益各类账户的本期发生额

C. 损益类账户的本期发生额

D. 损益类账户的期末余额

单选题 3. （2 分，难度系数 0.9）

资产负债表中负债项目，一般按（　　）的先后顺序排列。

A. 重要性　　B. 有用性　　C. 求偿时间　　D. 所有权

单选题 4. （2 分，难度系数 0.9）

下列（　　）在资产负债表中排在资产项目的最后。

A. 无形资产　　B. 固定资产　　C. 流动资产　　D. 货币资金

判断题 1. （2 分，难度系数 0.9）

资产负债表中资产项目是按资产流动性由大到小的顺序排列的。（　　）

知识点 7.2.2　资产负债表的编制方法

7.2.2.1 年初余额的填列方法

多选题 1. （3 分，难度系数 0.75）

编制资产负债表的资料来源有（　　）。

A. 总账　　B. 明细账

C. 备查登记簿　　D. 上年度资产负债表

判断题 1. （2 分，难度系数 0.9）

资产负债表“年初余额”栏内各数字应根据上年末资产负债表“期末余额”栏内所列数字填列。（　　）

判断题 2. （2 分，难度系数 0.75）

如果企业上年度资产负债表规定的项目名称和内容与本年度不一致，在批注中披露上年度和本年度项目名称不一致的原因后，将对应金额填入“年初余额”栏。（　　）

7.2.2.2　期末余额的填列方法

单选题 1.（2 分，难度系数 0.75）

编制资产负债表时，“应付账款”所属明细科目期末如为借方余额，应在表中的（　　）项目填列。

A. 预收账款　　B. 预付账款

C. 应收账款　　D. 应付账款

单选题 2.（2 分，难度系数 0.75）

编制资产负债表时，“应收账款”所属明细科目期末如为贷方余额，应在表中的（　　）项目填列。

A. 应收账款　　B. 应付账款　　C. 预收账款　　D. 预付账款

单选题 3.（2 分，难度系数 0.75）

企业有关账户月末余额为：“原材料”借方 270 000 元，“库存商品”借方 250 000 元，“生产成本”借方 100 000 元，“材料成本差异”借方 30 000 元，则月度资产负债表的“存货”项目期末数应填列（　　）元。

A. 610 000　　B. 650 000　　C. 640 000　　D. 640 000

多选题 1.（3 分，难度系数 0.75）

资产负债表中的“货币资金”项目，应根据（　　）账户期末余额的合计数填列。

A. “应收账款”　　B. “库存现金”

C. “银行存款”　　D. “其他货币资金”

多选题 2.（3 分，难度系数 0.75）

资产负债表中的“存货”项目反映的内容包括（　　）。

A. 库存商品　　B. 在途物资

C. 委托加工物资　　D. 生产成本

判断题 1.（2 分，难度系数 0.75）

“利润分配”总账的年末余额不一定与相应的资产负债表中“未分配利润”项目的数额一致。（　　）

判断题 2.（2 分，难度系数 0.75）

资产负债表中的“应收账款”项目应根据“应收账款”所属明细账借方余额合计数和“预收账款”所属明细账贷方余额合计数计算填列。（　　）

判断题 3.（2 分，难度系数 0.75）

资产负债表中的“应付账款”项目应根据“应付账款”所属明细账贷方余额合计数和“预收账款”所属明细账贷方余额合计数计算填列。（　　）

7.2.2.3 资产负债表实训

实训题1.（10分，难度系数0.75）

三江公司月末有关总账科目期末余额如下：

（1）“库存现金”科目 3 000元（借）
（2）“银行存款”科目 200 000元（借）
（3）“原材料”科目 100 000元（借）
（4）“生产成本”科目 82 000元（借）
（5）“库存商品”科目 140 000元（借）
（6）“固定资产”科目 500 000元（借）
（7）“累计折旧”科目 48 000元（贷）
（8）“本年利润”科目 64 000元（贷）
（9）“利润分配”科目 48 000元（借）

【要求】根据上述资料计算填列资产负债表“货币资金”“存货”“固定资产”和“未分配利润”项目的期末数。

实训题2.（10分，难度系数0.6）

金地公司2018年12月31日总分类账户及明细账户的期末余额如表7－1所示。

表7－1 **总分类账户余额** 单位：元

总分类账户名称	借方余额	贷方余额
库存现金	1 895	
银行存款	129 800	
应收账款	4 000	
坏账准备		200
原材料	72 500	
库存商品	62 000	
生产成本	18 000	
固定资产	358 700	
累计折旧		24 700
无形资产	20 000	
累计摊销		3 500
预收账款		8 500
短期借款		27 500

续表

总分类账户名称	借方余额	贷方余额
应付账款		23 000
预付账款	5 000	
长期借款		200 000
实收资本		350 000
盈余公积		18 095
利润分配		16 400
合计	671 895	671 895

有关明细账户余额

单位：元

账户名称	余额方向	金额
应收账款	借	4 000
——A 公司	借	5 500
——奇盛公司	贷	1 500
预收账款	贷	8 500
——C 公司	贷	10 000
——D 公司	借	1 500
预付账款	借	5 000
——E 公司	借	6 200
——F 公司	贷	1 200
应付账款	贷	23 000
——G 公司	贷	23 000

如果企业长期借款中将于一年内到期归还的长期借款为 60 000 元。

【要求】根据上述资料，计算金地公司 2018 年 12 月 31 日资产负债表的下列项目金额：

（1）应收账款（　　）元；

（2）资产合计（　　）元；

（3）应付账款（　　）元；

（4）预收款项（　　）元；

（5）流动负债合计（　　）元。

☆第二节测试

一、单选题

单选题 1.（2 分，难度系数 0.9）

下列对于各种财务报表报送的时间要求，（　　）是不正确的。

A. 月度财务报表于月份终了后 10 日内报出

B. 季度财务报表于季度终了后 15 日内报出

C. 半年度财务报表应于年度中期结束后 60 日内报出

D. 年度财务报表应于年度终了后 4 个月内对外提供

单选题 2. （2 分，难度系数 0.9）

我国《企业会计准则》规定，企业会计的确认、计量和报告的基础是（　　）。

A. 收付实现制　　B. 永续盘存制　　C. 实地盘存制　　D. 权责发生制

单选题 3. （2 分，难度系数 0.9）

根据《企业会计准则》的规定，我国企业资产负债表的格式采用（　　）。

A. 单步式　　B. 多步式　　C. 报告式　　D. 账户式

单选题 4. （2 分，难度系数 0.9）

资产负债表是根据（　　）这一会计等式编制的。

A. 收入 - 费用 = 利润

B. 现金流入 - 现金流出 = 现金净流量

C. 资产 = 负债 + 所有者权益 + 收入 - 费用

D. 资产 = 负债 + 所有者权益

单选题 5. （2 分，难度系数 0.9）

资产负债表中资产的排列顺序是（　　）。

A. 项目的价值高低　　B. 项目的重要性

C. 项目的时间　　D. 项目的流动性

单选题 6. （2 分，难度系数 0.9）

资产负债表左方的资产项目排列标准是（　　）。

A. 重要性原则，即重要项目排在前面，次要项目排在后面

B. 债务清查的先后顺序，即短期债务排在前面，长期债务排在后面

C. 流动性大小，即流动性大的排在前面，流动性小的排在后面

D. 金额的大小，即金额小的排在前面，金额大的排在后面

单选题 7. （2 分，难度系数 0.9）

资产负债表中的资产类项目、负债类项目均按流动性分类和排列，主要优点是（　　）。

A. 便于对项目的分类和排列　　B. 便于项目的填制

C. 便于对报表资料的分析和应用　　D. 便于类别、项目的计算和汇总

单选题 8. （2 分，难度系数 0.75）

企业有关账户月末余额为：“原材料”借方 260 000 元，“库存商品”借方 240 000 元，“生产成本”借方 100 000 元，“材料成本差异”贷方 20 000 元，则月度资产负债表的“存货”项目期末数应填列（　　）元。

A. 580 000　　B. 620 000　　C. 610 000　　D. 600 000

单选题 9. （2 分，难度系数 0.75）

企业“应付账款”明细账期末余额情况如下：应付甲企业贷方余额为 400 000 元，

应付乙企业借方余额为 360 000 元，应付丙企业贷方余额为 600 000 元。假如该企业“预付账款”明细账均为借方余额，则根据以上数据计算的反映在资产负债表上“应付账款”项目的金额为（　　）元。

A. 1 360 000　　B. 640 000　　C. 1 000 000　　D. 160 000

二、多选题

多选题 1.（3 分，难度系数 0.75）

财务报告可以提供（　　）信息。

A. 财务状况　　B. 现金流量　　C. 经营成果　　D. 劳动生产率

多选题 2.（3 分，难度系数 0.75）

财务会计报表分为（　　）。

A. 年度财务会计报表　　B. 半年度财务会计报表

C. 季度财务会计报表　　D. 月度财务会计报表

多选题 3.（3 分，难度系数 0.75）

编制资产负债表时，列在流动负债下的项目有（　　）。

A. 应付账款　　B. 其他应付款

C. 应付债券　　D. 一年内到期的长期负债

多选题 4.（3 分，难度系数 0.75）

资产负债表账户包括（　　）。

A. 资产类账户　　B. 所有者权益类账户

C. 收入类账户　　D. 负债类账户

多选题 5.（3 分，难度系数 0.75）

编制资产负债表的资料来源有（　　）。

A. 总账　　B. 明细账

C. 备查登记簿　　D. 上年度资产负债表

多选题 6.（3 分，难度系数 0.75）

资产负债表有（　　）两种基本格式。

A. 账户式　　B. 报告式

C. 资产权益式　　D. 收入费用式

多选题 7.（3 分，难度系数 0.75）

资产负债表中的“货币资金”项目包括以下（　　）项目。

A. 银行存款　　B. 库存现金　　C. 其他货币资金　　D. 应收票据

多选题 8.（3 分，难度系数 0.75）

资产负债表中的“存货”项目反映的内容有（　　）。

A. 库存商品　　B. 原材料　　C. 发出商品　　D. 生产成本

多选题 9.（3 分，难度系数 0.75）

资产负债表左方反映的经济内容有（　　）。

A. 流动负债　　B. 流动资产

C. 长期股权投资　　D. 无形资产

三、判断题

判断题 1.（2 分，难度系数 0.9）

企业编制财务会计报告的主要目的是为了核算企业的经营成果。（　　）

判断题 2.（2 分，难度系数 0.9）

资产负债表、利润表、所有者权益变动表和现金流量表属于向企业外部提供会计信息的报表。（　　）

判断题 3.（2 分，难度系数 0.9）

资产负债表一般有两种格式：报告式和账户式。（　　）

判断题 4.（2 分，难度系数 0.9）

企业持有的应收票据是一项短期债权，在资产负债表上列示为流动资产。（　　）

判断题 5.（2 分，难度系数 0.9）

资产负债表是动态会计报表。（　　）

判断题 6.（2 分，难度系数 0.75）

“长期借款”账户在编制资产负债表要根据总账账户和明细账户的余额分析计算填列。（　　）

判断题 7.（2 分，难度系数 0.9）

资产负债表是反映某一特定日期内财务状况的会计报表。（　　）

判断题 8.（2 分，难度系数 0.9）

资产负债表中的“应付职工薪酬”项目是根据其总账科目余额填列的。（　　）

判断题 9.（2 分，难度系数 0.9）

资产负债表由表首、正表和附注三部分组成。（　　）

四、实训题（10 分，难度系数 0.6）

1.【资料】年末结账后总分类账户余额如表 7－2 所示。

表 7－2　　嘉华公司 2018 年 12 月 31 日的有关资料

账户名称	年初数	年末数	账户名称	年初数	年末数
库存现金	900	1 200	短期借款	125 000	128 000
银行存款	78 100	98 000	应付账款	62 500	65 100
应收账款	77 400	88 200	预收账款	2 500	2 900
预付账款	2 700	3 200	应付职工薪酬	6 323	7 572

续表

账户名称	年初数	年末数	账户名称	年初数	年末数
其他应收款	5 050	5 800	应付利润	19 810	21 100
原材料	98 260	112 200	应交税费	8 427	9 078
生产成本	89 100	78 400	其他应付款	8 840	9 800
库存商品	93 290	96 200	累计折旧	60 000	88 000
固定资产	482 000	524 000	长期借款	220 000	240 000
无形资产	85 830	91 940	实收资本	395 000	395 000
			资本公积	2 000	2 000
			盈余公积	18 030	36 790
			利润分配	84 200	93 800
合　计	1 012 630	1 099 140	合　计	1 012 630	1 099 140

2. 有关明细分类账户余额如下：

	年初数	年末数
（1）应收账款明细分类账借方余额	84 000	96 000
应收账款明细分类账贷方余额	6 600	7 800
（2）应付账款明细分类账借方余额	5 500	6 900
应付账款明细分类账贷方余额	68 000	72 000
（3）长期借款账户中一年内到期借款	20 000	3 000

【要求】根据上列资料编制嘉华公司2018年12月31日的资产负债表（见表7－3）。

表7－3　　　　**资产负债表**

会企01表

编制单位：　　　　____年____月____日　　　　单位：元

资　　产	期末余额	年初余额	负债和所有者权益（或股东权益）	期末余额	年初余额
流动资产：			流动负债：		
货币资金			短期借款		
以公允价值计量且其变动计入当期损益的金融资产			以公允价值计量且其变动计入当期损益的金融负债		
衍生金融资产			衍生金融负债		
应收票据			应付票据		
应收账款			应付账款		
预付款项			预收款项		
应收利息			应付职工薪酬		
应收股利			应交税费		

续表

资　　产	期末余额	年初余额	负债和所有者权益（或股东权益）	期末余额	年初余额
其他应收款			应付利息		
存货			应付股利		
持有待售资产			其他应付款		
一年内到期的非流动资产			持有待售负债		
其他流动资产			一年内到期的非流动负债		
流动资产合计			其他流动负债		
非流动资产：			流动负债合计		
可供出售金融资产			非流动负债：		
持有至到期投资			长期借款		
长期应收款			应付债券		
长期股权投资			其中：优先股		
投资性房地产			永续债		
固定资产			长期应付款		
在建工程			专项应付款		
工程物资			预计负债		
固定资产清理			递延收益		
生产性生物资产			递延所得税负债		
油气资产			其他非流动负债		
无形资产			非流动负债合计		
开发支出			负债合计		
商誉			所有者权益（或股东权益）：		
长期待摊费用			实收资本（或股本）		
递延所得税资产			其他权益工具		
其他非流动资产			其中：优先股		
非流动资产合计			永续债		
			资本公积		
			减：库存股		
			其他综合收益		
			盈余公积		
			未分配利润		
			所有者权益（或股东权益）合计		
资产总计			负债和所有者权益（或股东权益）总计		

7.3　利润表

知识点 7.3.1　利润表概述

7.3.1.1　利润表的概念

单选题 1.（2 分，难度系数 0.9）

编制会计报表时，以“收入 - 费用 = 利润”这一会计等式作为编制依据的会计报表是（　　）。

A. 利润表　B. 利润分配表　C. 资产负债表　D. 现金流量表

多选题 1.（3 分，难度系数 0.75）

财务成果的计算和处理一般包括（　　）。

A. 收入的确认　B. 费用的计算和分配

C. 所得税的计算和缴纳　D. 利润分配或亏损弥补

判断题 1.（2 分，难度系数 0.9）

利润表是反映企业一定时期全部资产、负债和所有者权益情况的会计报表。（　　）

7.3.1.2　利润表的作用

多选题 1.（3 分，难度系数 0.75）

下列关于利润表的作用说法正确的有（　　）。

A. 有助于分析企业的经营成果和获利能力

B. 有助于考核企业管理人员的经营业绩

C. 有助于预测企业未来利润

D. 有助于企业管理人员的未来决策

判断题 1.（2 分，难度系数 0.9）

通过利润表可以分析企业的盈利能力。（　　）

7.3.1.3　利润表的结构

单选题 1.（2 分，难度系数 0.9）

我国企业的利润表采用的格式是（　　）。

A. 多步式　B. 报告式　C. 单步式　D. 账户式

多选题 1.（3 分，难度系数 0.75）

多步式利润表可以反映企业的（　　）等项目。

A. 所得税费用　　B. 营业利润

C. 利润总额　　D. 净利润

多选题 2.（3 分，难度系数 0.75）

以下属于利润表中应当单独列示的项目的有（　　）。

A. 营业收入　　B. 投资收益

C. 主营业务成本　　D. 税金及附加

知识点 7.3.2　利润表的编制方法

7.3.2.1　本年累计金额的编制方法

单选题 1.（2 分，难度系数 0.9）

利润表中的“本年累计金额”是指（　　）。

A. 全年合计数　　B. 年初至年末的合计数

C. 年初至本月末止的合计数　　D. 某月份至本年末止的合计数

多选题 1.（3 分，难度系数 0.75）

利润表的金额栏分为（　　）。

A. 本月金额　　B. 期初金额　　C. 本年累计金额　　D. 期末余额

判断题 1.（2 分，难度系数 0.9）

利润表中的“本年累计金额”应根据本期利润表“本月金额”加上期利润表“本年累计金额”栏的数字填列。（　　）

7.3.2.2　本月金额的填列方法

单选题 1.（2 分，难度系数 0.9）

企业本期的营业利润为 6 000 000 元，营业外收入为 100 000 元，营业外支出为 80 000元，则利润总额为（　　）元。

A. 6 000 000　　B. 6 020 000　　C. 6 100 000　　D. 6 180 000

多选题 1.（3 分，难度系数 0.75）

利润表中“营业成本”项目填列的依据有（　　）。

A. “营业外支出”账户发生额　　B. “主营业务成本”账户发生额

C. “其他业务成本”账户发生额　　D. “税金及附加”账户发生额

多选题 2.（3 分，难度系数 0.75）

下列各选项中不包括在企业利润总额中的有（　　）。

A. 营业利润　　B. 营业外收入　　C. 所得税费用　　D. 制造费用

多选题 3.（3 分，难度系数 0.75）

下列各项，影响企业利润总额的有（　　）。

A. 投资收益　　B. 财务费用　　C. 所得税费用　　D. 营业外收入

判断题 1.（2 分，难度系数 0.9）

财务成果的计算和处理不包括所得税费用的计算。（　　）

判断题 2.（2 分，难度系数 0.9）

营业利润减去管理费用、销售费用、财务费用和所得税费用后得到净利润。（　　）

7.3.2.3　利润表实训

实训题 1.（10 分，难度系数 0.75）

嘉华公司 2018 年 12 月份业务资料如表 7－4 所示。

表 7－4　　损益类账户发生额

账户名称	借方发生额	贷方发生额
主营业务收入	260 000.00	260 000.00
主营业务成本	171 000.00	171 000.00
税金及附加	4 063.00	4 063.00
其他业务收入	5 000.00	5 000.00
其他业务成本	4 000.00	4 000.00
销售费用	3 600.00	3 600.00
管理费用	14 237.00	14 237.00
财务费用	1 100.00	1 100.00
营业外支出	1 500.00	1 500.00
所得税费用	16 375.00	16 375.00

【要求】编制嘉华公司 2018 年 12 月利润表（见表 7－5）。

表 7－5　　利润表

会企 02 表

编制单位：　　　　____年____月　　　　单位：元

项　　目	本期金额	上期金额
一、营业收入		
减：营业成本		
税金及附加		

续表

项　　目	本期金额	上期金额
销售费用		
管理费用		
财务费用		
资产减值损失		
加：公允价值变动收益（损失以“－”号填列）		
投资收益（损失以“－”号填列）		
其中：对联营企业和合营企业的投资收益		
资产处置收益（损失以“－”号填列）		
其他收益		
二、营业利润（亏损以“－”号填列）		
加：营业外收入		
减：营业外支出		
三、利润总额（亏损总额以“－”号填列）		
减：所得税费用		
四、净利润（净亏损以“－”号填列）		
（一）持续经营净利润（净亏损以“－”号填列）		
（二）终止经营净利润（净亏损以“－”号填列）		
五、其他综合收益的税后净额		
（一）以后不能重分类进损益的其他综合收益		
1. 重新计量设定受益计划净负债或净资产的变动		
2. 权益法下在被投资单位不能重分类进损益的其他综合收益中享有的份额		
……		
（二）以后将重分类进损益的其他综合收益		
1. 权益法下在被投资单位以后将重分类进损益的其他综合收益中享有的份额		
2. 可供出售金融资产公允价值变动损益		
3. 持有至到期投资重分类为可供出售金融资产损益		
4. 现金流量套期损益的有效部分		
5. 外币财务报表折算差额		
……		
六、综合收益总额		
七、每股收益：		
（一）基本每股收益		
（二）稀释每股收益		

实训题 2. （10 分，难度系数 0.75）

三江公司 2018 年 12 月损益类账户情况如表 7－6 所示。

表 7－6 损益类账户发生额

账户名称	12 月发生额	1—11 月发生额
主营业务收入	496 000.00（贷）	5 600 000.00（贷）
主营业务成本	347 200.00（借）	3 920 000.00（借）
税金及附加	12 000.00（借）	116 000.00（借）
销售费用	3 200.00（借）	30 400.00（借）
管理费用	16 000.00（借）	156 000.00（借）
财务费用	800.00（借）	8 800.00（借）
营业外收入	1 600.00（贷）	6 800.00（贷）
营业外支出	2 400.00（借）	10 400.00（借）
所得税费用	29 000.00（借）	341 300.00（借）

【要求】根据上述资料编制该企业该月的利润表（见表 7－7）。

表 7－7 利润表

会企 02 表

编制单位： ____年____月 单位：元

项　目	本期金额	上期金额
一、营业收入		
减：营业成本		
税金及附加		
销售费用		
管理费用		
财务费用		
资产减值损失		
加：公允价值变动收益（损失以“－”号填列）		
投资收益（损失以“－”号填列）		
其中：对联营企业和合营企业的投资收益		
资产处置收益（损失以“－”号填列）		
其他收益		
二、营业利润（亏损以“－”号填列）		
加：营业外收入		
减：营业外支出		
三、利润总额（亏损总额以“－”号填列）		
减：所得税费用		

续表

项　　目	本期金额	上期金额
四、净利润（净亏损以“－”号填列）		
（一）持续经营净利润（净亏损以“－”号填列）		
（二）终止经营净利润（净亏损以“－”号填列）		
五、其他综合收益的税后净额		
（一）以后不能重分类进损益的其他综合收益		
1. 重新计量设定受益计划净负债或净资产的变动		
2. 权益法下在被投资单位不能重分类进损益的其他综合收益中享有的份额		
……		
（二）以后将重分类进损益的其他综合收益		
1. 权益法下在被投资单位以后将重分类进损益的其他综合收益中享有的份额		
2. 可供出售金融资产公允价值变动损益		
3. 持有至到期投资重分类为可供出售金融资产损益		
4. 现金流量套期损益的有效部分		
5. 外币财务报表折算差额		
……		
六、综合收益总额		
七、每股收益：		
（一）基本每股收益		
（二）稀释每股收益		

☆第三节测试

一、单选题

单选题 1.（2 分，难度系数 0.9）

利润表中的“本年累计数”是指（　　）。

A. 全年合计数　　B. 年初至年末的合计数

C. 年初至本月末止的合计数　　D. 某月份至本年末止的合计数

单选题 2.（2 分，难度系数 0.9）

我国企业的利润表采用的格式是（　　）。

A. 多步式　　B. 报告式　　C. 单步式　　D. 账户式

单选题 3.（2 分，难度系数 0.9）

编制会计报表时，以“收入－费用＝利润”这一会计等式作为编制依据的会计报表是（　　）。

A. 利润表　　B. 利润分配表　　C. 资产负债表　　D. 现金流量表

单选题 4. （2 分，难度系数 0.9）

编制利润表主要是根据（　　）。

A. 损益类各账户的本期发生额

B. 损益类各账户的期末余额

C. 资产、负债及所有者权益各账户的期末余额

D. 资产、负债及所有者权益各账户的本期发生额

单选题 5. （2 分，难度系数 0.75）

企业某期的营业利润为 4 000 000 元，营业外收入为 200 000 元，营业外支出为 160 000元，则利润总额为（　　）元。

A. 4 000 000　　B. 4 040 000　　C. 4 200 000　　D. 4 360 000

单选题 6. （2 分，难度系数 0.9）

下列各项中，属于利润表说法的是（　　）。

A. 反映企业在一定会计期间的经营成果　　B. 反映企业在一定会计期间的财务状况

C. 反映企业某一特定日期的经营成果　　D. 反映企业某一特定日期的财务状况

单选题 7. （2 分，难度系数 0.9）

下列各项中，属于利润表表述的是（　　）。

A. 反映财务成果的报表　　B. 现金流入流出报表

C. 静态报表　　D. 动态报表

单选题 8. （2 分，难度系数 0.9）

下列各项中，属于反映企业在一定会计期间经营成果的财务报表是（　　）。

A. 资产负债表　　B. 利润表

C. 现金流量表　　D. 财务状况变动表

二、多选题

多选题 1. （3 分，难度系数 0.75）

利润表中的“营业成本”项目填列的依据有（　　）。

A. “营业外支出”发生额　　B. “主营业务成本”发生额

C. “其他业务成本”发生额　　D. “税金及附加”发生额

多选题 2. （3 分，难度系数 0.75）

下列属于利润表提供的信息有（　　）。

A. 实现的营业收入

B. 发生的营业成本

C. 营业利润

D. 企业本期实现的利润或发生的亏损总额

多选题 3. （3 分，难度系数 0.75）

下列项目，属于利润表要素的有（　　）。

A. 资产　　B. 利润　　C. 收入　　D. 所有者权益

多选题 4. （3 分，难度系数 0.75）

财务成果的计算和处理一般包括（　　）。

A. 收入的确认　　B. 费用的计算和分配

C. 所得税的计算和缴纳　　D. 利润分配或亏损弥补

多选题 5. （3 分，难度系数 0.75）

按照规定，我国企业的利润表可以反映企业的（　　）等项目。

A. 净利润　　B. 营业利润　　C. 利润总额　　D. 资产总额

多选题 6. （3 分，难度系数 0.75）

下列各选项中不包括在企业利润总额中的有（　　）。

A. 营业利润　　B. 营业外收入　　C. 所得税费用　　D. 应收账款

多选题 7. （3 分，难度系数 0.75）

下列各项，影响企业利润总额的有（　　）。

A. 投资收益　　B. 财务费用　　C. 所得税费用　　D. 营业外收入

多选题 8. （3 分，难度系数 0.6）

下列关于利润表的作用说法正确的有（　　）。

A. 有助于分析企业的经营成果和获利能力　B. 有助于考核企业管理人员的经营业绩

C. 有助于预测企业未来利润和现金流量　　D. 有助于企业管理人员的未来决策

多选题 9. （3 分，难度系数 0.6）

关于利润分配的核算，下列表述正确的有（　　）。

A. 企业应设置“利润分配”账户，其贷方登记企业已分配的利润数额

B. 设置“盈余公积”账户，其贷方登记提取的盈余公积数额

C.“应付股利”账户用来反映和监督企业向投资者支付股利情况，期末余额一般在贷方

D. 企业在向投资者分配利润后，剩余部分可以按规定提取盈余公积

三、判断题

判断题 1. （2 分，难度系数 0.9）

在企业财务会计报告体系中，最核心的内容是会计报表。（　　）

判断题 2. （2 分，难度系数 0.9）

按照财务报表反映财务活动方式的不同，可以分为静态财务报表和动态财务报表。（　　）

判断题 3. （2 分，难度系数 0.75）

利润表反映了一个综合的经营成果信息，管理当局如果要把握企业具体经营成果的

变化，如收入、成本、费用与利润之间的关系，就需要到会计账簿中去了解。（ ）

判断题 4.（2 分，难度系数 0.75）

利润表中“营业成本”项目，反映企业销售产品和提供劳务等主要经营业务的各项销售费用和实际成本。（ ）

判断题 5.（2 分，难度系数 0.9）

按照我国《企业会计准则》的规定，企业的利润表采用多步式。（ ）

判断题 6.（2 分，难度系数 0.9）

利润表是依据会计等式“收入 - 费用 = 利润”编制的。（ ）

判断题 7.（2 分，难度系数 0.9）

利润表“本期金额”栏内各项数字一般应根据损益类科目的余额分析填列。（ ）

判断题 8.（2 分，难度系数 0.9）

利润表是静态会计报表。（ ）

判断题 9.（2 分，难度系数 0.9）

利润表是反映企业一定时期全部资产、负债和所有者权益情况的会计报表。（ ）

四、实训题（20 分，难度系数 0.6）

请根据下列相关会计资料（见表 7 - 8），计算江海公司 2018 年 12 月利润表中“营业利润”“利润总额”“所得税费用”“净利润”共四个项目的“本月数”和“本年累计数”栏的金额（假设企业所得税无纳税调整项目）。

表 7 - 8

损益类账户	12 月份发生额	1—11 月累计发生额
主营业务收入	600 000	9 002 055
主营业务成本	300 000	5 574 000
税金及附加	30 000	945 000
其他业务成本	45 000	450 000
管理费用	6 000	933 000
财务费用	3 000	600 000
销售费用	3 690	405 000
投资收益	16 800	1 500 000
营业外收入	13 500	0
营业外支出	9 900	150 000

（1）本月数。

营业利润 =

利润总额 =

所得税费用 =

净利润 =

（2）本年累计数。

营业利润 =

利润总额 =

所得税费用 =

净利润 =

（3）利润表（见表7－9）。

表7－9 **利润表**

会企02表

编制单位： ____年____月 单位：元

项　　目	本期金额	上期金额
一、营业收入		
减：营业成本		
税金及附加		
销售费用		
管理费用		
财务费用		
资产减值损失		
加：公允价值变动收益（损失以“－”号填列）		
投资收益（损失以“－”号填列）		
其中：对联营企业和合营企业的投资收益		
资产处置收益（损失以“－”号填列）		
其他收益		
二、营业利润（亏损以“－”号填列）		
加：营业外收入		
减：营业外支出		
三、利润总额（亏损总额以“－”号填列）		
减：所得税费用		
四、净利润（净亏损以“－”号填列）		
（一）持续经营净利润（净亏损以“－”号填列）		
（二）终止经营净利润（净亏损以“－”号填列）		
五、其他综合收益的税后净额		
（一）以后不能重分类进损益的其他综合收益		
1. 重新计量设定受益计划净负债或净资产的变动		
2. 权益法下在被投资单位不能重分类进损益的其他综合收益中享有的份额		
……		

续表

项　　目	本期金额	上期金额
（二）以后将重分类进损益的其他综合收益		
1. 权益法下在被投资单位以后将重分类进损益的其他综合收益中享有的份额		
2. 可供出售金融资产公允价值变动损益		
3. 持有至到期投资重分类为可供出售金融资产损益		
4. 现金流量套期损益的有效部分		
5. 外币财务报表折算差额		
……		
六、综合收益总额		
七、每股收益：		
（一）基本每股收益		
（二）稀释每股收益		

7.4　财务报表的报送和审批

知识点 7.4.1　财务报表的报送

多选题 1.（3 分，难度系数 0.75）

企业对外提供的财务会计报告的封面上应当注明（　　）。

A. 企业名称　　B. 报表所属年度或者月份

C. 企业地址　　D. 企业负责人签名

判断题 1.（2 分，难度系数 0.9）

在实际工作中，为使财务报表及时报送，企业可以提前结账。（　　）

判断题 2.（2 分，难度系数 0.9）

企业应定期向当地财税机关、开户银行、企业的主管部门提供财务报表。（　　）

知识点 7.4.2　财务报表的审批

多选题 1.（3 分，难度系数 0.75）

财税部门、银行等审查企业财务报表的目的有（　　）。

A. 分析企业是否遵守国家的财经法规的规定

B. 分析企业税金计算是否正确

C. 检查企业是否遵守国家信贷制度的规定

D. 监督企业合理运用资金

判断题 1. （2 分，难度系数 0.9）

企业的主管机关等在收到所属单位提供的财务报表后，应根据相关要求进行认真的审核并提出批复意见。（　　）

判断题 2. （2 分，难度系数 0.9）

企业主管部门在对企业财务报表的审查过程中，发现问题应及时通知原编报单位进行改正。（　　）

7.5　会计档案的归档与管理

知识点 7.5.1　会计档案管理制度

单选题 1. （2 分，难度系数 0.9）

下列会计资料中，不属于会计档案的是（　　）。

A. 记账凭证　B. 会计移交清册　C. 年度财务计划　D. 银行对账单

多选题 1. （3 分，难度系数 0.75）

根据《会计档案管理办法》的规定，在对保管期满的会计档案进行整理以备销毁时，（　　）不得销毁。

A. 未结清的债权债务原始凭证

B. 正在建设期间的建设单位会计档案

C. 超过保管期限但尚未完工的固定资产购买凭证

D. 所有会计报表类档案

判断题 1. （2 分，难度系数 0.9）

各单位的会计档案不得借出，但经批准后可以查阅或复制，并办理登记手续。（　　）

知识点 7.5.2　会计档案保管期限

单选题 1. （2 分，难度系数 0.9）

下列会计档案中，需要保存 10 年的是（　　）。

A. 银行存款总账　B. 银行存款余额调节表

C. 银行存款日记账　D. 辅助账簿

多选题 1.（3 分，难度系数 0.75）

按照《会计档案管理办法》的规定，（　　）的保管期限为 30 年。

A. 原始凭证　　B. 记账凭证

C. 银行存款对账单　　D. 汇总原始凭证

判断题 1.（2 分，难度系数 0.9）

各种会计档案的保管期限，从会计年度开始后的第一天算起。（　　）

知识点 7.5.3　会计人员的工作交接

单选题 1.（2 分，难度系数 0.9）

会计机构负责人（会计主管人员）办理会计工作交接手续时，负责监交的人员应当是（　　）。

A. 其他会计人员　　B. 总会计师

C. 单位负责人　　D. 主管财务的负责人

多选题 1.（3 分，难度系数 0.75）

下列属于会计人员工作交接范围的是（　　）。

A. 会计人员临时请假　　B. 会计人员离职

C. 会计人员调动工作　　D. 会计人员因故出差

判断题 1.（2 分，难度系数 0.9）

会计工作交接后，原移交人员因会计资料已办理移交，因而不再对这些会计资料的合法性、真实性负责。（　　）

☆第四、五节测试

一、单选题

单选题 1.（2 分，难度系数 0.9）

按照《会计档案管理办法》的规定，原始凭证的保管期限是（　　）。

A. 3 年　　B. 15 年　　C. 30 年　　D. 永久

单选题 2.（2 分，难度系数 0.9）

会计凭证应（　　）装订一次。

A. 每半年　　B. 每季度　　C. 每年　　D. 每月

单选题 3.（2 分，难度系数 0.9）

企业总账的保管期限是（　　）。

A. 25 年　　B. 30 年　　C. 5 年　　D. 3 年

单选题 4.（2 分，难度系数 0.9）

一般会计人员办理交接手续时由（　　）监交。

A. 会计机构负责人

B. 会计机构负责人、会计主管人员

C. 单位负责人

D. 会计主管人员

单选题 5.（2 分，难度系数 0.9）

《会计档案管理办法》规定，会计档案销毁清册的保管期限是（　　）。

A. 15 年　　B. 25 年　　C. 3 年　　D. 永久

单选题 6.（2 分，难度系数 0.9）

银行存款日记账的保管期限是（　　）。

A. 3 年　　B. 5 年　　C. 30 年　　D. 永久

单选题 7.（2 分，难度系数 0.9）

企业年度财务会计报告的保管期限是（　　）。

A. 3 年　　B. 5 年　　C. 15 年　　D. 永久

单选题 8.（2 分，难度系数 0.75）

资产负债表编制中，可以根据有关账簿记录直接填列的项目是（　　）。

A. 货币资金　　B. 存货

C. 短期借款　　D. 未分配利润

二、多选题

多选题 1.（3 分，难度系数 0.75）

我国的会计档案分为（　　）。

A. 会计凭证类　　B. 会计账簿类

C. 财务会计报告类　　D. 其他会计资料类

多选题 2.（3 分，难度系数 0.75）

按照《会计档案管理办法》的规定，（　　）的保管期限为 30 年。

A. 原始凭证　　B. 记账凭证

C. 银行对账单　　D. 汇总凭证

多选题 3.（3 分，难度系数 0.75）

属于会计档案的有（　　）。

A. 银行对账单　　B. 银行存款余额调节表

C. 会计档案保管清册　　D. 会计档案销毁清册

多选题 4.（3 分，难度系数 0.6）

有关会计档案销毁的正确表述有（　　）。

A. 会计档案销毁时应由本单位档案管理部门提出销毁意见

B. 会计档案销毁时应当编制会计档案销毁清册
C. 会计档案销毁时单位负责人应当在会计档案销毁清册上签署意见
D. 会计档案销毁时应由财会部门、档案管理部门和有关主管部门监销

多选题 5. （3 分，难度系数 0.6）
应当在企业财务会计报告封面上签名或盖章的有（　　）。
A. 单位负责人　　B. 总会计师
C. 注册会计师　　D. 会计主管人员

多选题 6. （3 分，难度系数 0.75）
会计报表的使用者包括（　　）。
A. 债权人　　B. 企业内部管理层
C. 投资者　　D. 国家有关政府部门

多选题 7. （3 分，难度系数 0.75）
以下属于财务会计报告构成内容的有（　　）。
A. 资产负债表　　B. 利润表
C. 会计报表附注　　D. 财务情况说明书

多选题 8. （3 分，难度系数 0.75）
企业编制财务会计报告，应当严格遵循国家会计制度规定的（　　）。
A. 编制基础　　B. 编制依据
C. 编制原则　　D. 编制方法

多选题 9. （3 分，难度系数 0.6）
借助于资产负债表提供的会计信息，可以帮助管理者（　　）。
A. 分析企业资产的结构及其状况
B. 分析企业目前与未来需要支付的债务数额
C. 分析企业的经营成果
D. 分析企业的现金流量情况

多选题 10. （3 分，难度系数 0.75）
资产负债表反映的经济内容是企业的财务状况，表现为（　　）。
A. 资产状况　　B. 权益状况　　C. 偿债能力　　D. 财务成果

三、判断题

判断题 1. （2 分，难度系数 0.75）
企业主管部门审核报表时发现问题应在报表上及时进行纠正。（　　）

判断题 2. （2 分，难度系数 0.9）
会计档案是记录和反映经济业务事项的重要历史资料和证据。（　　）

判断题 3. （2 分，难度系数 0.9）
会计档案销毁清册不属于会计档案。（　　）

判断题 4. (2 分，难度系数 0.75)

各单位每年形成的会计档案，应当由会计机构负责整理立卷，装订成册，并编制会计档案保管清册。 (　　)

判断题 5. (2 分，难度系数 0.75)

为了加强会计档案的管理，企业当年形成的会计档案也必须有专门的档案管理机构，而不能会计机构暂行管理。 (　　)

判断题 6. (2 分，难度系数 0.75)

各单位保存的会计档案不得借出。如有特殊需要，经本单位负责人批准，可以提供查阅或者复制，并办理登记手续。 (　　)

判断题 7. (2 分，难度系数 0.9)

会计档案只包括具有法律效力的原始凭证。 (　　)

判断题 8. (2 分，难度系数 0.9)

对会计档案保管期满后，会计人员有权自行销毁。 (　　)

判断题 9. (2 分，难度系数 0.75)

已归档的会计账簿原则上不得借出，有特殊需要的经批准后可以提供复印件。(　　)

项目八 会计账务处理程序

8.1 账务处理程序的选择

知识点 8.1.1 会计账务处理程序的概念

单选题 1. （2 分，难度系数 0.75）

（　　）是指会计凭证和会计账簿的种类、格式，会计凭证与账簿之间的联系方法。

A. 凭证组织　　B. 账簿组织　　C. 账务处理程序　　D. 报表组织

多选题 1. （3 分，难度系数 0.75）

账务处理程序有（　　）相互结合的方式。

A. 账簿组织　　B. 记账程序　　C. 记账方法　　D. 复式记账

判断题 1. （2 分，难度系数 0.9）

所有企业的账务处理程序都是相同的。（　　）

判断题 2. （2 分，难度系数 0.9）

企业应根据自身业务特点选用账务处理程序。（　　）

知识点 8.1.2 记账凭证账务处理程序登记明细账的依据

单选题 1. （2 分，难度系数 0.9）

记账凭证账务处理程序登记明细账的依据是（　　）。

A. 原始凭证　　B. 记账凭证及所附原始凭证

C. 汇总记账凭证　　D. 科目汇总表

判断题 1. （2 分，难度系数 0.75）

记账凭证账务处理程序根据记账凭证汇总表登记总账。（　　）

判断题 2. （2 分，难度系数 0.75）

记账凭证账务处理程序根据汇总记账凭证登记总账。（　　）

知识点 8.1.3　记账凭证账务处理程序登记总账的依据

单选题 1. （2 分，难度系数 0.9）

记账凭证账务处理程序是指对发生的经济业务事项，先根据原始凭证或汇总原始凭证填制记账凭证，再直接根据（　　）逐笔登记总分类账的一种账务处理程序。

A. 原始凭证　　B. 原始凭证汇总表

C. 记账凭证及所附原始凭证　　D. 会计凭证

单选题 2. （2 分，难度系数 0.75）

记账凭证账务处理程序登总账的依据是（　　）。

A. 原始凭证汇总表　　B. 记账凭证汇总表

C. 记账凭证及所附原始凭证　　D. 原始凭证

判断题 1. （2 分，难度系数 0.75）

记账凭证账务处理程序根据记账凭证汇总表登记总账。（　　）

知识点 8.1.4　记账凭证账务处理程序的优点

多选题 1. （3 分，难度系数 0.6）

记账凭证账务处理程序的优点是（　　）。

A. 简单明了　　B. 易于理解

C. 能减少工作量　　D. 清晰反映经济业务

判断题 1. （2 分，难度系数 0.75）

记账凭证账务处理程序是最基本的账务处理程序，其他账务处理程序都是在此基础上发展形成的，其优点就是登记账簿的工作量小。（　　）

判断题 2. （2 分，难度系数 0.75）

记账凭证账务处理程序登记总账时没有对记账凭证作汇总处理，其优点之一是便于初学者理解。（　　）

知识点 8.1.5　记账凭证账务处理程序的缺点

单选题 1. （2 分，难度系数 0.75）

以下属于记账凭证账务处理程序缺点的是（　　）。

A. 简单直观　　B. 易理解

C. 清晰反映经济业务　　D. 登记总账工作量大

判断题 1.（2 分，难度系数 0.75）

记账凭证账务处理程序的主要缺点是不能清晰地反映经济业务。（　）

判断题 2.（2 分，难度系数 0.75）

记账凭证账务处理程序是最基本的账务处理程序，其缺点就是企业规模大，经济业务多时登记总账的工作量大。（　）

知识点 8.1.6　记账凭证账务处理程序的适用范围

单选题 1.（2 分，难度系数 0.6）

规模较小、业务量较少的单位适用（　）。

A. 记账凭证账务处理程序　　B. 汇总记账凭证账务处理程序

C. 科目汇总表账务处理程序　　D. 多栏式日记账账务处理程序

判断题 1.（2 分，难度系数 0.75）

记账凭证账务处理程序的特点是直接根据记账凭证逐笔登记总分类账，是基本的账务处理程序。（　）

判断题 1.（2 分，难度系数 0.75）

记账凭证账务处理程序适用于经济业务多的单位。（　）

知识点 8.1.7　科目汇总表账务处理程序登记总账的依据

单选题 1.（2 分，难度系数 0.9）

科目汇总表账务处理程序登记总账的依据是（　）。

A. 记账凭证汇总表　B. 记账凭证　C. 原始凭证汇总表　D. 原始凭证

判断题 1.（2 分，难度系数 0.75）

科目汇总表账务处理程序根据记账凭证登记总账。（　）

判断题 2.（2 分，难度系数 0.75）

科目汇总表账务处理程序根据汇总记账凭证登记总账。（　）

知识点 8.1.8　科目汇总表账务处理程序的优点

多选题 1.（3 分，难度系数 0.75）

下列有关科目汇总表账务处理程序的表述中，正确的有（　）。

A. 减少了登记总分类账的工作量

B. 可做到试算平衡

C. 不能反映账户之间的对应关系，不便于查核账目

D. 是最简单的账务处理程序

判断题 1. （2 分，难度系数 0.75）

科目汇总表账务处理程序的优点之一是具有试算平衡的作用，有利于保证总账登记的正确性。（　　）

判断题 2. （2 分，难度系数 0.75）

科目汇总表账务处理程序的优点之一是减少了登记总账的工作量。（　　）

知识点 8.1.9　科目汇总表账务处理程序的缺点

单选题 1. （2 分，难度系数 0.9）

科目汇总表账务处理程序的缺点是（　　）。

A. 登记总账工作量小　　B. 能起试算平衡作用

C. 不能反映账户对应关系　　D. 适用范围广

判断题 1. （2 分，难度系数 0.75）

科目汇总表账务处理程序的缺点之一是在科目汇总表，不反映各科目的对应关系。（　　）

判断题 2. （2 分，难度系数 0.75）

科目汇总表账务处理程序的缺点之一是登记总账的工作量大。（　　）

知识点 8.1.10　科目汇总表账务处理程序的适用范围

多选题 1. （3 分，难度系数 0.6）

以下关于科目汇总表账务处理程序的优缺点与适用范围的表述正确的有（　　）。

A. 将记账凭证通过科目汇总表汇总后登记总分类账，大大减轻了登记总账的工作量

B. 通过编制科目汇总表，可以对发生额进行试算平衡，从而及时发现错误，保证记账工作质量

C. 科目汇总表能反映账户之间的对应关系，有利于根据账簿记录检查和分析交易或事项的来龙去脉，便于查对账目

D. 适用于业务量多的大、中型企业

判断题 1. （2 分，难度系数 0.75）

科目汇总表账务处理程序适用于规模小、业务量少的企业。（　　）

判断题 2. （2 分，难度系数 0.75）

科目汇总表账务处理程序因为大大减轻了登记总账的会计工作量，因此适用于规模大、业务量多的企业。（　　）

知识点 8.1.11　汇总记账凭证账务处理程序登记总账的依据

单选题 1. （2 分，难度系数 0.75）

在汇总记账凭证账务处理中，登记总账的直接依据是（　　）。

A. 付款凭证　　B. 汇总记账凭证

C. 记账凭证　　D. 收款凭证

多选题 1. （3 分，难度系数 0.6）

下列说法中正确的有（　　）。

A. 汇总记账凭证分为汇总收款凭证、汇总付款凭证和汇总转账凭证

B. 汇总记账凭证是按每个科目设置，并按设置科目一方的对应科目进行汇总

C. 汇总记账凭证账务处理程序是根据汇总记账凭证登记总分类账

D. 汇总记账凭证账务处理程序适用于规模较大、经济业务较多的单位

判断题 1. （2 分，难度系数 0.75）

汇总记账凭证账务处理程序根据记账凭证汇总表登记总账。（　　）

知识点 8.1.12　汇总记账凭证账务处理程序的优点

多选题 1. （3 分，难度系数 0.6）

下列各项中，（　　）属于汇总记账凭证账务处理程序优点。

A. 汇总记账凭证能清晰地反映科目之间的对应关系

B. 登记总分类账的工作量较小

C. 适用于转账业务多的单位

D. 当转账凭证较多时，编制汇总转账凭证的工作量较大

判断题 1. （2 分，难度系数 0.6）

汇总记账凭证账务处理程序的主要优点是能清晰反映会计科目之间的对应关系。（　　）

判断题 2. （2 分，难度系数 0.9）

汇总记账凭证账务处理程序的优点之一是减少了登记总账的工作量。（　　）

知识点 8.1.13 汇总记账凭证账务处理程序的缺点

多选题 1.（3 分，难度系数 0.6）
下列各项中，（ ）属于汇总记账凭证账务处理程序缺点。
A. 总分类账中无法清晰地反映科目之间的对应关系
B. 登记总分类账的工作量较大
C. 编制汇总记账凭证的程序比较繁琐
D. 当转账凭证较多时，编制汇总转账凭证的工作量较大

多选题 2.（3 分，难度系数 0.6）
对于汇总记账凭证账务处理程序下，下列说法错误的有（ ）。
A. 不能体现账户之间的对应关系
B. 登记总账的工作量大
C. 明细账与总账无法核对
D. 当转账凭证较多时，汇总转账凭证的编制工作量较大

判断题 1.（2 分，难度系数 0.6）
汇总记账凭证账务处理程序的主要缺点之一是不能清晰反映会计科目之间的对应关系。（ ）

知识点 8.1.14 汇总记账凭证账务处理程序的适用范围

多选题 1.（3 分，难度系数 0.6）
下列说法中正确的有（ ）。
A. 汇总记账凭证分为汇总收款凭证、汇总付款凭证和汇总转账凭证
B. 汇总记账凭证是按每个科目设置，并按设置科目一方的对应科目进行汇总
C. 汇总记账凭证账务处理程序是根据汇总记账凭证登记总分类账
D. 汇总记账凭证账务处理程序适用于规模较大、经济业务较多的单位

判断题 1.（2 分，难度系数 0.9）
汇总记账凭证账务处理程序适用于规模小、业务少的企业。（ ）

判断题 2.（2 分，难度系数 0.9）
汇总记账凭证账务处理程序特别适用于收付款业务多、转账业务少的企业。（ ）

8.2　记账凭证账务处理程序实训

实训题 1.

【资料】腾龙家具有限公司 2018 年 3 月末有关会计核算资料如表 8－1 所示。

表 8－1　　资产负债表

编制单位：腾龙家具有限公司　　2018 年 3 月 31 日　　单位：元

资产	期末余额	负债及所有者权益	期末余额
流动资产		流动负债：	
货币资金	1 100 000	短期借款	1 000 000
应收账款	400 000	应付账款	300 000
其他应收款	100 000	应交税费	200 000
存货	4 500 000	流动负债合计	1 500 000
流动资产合计	6 100 000	长期负债：	
非流动资产		长期借款	2 500 000
固定资产原价	7 000 000	负债合计	4 000 000
减：累计折旧	1 500 000	所有者权益	
固定资产账面价值	5 500 000	实收资本	6 000 000
无形资产	400 000	盈余公积	500 000
非流动资产合计	5 900 000	未分配利润	1 500 000
		所有者权益合计	8 000 000
资产总计	12 000 000	负债及所有者权益合计	12 000 000

2018 年 3 月 31 日有关总账账户期末余额如表 8－2。

表 8－2

账户名称	借方余额	账户名称	贷方余额
现金	20 000	短期借款	1 000 000
银行存款	1 080 000	应付账款	300 000
应收账款	400 000	应交税费	200 000
其他应收款	100 000	长期借款	2 500 000
原材料	2 600 000	实收资本	6 000 000
生产成本	800 000	盈余公积	500 000
库存商品	1 100 000	利润分配	900 000
固定资产	7 000 000	本年利润	600 000
无形资产	400 000	累计折旧	1 500 000
合计	13 500 000		13 500 000

其中原材料明细账如表 8－3。

表 8－3

原材料品种	金额
1#木料	1 200 000
2#木料	600 000
3#木料	400 000
1#油漆	200 000
2#油漆	150 000
配套五金	50 000
合计	2 600 000

2018 年 4 月发生下列业务（注：会计分录代替记账凭证）

1. 借：原材料——1#木料　500 000
　　应交税费——应交增值税（进）　80 000
　　贷：银行存款　580 000

2. 借：生产成本——100 型衣柜　500 000
　　　　——106 型餐桌　300 000
　　贷：原材料——1#木料　800 000

3. 借：应交税费——应交增值税　120 000
　　　　——应交城建税　8 400
　　　　——应交教育费附加　3 600
　　　　——应交所得税　68 000
　　贷：银行存款　200 000

4. 借：银行存款　2 320 000
　　贷：主营业务收入　2 000 000
　　　　应交税费——应交增值税（销）　320 000

（注：本月销售产品的成本为 1 200 000）

5. 借：生产成本——100 型衣柜　150 000
　　　　——106 型餐桌　120 000
　　制造费用——工资　30 000
　　管理费用——工资　50 000
　　销售费用——工资　80 000
　　贷：应付职工薪酬——工资　430 000

6. 借：应付职工薪酬——工资　430 000
　　贷：银行存款　430 000

7. 借：制造费用——折旧　28 000

管理费用——折旧	2 000	
贷：累计折旧		30 000
8. 借：制造费用——差旅费	2 000	
管理费用——差旅费	6 000	
销售费用——差旅费	12 000	
贷：其他应收款		20 000
9. 借：生产成本——100 型衣柜	40 000	
——106 型餐桌	20 000	
贷：制造费用		60 000
10. 借：税金及附加	25 500	
贷：应交税费——应交城建税		17 850
——应交教育费附加		7 650
11. 借：所得税费用	160 000	
贷：应交税费——应交所得税		160 000
12. 借：库存商品——100 型衣柜	700 000	
——106 型餐桌	450 000	
贷：生产成本——100 型衣柜		700 000
——106 型餐桌		450 000
13. 借：主营业务成本	1 200 000	
贷：库存商品		1 200 000
14. 借：主营业务收入	2 000 000	
贷：本年利润		2 000 000
15. 借：本年利润	1 535 500	
贷：主营业务成本		1 200 000
税金及附加		25 500
管理费用		58 000
销售费用		92 000
所得税费用		160 000

【要求】

（1）根据期初资料开设所有总账丁字账及原材料明细丁字账，并登记期初余额。

（2）根据本月发生经济业务的记账凭证（会计分录代替）逐笔登记总账及有关明细账。

（3）本月业务登记完毕后，对每个丁字账结账，结出期末余额。

（4）根据有关账户的期末余额或本期发生额编制本月末资产负债表和本月利润表。

8.3 科目汇总表账务处理程序

知识点 8.3.1 科目汇总表的结构

判断题 1. (2 分，难度系数 0.75)

科目汇总表编制完成后，表上借方合计数与贷方合计数不一定相等。 ( )

判断题 2. (2 分，难度系数 0.75)

科目汇总表需要设置发生额栏和余额栏。 ( )

多选题 1. (3 分，难度系数 0.6)

科目汇总表需要设置本期经济业务所涉及业务的 ( )。

A. 借方发生额 B. 贷方发生额 C. 借方余额 D. 贷方余额

知识点 8.3.2 根据记账凭证编制科目汇总表的方法

单选题 1. (2 分，难度系数 0.75)

科目汇总表的汇总范围是 ( )。

A. 全部科目的借、贷方发生额和余额

B. 全部科目的借、贷方余额

C. 全部科目的借、贷方发生额

D. 汇总收款凭证、汇总付款凭证、汇总转账凭证的合计数

单选题 1. (2 分，难度系数 0.75)

科目汇总表是依据 ( ) 编制的。

A. 记账凭证 B. 原始凭证 C. 原始凭证汇总表 D. 各种总账

判断题 1. (2 分，难度系数 0.75)

科目汇总表编制可以用打传票汇总的方式完成，汇总条件是某科目的名称及借贷方向。 ( )

知识点 8.3.3 科目汇总表账务处理程序的特点

多选题 1. (3 分，难度系数 0.75)

科目汇总表账务处理程序下不需要编制 ( )。

A. 科目汇总表 B. 汇总收款凭证 C. 汇总付款凭证 D. 记账凭证

多选题 2. （3 分，难度系数 0.6）

下列有关科目汇总表账务处理程序的表述中，正确的有（ ）。

A. 减少了登记总分类账的工作量

B. 可做到试算平衡

C. 不能反映账户之间的对应关系，不便于查核账目

D. 是最简单的账务处理程序

判断题 1. （2 分，难度系数 0.75）

科目汇总表账务处理程序的优点之一是编制汇总记账凭证的程序比较简单。（ ）

判断题 2. （2 分，难度系数 0.75）

科目汇总表账务处理程序的缺点之一是，在科目汇总表，不反映各科目的对应关系。（ ）

判断题 3. （2 分，难度系数 0.75）

科目汇总表账务处理程序的优点之一是具有试算平衡的作用，有利于保证总账登记的正确性。

知识点 8.3.4 科目汇总表账务处理程序实训

【资料】与 8.2 实训题 1 相同。

【要求】

（1）根据期初资料开设所有总账丁字账及原材料明细丁字账，并登记期初余额。

（2）根据本月发生经济业务的记账凭证（会计分录代替）逐笔登记有关明细账。

（3）根据记账凭证编制科目汇总表。

（4）根据科目汇总表登记总账。

（5）本月业务登记完毕后，对每个丁字账结账，结出期末余额。

（6）根据有关账户的期末余额或本期发生额编制本月末资产负债表和本月利润表。

（7）本题与实训题 1 资料相同，账务处理后编制的报表也相同，但账务处理的过程有差异，请你比较这两种账务处理程序的相同之处和不同之处有哪些？分析这两种账务处理程序各自的优缺点有哪些？两种账务处理程序分别适用什么企业？

☆第一至三节测试

一、单选题

单选题 1. （2 分，难度系数 0.9）

下列各项中，属于会计核算组织程序另一个名称的是（ ）。

A. 会计凭证传递　　B. 会计账簿组织

C. 会计工作组织　　D. 账务处理程序

单选题 2.（2 分，难度系数 0.9）

下列各项中，属于企业的会计凭证、会计账簿、会计报表相结合的方式是（　　）。

A. 账簿组织　　B. 账务处理程序

C. 记账工作步骤　　D. 会计组织形式

单选题 3.（2 分，难度系数 0.9）

各种账务处理程序的区别主要在于（　　）。

A. 填制记账凭证的依据不同

B. 登记明细账的依据和方法不同

C. 登记总分类账的依据和方法不同

D. 编制会计报表的依据和方法不同

单选题 4.（2 分，难度系数 0.9）

（　　）是指对发生的经济业务，先根据原始凭证或汇总原始凭证填制记账凭证，再直接根据记账凭证登记总分类账的一种账务处理程序。

A. 汇总记账凭证账务处理程序　　B. 记账凭证账务处理程序

C. 科目汇总表账务处理程序　　D. 多栏式日记账账务处理程序

单选题 5.（2 分，难度系数 0.9）

（　　）是指根据记账凭证定期编制科目汇总表，再根据科目汇总表登记总分类账的一种账务处理程序。

A. 汇总记账凭证账务处理程序　　B. 记账凭证账务处理程序

C. 科目汇总表账务处理程序　　D. 多栏式日记账账务处理程序

单选题 6.（2 分，难度系数 0.9）

（　　）是指会计凭证、会计账簿、财务报表相结合的方式，包括账簿组织和记账程序。

A. 会计核算方法　　B. 账务处理程序

C. 财产清查程序　　D. 会计核算基础

单选题 7.（2 分，难度系数 0.9）

一般情况下，不需根据记账凭证登记的账簿是（　　）。

A. 明细分类账　　B. 总分类账　　C. 备查簿　　D. 日记账

单选题 8.（2 分，难度系数 0.9）

记账凭证财务处理程序的缺点是（　　）。

A. 不反映经济业务对应关系　　B. 不易于理解

C. 登记总账的工作量大　　D. 不反映科目的对应关系

单选题 9.（2 分，难度系数 0.9）

编制科目汇总表直接依据的会计凭证是（　　）。

A. 原始凭证　　B. 汇总记账凭证

C. 记账凭证　　D. 汇总原始凭证

单选题 10. （2 分，难度系数 0.9）

根据科目汇总表登记总账，在简化登记总账工作的同时也起到了（　　）的作用。

A. 反映会计科目的对应关系　　B. 简化报表的编制

C. 发生额试算平衡　　D. 简化明细账工作

二、多选题

多选题 1. （3 分，难度系数 0.75）

目前常用的账务处理程序种类有（　　）。

A. 记账凭证账务处理程序　　B. 汇总记账凭证账务处理程序

C. 科目汇总表账务处理程序　　D. 明细分类账账务处理程序

多选题 2. （3 分，难度系数 0.75）

下列各项中，属于账务处理程序主要内容的有（　　）。

A. 账簿组织　　B. 记账程序

C. 会计机构及会计岗位的设置　　D. 会计工作人员的职责

多选题 3. （3 分，难度系数 0.75）

下列各项中，属于账务处理程序结合内容的有（　　）。

A. 会计报表　　B. 会计账簿　　C. 会计科目　　D. 会计凭证

多选题 4. （3 分，难度系数 0.75）

各种账务处理程序的基本相同点有（　　）。

A. 填制明细账的依据和方法相同　　B. 登记日记账的依据和方法相同

C. 登记总分类账的依据和方法相同　　D. 编制会计报表的依据和方法相同

多选题 5. （3 分，难度系数 0.75）

下列各项中，属于科目汇总表账务处理程序下，以记账凭证作为直接依据的有（　　）。

A. 登记日记账　　B. 登记明细分类账

C. 编制科目汇总表　　D. 登记总分类账

多选题 6. （3 分，难度系数 0.75）

下列各项中，属于在记账凭证核算程序下需要设置的凭证有（　　）。

A. 汇总原始凭证　　B. 记账凭证

C. 记账凭证汇总表　　D. 汇总转账凭证

多选题 7. （3 分，难度系数 0.75）

下列关于记账凭证账务处理程序表述中，正确的有（　　）。

A. 登记总分类账的工作量较大

B. 适用于规模较大、经济业务量较多的单位

C. 根据科目汇总表登记总分类账，是最基本的账务处理程序

D. 简单明了，易于理解，总分类账可以较详细地反映经济业务的发生情况

多选题 8. （3 分，难度系数 0.75）

对于科目汇总表账务处理程序，以下说法正确的有（　　）。

A. 该核算程序大大简化了登记总账的工作

B. 通过编制科目汇总表可以进行试算平衡

C. 科目汇总表能够清晰地反映账户之间的对应关系

D. 适用于规模大、业务多的企业

三、判断题

判断题 1. （2 分，难度系数 0.9）

账务处理程序是指会计凭证、会计账簿、财务报表相结合的方式，包括账簿组织和记账程序。（　　）

判断题 2. （2 分，难度系数 0.9）

在不同的账务处理程序下，各种账务处理程序的根本区别在于会计报表的编制依据不同。（　　）

判断题 3. （2 分，难度系数 0.9）

采用汇总记账凭证账务处理程序增加了一道填制汇总记账凭证的工作程序，增加了总分类账的登记工作量。（　　）

判断题 4. （2 分，难度系数 0.9）

为了减轻登记总分类账的工作量，便于了解账户之间的对应关系，规模较大、经济业务较多的企业应该采用汇总记账凭证账务处理程序。（　　）

判断题 5. （2 分，难度系数 0.9）

科目汇总表账务处理程序是以科目汇总表为依据直接登记总账和明细账。（　　）

判断题 6. （2 分，难度系数 0.9）

在记账凭证账务处理程序下，其记账凭证必须采用收款凭证、付款凭证和转账凭证三种格式。（　　）

判断题 7. （2 分，难度系数 0.9）

记账凭证账务处理程序是最基本的账务处理程序，其特点就是登记账簿的工作量较小。（　　）

判断题 8. （2 分，难度系数 0.9）

科目汇总表既能起到试算平衡作用，还可以反映账户之间的对应关系。（　　）

判断题 9. （2 分，难度系数 0.9）

科目汇总表账户处理程序是以科目汇总表为依据直接登记明细账。（　　）

判断题 10. （2 分，难度系数 0.9）

记账凭证账务处理程序的特点是直接根据记账凭证逐笔登记总分类账，是最基本的账务处理程序。（　　）

四、实训题

【资料】雅琪服装有限公司2018年4月有关会计核算资料如下：

2018年3月31日有关总账账户期末余额如表8－4所示。

表8－4

账户名称	借方余额	账户名称	贷方余额
现金	32 000	短期借款	1 200 000
银行存款	4 080 000	应付账款	287 000
应收账款	250 000	应交税费	248 000
其他应收款	38 000	长期借款	1 800 000
原材料	3 800 000	实收资本	15 800 000
生产成本	920 000	盈余公积	920 000
库存商品	1 200 000	利润分配	1 900 000
固定资产	13 810 000	本年利润	1 705 000
无形资产	940 000	累计折旧	1 210 000
合计	25 070 000		25 070 000

其中原材料明细账如表8－5所示。

表8－5

原材料品种	金额
1#面料	1 600 000
2#面料	1 200 000
3#面料	850 000
1#棉线	50 000
1#衬料	70 000
配套拉链及纽扣	30 000
合计	3 800 000

2018年4月发生下列业务，以下业务已经填制记账凭证并审核通过。

（注：会计分录代替记账凭证）

1. 借：原材料——3#面料　　600 000
　　应交税费——应交增值税（进）　　96 000
　贷：银行存款　　696 000
2. 借：生产成本——1#女装　　900 000
　　　　——2#男装　　600 000
　贷：原材料——1#面料　　900 000
　　　　——2#面料　　600 000

3. 借：应交税费——应交增值税	160 000	
——应交城建税	11 200	
——应交教育费附加	4 800	
——应交所得税	72 000	
贷：银行存款		248 000
4. 借：银行存款	2 088 000	
贷：主营业务收入		1 800 000
应交税费——应交增值税（销）		288 000
（注：本月销售产品的成本为 1 160 000）		
5. 借：生产成本——1#女装	250 000	
——2#男装	150 000	
制造费用——工资	28 000	
管理费用——工资	60 000	
销售费用——工资	42 000	
贷：应付职工薪酬——工资		530 000
6. 借：应付职工薪酬——工资	530 000	
贷：银行存款		530 000
7. 借：制造费用——折旧	22 000	
管理费用——折旧	3 500	
贷：累计折旧		25 500
8. 借：制造费用——差旅费	3 000	
管理费用——差旅费	7 000	
销售费用——差旅费	28 000	
贷：其他应收款		38 000
9. 借：财务费用——利息	15 000	
贷：银行存款		15 000
10. 借：销售费用——广告费	149 100	
贷：银行存款		149 100
11. 借：生产成本——1#女装	38 000	
——2#男装	15 000	
贷：制造费用		53 000
12. 借：税金及附加	20 400	
贷：应交税费——应交城建税		14 280
——应交教育费附加		6 120
13. 借：所得税费用	78 750	
贷：应交税费——应交所得税		78 750

14. 借：库存商品——1#女装　　1 200 000
　　　　　　　——2#男装　　650 000
　　贷：生产成本——1#女装　　1 200 000
　　　　　　　——2#男装　　650 000
15. 借：主营业务成本　　1 160 000
　　贷：库存商品　　1 160 000
16. 借：主营业务收入　　1 800 000
　　贷：本年利润　　1 800 000
17. 借：本年利润　　1 563 750
　　贷：主营业务成本　　1 160 000
　　　　税金及附加　　20 400
　　　　管理费用　　70 500
　　　　销售费用　　219 100
　　　　财务费用　　15 000
　　　　所得税费用　　78 750

【要求】

（1）根据期初资料开设所有总账丁字账及原材料明细丁字账，并登记期初余额。

（2）根据本月发生经济业务的记账凭证（会计分录代替）逐笔登记原材料明细账。

（3）根据记账凭证编制本月科目汇总表。

（4）根据科目汇总表登记总账。

（5）本月业务登记完毕后，对每个丁字账结账，结出期末余额。

（6）根据有关账户的期末余额或本期发生额编制本月末资产负债表和本月利润表。